# 基督教文化研究丛书

主编 何光沪 高师宁

九编 第 8 册

## 基督教五年运动与民国社会（下）

张德明 著

花木兰文化事业有限公司

国家图书馆出版品预行编目资料

基督教五年运动与民国社会（下）／张德明 著 —— 初版 —— 新
北市：花木兰文化事业有限公司，2023〔民 112〕
目 2+194 面；19×26 公分
（基督教文化研究丛书 九编 第 8 册）
ISBN 978-626-344-223-8（精装）
1.CST：基督教 2.CST：传教史 3.CST：中国
240.8                                   111021867

ISBN-978-626-344-223-8

9 786263 442238

# 基督教文化研究丛书
## 九编 第八册
ISBN：978-626-344-223-8

# 基督教五年运动与民国社会（下）

作    者 张德明
主    编 何光沪、高师宁
执行主编 张  欣
企    划 北京师范大学基督教文艺研究中心
总 编 辑 杜洁祥
副总编辑 杨嘉乐
编辑主任 许郁翎
编    辑 张雅淋、潘玟静  美术编辑 陈逸婷
出    版 花木兰文化事业有限公司
发 行 人 高小娟
联络地址 台湾 235 新北市中和区中安街七二号十三楼
        电话：02-2923-1455／传真：02-2923-1452
网    址 http://www.huamulan.tw 信箱 service@huamulans.com
印    刷 普罗文化出版广告事业
初    版 2023 年 3 月
定    价 九编 20 册（精装）新台币 56,000 元

# 基督教五年运动与民国社会（下）

张德明 著

# 目

# 次

# 第四章　教会自养之本：五年运动与基督教经济问题

1929 年发生的西方经济大危机，对中国基督教带来种种挑战的同时，也迫使其在五年运动中做出了各种针对性的调整，诸如实行受托主义、裁员减薪、培养义工、重视基督化经济关系等诸多提高自养程度的措施，都利于推动 1930 年代中国教会的本色化过程。

## 一、西方经济危机与在华基督教的自养

### （一）经济危机对中国基督教的影响

基督教在华传播的布道、教育、医疗、慈善等各种活动都需要有资金支持，当时多是由外国差会提供了主要活动经费，中国信徒的捐献及教会在华产业的收入所占比例较小，故基督教也多被国人攻击为外国人的教会。但是 1929 年开始持续数年的世界经济危机发生后，当时来华绝大多数外国差会获取资金数量或捐款大受影响，导致其对在华事业都有鞭长莫及的倾向，故对在华教会的资助均有不同程度下降。如青年会的经费，此前大部分都有北美协会供给，但自 1929 年起已无此项协款，所有的经费完全在中国筹款。[1]再如北美八大差会收到的捐款在 1929 年时为 21489089 金元，1933 年只为 15007540 金元，在五年之中减少三分之一。英国及爱尔兰传教会 1925 年在华传教费用为 34.1 万金镑，至 1931 年减至 25.5 万金镑，在 6 年内减少 8.6 万金镑，约少

---

1　梁小初：《今后十年之中国青年会》，《中华基督教青年会全国协会委员会民国二十
　　五年常会记录》，上海，1936 年，第 63 页。

1/4。[2]再以美国在华差会所用之款项比较看，1932 年，圣公会、长老会、公理会、美以美会、浸礼会等五差会对华拨款为 9923899 元，到 1933 年只有 7930650 元，减少 1993749 元。[3]来华差会之款大为减少，也导致中国教会的工作受到极大影响，"素无准备的中国教会，因而闹的张皇失措"[4]。在此形势下，多数教会不得不采取紧缩政策或减薪、裁员或缩小工作范围。欧美差会被迫将来华西教士人数缩减，导致其数量逐年递减。如 1930 年在华传教士总数为 6346人，到 1935 年则为 5875 人；从地区看，华北地区传教士 1930 年的 1741 人到 1935 年降为 1639 人，华南地区从 1930 年的 373 人降为 1935 年的 295 人，华西地区从 1930 年的 95 人降为 1935 年的 86 人。[5]在华差会因经费减少大受影响，还被迫将在西教士薪水酌减，将其在传教区服务之期展长一年；还有差会将房产变卖，以为维持费用者。[6]

在华差会的支出除了各项教堂、医院、学校的花费外，还包括在华传教士及家庭的支出，传教士旅行花费，传教士子女教育花费等，各差会也相应通过缩减经费决议，以节省开支。如华北公理会 1929 年年议会决定 1930 年开支减少 6000 美元，约占总开支的 10%[7]。此后，该会经费逐年递减，如 1930 年经费开支 299262.36 美元，到 1932 减少到 236376.45 美元[8]，并对在华中西职员的薪金、津贴也相应减少；在圣公宗方面，1930 年，英国圣公会规定对华逐年减少拨款十分之一，教区传道之常年经费应当减少 3 千元。[9]到 1934 年，该会则削减了 15%的拨款；美国圣公会受危机影响更大，在 1933 年时削减经费比重更大，达到 40%。[10]美国北长老会总部 1933 年则决定减

2 《基督教在广东的已往和现在》，《真光杂志》1936 年第 35 卷第 10 期，第 20 页。

3 朱立德：《世界不景气对于教会之影响》，《中华基督教会年鉴》第 12 期，1934 年，第 6-7 页。

4 张雪岩：《受托真义与实践》，上海广学会，1935 年，第 29 页。

5 C.L.Boynton, "Missionary Staff in China", *The China Christian Year Book*, Shanghai: Christian Literature Society, 1937, pp.460-461.

6 朱立德：《世界不景气对于教会之影响》，《中华基督教会年鉴》第 12 期，1934 年，第 9 页。

7 Harold S.Matthews, *Seventy-five Years of the North China Mission*, Peking: Sheffield Print Shop, 1942, p.159.

8 *The Annual Report American Board of Commissioners for Foreign Missions*, Boston: Congregational House, 1931, p.127; *The Annual Report American Board of Commissioners for Foreign Missions*, Boston: Congregational House, 1932, p.113.

9 雷海峰：《华北教区年会纪略》，《圣公会报》1930 年第 23 卷第 6 期，第 9 页。

10 "From the Bishop in North China", *North China and Shantung Mission*, Vol.XLI, No.3, July 1933, p.17.

少对中国 20% 的拨款，并节约开支[11]，该会还规定从 1935 年 10 月开始，普遍减少来华传教士 25% 的薪水。[12]该会关于差会布道津贴的建议案则又规定："自 1934 年 4 月 1 日起，到 1936 年 3 月 31 日止，两年之中，各差会每年津贴堂会的经常费用，或牧师或坐堂传道人的薪金，以本年度（1932 年）各该差会的津贴书目为标准，至少须减去一半。"[13]美国豫鄂信义会外国宣教会董事部 1933 年也开会决议：所有传教士一律减少薪水 20%，减少国外宣教区域中特殊用项的支出 7 千美元，延长国外传教士回国休假期限以节省开支。[14]有差会把教会一切事业行政权及经济责任移交中国人自理，且采取分期逐渐缩减移交的办法；还有差会则是逐年减少中国职员薪水，减少部分则由中国教会承担，以求达到教会经济自立，但因中国教会资金有限，此目标很难实现。

　　面对外国差会的缩减经费与人员，中国教会也为应对财政紧张，研讨应对措施。协进会总干事诚静怡总结了开源与节流两项方法，鼓励中国信徒捐献，并节省开支。中国教会除将捐募款设法增加外，更采取减政方法：自动减低传道牧师薪俸；减少传道人数而使一人任数堂；自动不受薪俸，另筹他法持生活。在此不利形势下，有基督徒建议趁此机会渐向自立自养之途径；采取联合或合作之方针，补助款不再作津贴；牧师传道薪水之用，乃作新的设计之用，保证教会将渐除西洋色彩而成本色之教会。[15]在欧美经济危机发生时，此时期的中国经济正处于相对平稳的发展阶段，国民财富也较北洋政府时期有所增加，这也为信徒增加捐献创造了必要条件。

## （二）教会受托主义的提倡

　　因西方差会长期资助中国教会，导致很多基督徒形成依赖心理，缺乏教会自养的意识。有教会人士指出："在华教会之所以未完全到自养的目的，原因大约有二，第一，做基督徒的缺乏责任心；第二，大多数基督徒的经济能力不够。此外，对于西宣教会的津贴制度、义务人员的养成、基本金的置备及提倡

11 The NCC Rural Work Report, 1933, p.9, *Conference of British Missionary Societies Archives*, China, N.C.C Committee, Box.362, No.15.

12 *The China Council of the Presbyterian Church in the U.S.A.*, Shanghai, 1935, p.171.

13 《美国长老差会总部关于差会布道津贴的建议案》，《总会公报》1932 年第 4 卷第 5 期，第 1171 页。

14 《外国宣教会经济困难之一斑》，《信义报》1933 年第 21 卷第 22 期，第 2598 页。

15 朱立德：《世界不景气对于教会之影响》，《中华基督教会年鉴》第 12 期，1934 年，第 9 页。

个人捐款等，也当加以注意。"[16]刘廷芳则对此问题强调称："对于教会自养认为应当向基督徒申明四点：你要得到什么，自必付相当代价；若你自己不付，势必由别人去付；东西自己得，代价别人付，这是羞耻的；每一个争气的人，应当自己付所得东西的代价。"[17]

在此背景下，五年运动面对教会经济危机，为提高教会自养水平，实施的重要事工即为"受托主义"。受托取自中国古语的"受人之托，忠人之事"，意图使基督徒有强烈的受托意识，愿意将生命，财产、光阴以及一切为上帝所使用。为促进受托主义开展，1931年协进会第八届大会通过决议案规定："各大教会在五年运动委员中指派受托干事，其任务为在当地各教会受托研究班，在会议或训练会时主领受托讨论组，或受托训练班并讲演受托主义，鼓励信徒阅读受托主义的出版物等；请各教会举行会议或训练会时，将受托主义编入议事日程及研究事项之一；请各教会牧师开设受托训练班，每年至少有 5 期；每年于主日礼拜时，至少有两次关于受托主义之演讲；请各教会对于儿童及青年利用训练班、戏剧表演、故事讲演、音乐及其他具体方法以实施受托原理之训练；各教会将秋收之节期定为全国信徒感谢上帝之节，特提出受托主义之意义与重要，将谷果、菜蔬、银钱等献于上帝作五年运动之用。"[18]协进会当时专门设有受托主义委员会，该会在 1931 年还提出：鼓励各教会采取适当步骤，使现在尚未自给的当地教会渐能独立；协助各教会训练一切成年信徒及儿童，各尽所能捐助教会工作；劝各教会为本项工作设置专门干事；使乡村教会明了国内提高经济生活之各种运动及方法。[19]基督教协进会还请受托主义委员会："对于已志愿为受托者之信徒，特别注意送发关于受托主义的出版物，以引导他们祈祷，并培养他们为上帝之中心受托者；训练受托主义领袖，以为各大教会之受托干事在各教会促进受托事业；对于各教会信徒提倡代祷；设法使全国各信徒均遵守感谢节；对于儿童及青年特别提倡受托主义，并编制受托之读物如受托丛书及学生应用之受托剧本、受托研究小册等。"[20]受托主义委员会还将教会自养与农村改良相结合，如

---

16 中华基督教会全国总会：《中华基督教会全国总会第三届常会议录》，厦门，1933年，第 3 页。
17 中华基督教宗教教育促进委员会：《中华基督教宗教教育促进委员会第六届年会记录》，上海，1936 年，第 28 页。
18 《关于受托主义之决议案》，《中华归主》1931 年第 117 期，第 11-12 页。
19 《受托主义委员会》，《中华归主》1931 年第 102-103 期，第 13 页。
20 《关于受托主义之决议案》，《中华归主》1931 年第 117 期，第 12 页。

1934 年 3 月开会讨论时还提出："当此农村经济崩溃时期，如欲辅助各地教会自养，首当辅助各地农民改良农产及各种副业，并提倡合作社，以谋达到复兴农村经济之目的。"[21]

基督教协进会还为推动教会自养，编写了各种文字材料。如该会编写供传道人宣传的材料；供讨论会研究的材料；汇编关于中外各教会所已采用有效的方法；提倡教会自养的理由等，并编纂了《受托主义》《受托主义大纲五课》《受托卡片》《受托图》《受托表演》《受托主义述要》等相关书籍，在各教会沿用流行[22]。受托主义委员会还向各教会调查已经自养的堂会自养的方法，调查关于自养问题所出版的刊物。该会编辑出版之自养问题论著有：陈宗良所写的《自养基金问题》，在《圣公会报》发表；魏希本所编的《每年用有组织方法向各数友募捐》一文，在《中华归主》月刊及河南教区《圣公会报》发表；朱立德的《教会自养方法》一书由广学会印行。受托主义委员会还提倡各信徒家庭采用预算制度，将教会自养消息、方法及出版品随时于《中华归主》月刊发表，以资提倡。[23]

在华基督教会也积极提倡受托主义，成立相关委员会实施，并根据协进会相关决议组织开展工作。如中华基督教会全国总会 1933 年厦门第二届常会举行时也通过决议，要求各教会培养受托意识，规定："宗教教育负责人员，相机在各堂会中组织受托主义研究会，对于受托主义加以探讨；总会宗教教育干事时介绍受托主义的书籍于各大会（协会）区会的负责人员，并且规定一个礼拜日，特别请各堂会牧师或主任演讲受托主义。该会还要求在三年内，各大会（协会）区会举行退修会，或领袖训练班，或它种会议时，务将受托主义一项列在日程以内；在提高普通基督徒的经济能力方面，要求各地堂会宜多提平信徒的小工业及副业，宜多提倡组织消费合作及信用合作社。"[24]此外，各教会对于儿童及青年，还利用训练班、戏剧表演、故事讲演、音乐机等办法，以实施受托原理之训练。

从各地教会的受托主义开展情况看，也是形式多样。如福建兴华美以美会

---

21　《基督教机关进行复兴农村之会议》，《申报》1934 年 3 月 24 日，第 3 版。

22　张雪岩：《受托主义与教会自养》，《中华基督教会年鉴》第 12 期，1934 年，第 76 页。

23　《受托主义委员会报告》，《中华全国基督教协进会第十届大会报告》，上海，1935 年，第 60 页。

24　中华基督教会全国总会：《中华基督教会全国总会第三届常会议录》，厦门，1933 年，第 3-4 页。

鉴于许多信徒对于受托主义全未明了，请使各传道于各区演说阐明此问题，使一般人对受托意义得以了解，而能推进教会的自立；该区主理于每逢季会之际，亦解释鼓励此种意义。[25]1932 年 4 月 10 日，浙江吴兴三余社会堂则举行受托主义运动日，到会男女信徒有百余人，赵湘泉先生演题"十献"，并本自己捐输之经验，研究圣经之心得发挥详尽，闻者受感，各信徒受益匪浅，对自养大有帮助。[26]美国监理会则举行受托主义研究班，凡报名入班者，一律发给教科书，并预备 8 小时课内工作；通常开办夜班，连续一周，有时与训练学校或短期经校合办；凡加入者不论识字与否，均受相当课程，多举行"受托周"，为教会职员及领导开办受托主义研究班。"受托周"举行时，由当地教会各选日期，以使受托干事能参加许多地方的活动。该会在 1934 年 11 月至 1935 年 10 月期间，管理及辅导受托主义研究班 61 所，报名者 836 人，读毕者 545 人，发给受托主义参考书 495 本；领袖班学员自行编制受托诗歌，本年度期间签认"十献一"志愿人有 623 人。[27]再如 1935 年 3 月 17 日至 24 日，苏州天赐庄圣约翰堂举行受托主义运动周，17 日上午正式礼拜时，演讲受托运动之意义，18 日为益德会之受托日，20 日为妇女布道会联合受托日，24 日由各领袖演讲信徒捐助等问题。后该堂将"十献一"之单张，发到信徒各家，以资观摩。[28]上海诸圣堂除在公共礼拜时提倡受托意识外，还出版月刊及无定期物作文字之宣传，更于访信徒时作口头之宣传，惟宣传似难免空洞或抽象之流弊。[29]

　　受托主义要求基督徒家庭对生命、光阴、财产以及将一切敬献于上帝的主义，应有清晰的认识，故当时的具体方法则有多种，如在春秋两季提倡农民节及感谢节，希望基督徒农民能感觉自身与上帝之合作，并鼓励将农产物品献与上帝，以助教会自立自养之实现。[30]当时教会将秋收之节期定为感谢节，为全国信徒感谢上帝之节期，特别提出受托主义之意义与重要。如 1931 年感谢节时，教会提倡各信徒可将谷果菜蔬银钱等，献于上帝，作为五年运动之用，9/10 为促进当地之五运，1/10 则送至该会以促进全国之五运。[31]

25　佑安：《兴化美会对五年运动的奋进》，《兴华》1930 年第 27 卷第 30 期，第 31 页。

26　周骏声：《吴兴三余社会堂近讯》，《兴华》1932 年第 29 卷第 17 期，第 14 页。

27　明美丽：《受托主义干事报告》，《福音光》1936 年第 12 卷第 6 期，第 18-19 页。

28　《圣约翰堂之受托运动周》，《福音光》1935 年第 11 卷第 4 期，第 13 页。

29　魏希本：《五年运动之受托主义》，《中华归主》1934 年第 151 期，第 13 页。

30　张福良：《农村教会》，《中华基督教会年鉴》第 12 期，1934 年，第 66 页。

31　*The Eighth Meeting of the National Christian Council of China*, Hangchow, April 10-17, 1931, p.27.

　　受托主义的重要内容即鼓励信徒捐献，因捐输为信徒义务，教会当时也作出诸多捐献规定。信徒捐的名目，有礼拜捐、感恩捐、常年捐，并有生日、圣诞、圣餐、主日学、特别捐等项。为了扩大基督徒个人捐献，各教会提倡多种形式进行。如美以美会遵化教区布道团提倡实行受托主义，有什一捐、谢秋会（即感恩节）、圣诞节、复活节、父母节、生辰、节日等举行奉献。"所奉献的款项，有司库司帐及村会执事部主席负责保管，以备将来成立自立自养教会之用。已经有村的教会自己用奉献的捐款买了 16 亩好地，为成立教会供养牧师的基金。"[32]当时教会还多有礼拜捐，即每年圣诞节前后的礼拜日，招集全体堂会信徒集会，说明堂会的来年预算，后请信徒捐献。采用礼拜捐的方法，可以继续保持信徒对堂会的兴趣。还有教会进行生日捐，如关东大会不少堂会组织生日捐，每会友逢生辰，捐洋 1 元到 5 元，纪念父母，感谢神恩。再如还有教会推行上帝亩，即凡签填名单者立愿在自己的田地中献耕一亩或一亩的一部分，成为上帝亩，并将所出各种农产品，完全献给教会。另各教会还有开荒布道捐、学校捐、栽培宗教教育人才捐、圣经学校捐、主日捐、牧师捐、医院捐等。[33]从教会个案的捐款情况看，如 1932 年，南京淳化镇教会捐款仅有 85 元，到 1936 年已增加到 357 元，包含有捐工生产、感恩捐、主日捐、认捐钱等多种捐献。[34]再如 1933 年时哈尔滨卫斯理堂信徒月捐 1053 元哈洋，建堂特捐 3496 元哈洋，主日学捐哈洋 95 元，堂费捐 243 元，特别捐 359 元，赈济捐 195 元，圣诞捐 184 元，各项信徒捐助达到 5637 余元，已经占到全年教会收入的一半。[35]此外，各教会对于职业的薪金，也采取了捐助形式解决。如华北圣公会 1936 年为补助奉养执事用费，请全教区之华职员如系本会会友，"自本年七月起，凡月薪在 10 元以上的，每月抽其月薪的 1/100 捐助教会。"[36]英国浸礼会则规定每支会各请一牧师，牧师及教会一切费用完全由信徒捐助。[37]

　　同时，各教会还采取多种形式鼓励信徒捐献。因教会经济权多半操纵外国

---

32　余牧人：《乡村传道工作经验谈》第 2 集，上海广学会，1950 年，第 121 页。

33　中华基督教会全国总会：《中华基督教会全国总会第三届常会议录》，厦门，1933 年，第 5 页。

34　朱敬一：《一个实验的乡村教会》，上海广学会，1940 年，第 179 页。

35　《哈尔滨卫斯理堂 1933 年度经济报告》，《福音光》1934 年第 45 号，第 42 页。

36　《华北教区议会纪事》，《圣公会报》1936 年第 29 卷第 8 期，第 16 页。

37　鲍哲庆：《浸礼会特殊发展之概况》，《中华基督教会年鉴》第 13 期，1936 年，第 49 页。

差会之手，每年的用费多少，会友完全不知，也影响信徒捐献积极性。1933 年，中华基督教会总会第三届常会也通过决议，则规定："预算必须由会友自动办理，平日用款的收入，也须由会友经手，务使经济完全公开，以保持会友对会堂的兴趣。"[38]从各教会的具体提倡看，山东济宁长老会规定信徒纳十分之一用于供给上级议会之费用、供给牧师之薪金及传道之需用，还用于补充教育经费之缺乏与扶助医药之设备。"此种运动，凡有生命之信徒，率皆受感，允纳 1/10；听道受感记名纳 1/10 者，亦不在少数。"[39]福建兴化美以美会也提倡教徒进行什一捐，并制定了具体的办法，可以捐献物质、生命及时光，其中捐助收入 1/10 为最低限度，收入增加时，捐助应当增加。[40]从实际效果看，据协进会 1934 年底调查，信徒对自养捐款或为教会事工之捐款有无增加问题，329 堂答有，95 堂答无。[41]各教会通过提倡受托主义，激发了教徒捐献的积极性，一定程度上改善了教会的财政困境。

此时期，各教会还发动信徒向社会各界募款，并制定了中长期自养计划。如 1931 年，上海女青年会则发动信徒进行集中募款，目标是 2.1 万元，该会组织会员分为 5 队，从 3 月 3 日开始进行募捐，到 4 月下旬已募集 9300 元。[42]1932 年 4 月底，香港女青年会也发起募款，目标是 9 千元，不到 3 周即募款 1.1 万元。[43]当时基督教男女青年会还通过招募会员，缴纳不同会员费的形式来满足教会开支。如 1932 年，杭州青年会规定名誉会员的会费 100 元以上，维持会员年纳 50 元，赞助会员年纳 25 元，甲种会员年纳 10 元，乙种会员年纳 5 元。[44]浙江循道公会扩充救友捐款，1930 年起实行 10 年自立，扩充捐款方法，即每年由平信徒担负 1/10，计划于 1940 年时教会完全由自己供给，各友区完全自养自立。1934 年时，该会除有少数教会略有短少外，余皆按数捐足，且亦有稍有盈余者。[45]1933 年，中华监理公会还通过组织"十年自养计划

---

38　《总会第三届常会促进各堂会事业自立自养案》，《传道公会特刊》1936 年第 1 期，第 49 页。

39　王宝莪：《济宁长老会受托主义运动》，《通问报》1935 年第 6 号，第 8 页。

40　中华基督教卫理公会：《中华基督教卫理公会百周纪念册》，福州，1947 年，第 40 页。

41　《五年运动工作调查结果》，《中华归主》1935 年第 152 期，第 16 页。

42　《经济征求大会》，《中华基督教女青年会会务鸟瞰》1931 年第 44 期，第 22 页。

43　《香港：募捐喜讯》，《中华基督教女青年会会务鸟瞰》1932 年第 6 期，第 13 页。

44　《杭州市中华基督教青年会第十九届征求会员征求特刊》，1932 年，第 8 页，University of Minnesota Libraries, Kautz Family YMCA Archives.

45　《循道公会浙江温州教区五运工作简报》，《中华归主》1934 第 150 期，第 12 页。

委员会"，制定 10 年自养计划，以全议会每年 5.5 万元之预算，为最小限度；制就 10 年自养表，规定 10 年期内，每年之经济办法如下：自母会来款"逐年减少"；自金余存款中来款"逐年减少"；本地教会捐款"逐年增加"；而且请各牧境之理事部、信徒领袖、本堂牧师及教区长负责促成各牧境之自养，并已将以上各方法在礼拜堂中宣传，使各信徒能明了并合作。[46]1934 年为该会 10 年自养开始之第 1 年，即根据 1933 年各堂信徒之实数，要求本地捐款各增加 1 成，母会贴费则削减 1 成，10 年互相增损，冀达到完全自养；及至年度结束时，因天气亢旱，农村受荒灾，教会自养，亦受影响，旋由自养之教会捐输补助，弥缝其阙。[47]为了实施该计划，该会通过口头宣传、文字宣传及灵修对信徒进行训练，同时组成多个由牧师、宣教师及信徒构成的调查团，到各教会了解租屋、支堂、捐款等详细情况，为自养提供调查参考。[48]1935 年时，该会的受托运动委员会正式成立，拟定目标为：希望多得"十献一"的捐助人数；希望每一信徒都出信徒捐；希望信徒捐按月奉献；各堂都举行受托训练周，并征求"十献一"之志愿人，使受托运动顺利实施，以完成十年自养之计划。[49]

五年运动时期，在各教会的大力提倡下，本土捐献多有增加。如中国内地会由中国本土贡献的收入由 1929 年的 6402 英镑，到 1933 年增长为 9462 英镑[50]；多数教会也是呈增长趋势，1930 年，中华圣公会 1930 年教徒捐献为 155803 元，到 1936 年增长为 170999 元。[51]该会下辖的各教区捐款也是多有增加，如中华圣公会江苏教区 1930 年的中国信徒捐献为 15199 元，到 1935 年增长到 27330 元。[52]再如两广浸信会的信徒捐款，从 1929 年的 25930.34 元，到 1931 年增长到 43238 元。[53]随着外国教会拨款减少，中西教徒捐献也成为教会的重要经济来源，如 1932 年太谷公理会"全年总收入 22113.69 元，中西教徒捐款已接近总额比例一半，另有贝氏捐款 1085.85 元，西人捐款 6529.08

---

46 中华监理公会：《中华监理公会年议会五十周年纪念刊》，上海，1935 年，第 15 页。

47 中华监理公会：《中华监理公会年议会五十周年纪念刊》，上海，1935 年，第 17 页。

48 江长川：《本公会的自养》，《福音光》1933 年第 37 期，第 4 页。

49 中华监理公会：《中华监理公会年议会五十周年纪念刊》，上海，1935 年，第 18 页。

50 "Income Received in China up to 1933", *In Season out of Season: Report of the China Inland Mission*, Edinburgh: R&R Clark Limited, 1934, p.95.

51 *Report of the Ninth Meeting of the General Synod of the Chung Hua Sheng Kung Hui*, Foochow, 1937, p.88.

52 林步基等编：《中华圣公会江苏教区九十年历史（1845-1935）》，上海，1935 年，第 134 页。

53 刘粤声编：《两广浸信会史略》，两广浸信会联会，1934 年，第 76 页。

元，华人捐款 1551.4 元，与美差会资助成为两项重要收入来源。"[54]再如 1935 年，中华基督教会广东协会收入来源中，教会自捐达到 125032.93 元，外国资助仅有 66762.47 元；广东浸信会当年收入则是教会自捐 2 万元，外国资助为 2500 元。[55]为减少对西方差会依赖，1931 年底中华基督教会全国总会通过决议："为达到自养的目的起见，主张各堂会对于差会的津贴，最好能规划一定年限，按年递减。"[56]实际上五年运动时期，各差会的津贴在此时期虽然在减少，但仍占大半比例。如 1932 年时中华基督教会广东协会经费中，西方差会经费比例仍然达到 60.1%。[57]这也在于中方资金来源毕竟不足，绝大多数教会无法承担教会的全部支出花费。

因部分信徒经济实力有限，无力捐献金钱，故还有基督徒通过向教会捐工、捐献农产品、手工品甚至地皮、房屋等形式，为教会自养做出贡献。如华北公理会还提倡捐工布道，"有捐每周的某日的，有捐每月的几日的，布道士可以集合其相同的日子，编成队伍或单独的向外村去布道。"[58]河北滦县美以美会租种十亩地，使教友捐工种地，除去地租及种子 40 元外，净得利 60 元，可供牧师两月薪水。[59]此类捐工布道也在多地教会所推行，充分利用了教会的人力资源。

除了呼吁教友捐献外，各教会还采取多种措施加强教会自养，如变卖房产、捐资建堂、固定产权增收等方式，成效颇著。受困于经济问题，因差会在华经费紧张，亦有教会出卖房产与本土教会，信徒亦积极捐献购买。如 1935 年潍县长老会因为经济困难，将城郭和东关两处教会的房屋，卖给中华基督教会，"牧师长老们特召集教会领袖及一切热心的信徒，聚会祈祷，商量办法，最后决定募捐，时仅潍县就捐了六七千元，连修理不过需要万元之谱"。[60]部分教堂的兴建也由差会资助而改由教徒捐献。如山西友爱会 1935 年在沁县、

---

54 《太谷教会经济来源》，《山西太谷基督教会五十周年纪念刊》，太谷，1933 年，第 31 页。

55 《基督教在广东的已往和现在》，《真光杂志》1936 年第 35 卷第 10 期，第 22 页。

56 中华基督教会全国总会：《中华基督教会全国总会续行委员部第五届年会记录》，1932 年 11 月，上海市档案馆藏，档案号：U102-0-7-3。

57 吴义雄：《中华基督教会广东协会与本色教会运动》，《世界宗教研究》2002 年第 4 期，第 77 页。

58 朱敬一：《中国教会乡村之新建设》，中华基督教文社，1927 年，第 63 页。

59 费尔顿著，杨昌栋、杨振泰译：《基督教与远东乡村建设》，上海广学会，1940 年，第 229 页。

60 《潍县中华基督教会的好消息》，《田家半月报》1935 年第 2 卷第 1 期，第 8 页。

太原两处，由中西信徒捐献自建礼拜堂两所，而太原及寿阳支会信徒还负担牧师薪金之一部。[61]当时在华传教士也积极提倡本土教会的自养，美国传教士乐灵生(Frank J.Rawlinson)曾在此时期的英文《教务杂志》连续刊登《西方资金与中国教会文章》，探讨教会的经济问题。在 1932 年 9 月的《教务杂志》中曾刊发多位华北传教士讨论如何促进教会自养的文章，如在河北昌黎传教的美国传教士海珥玛主张减少贫困传教区的受薪教士数量，并削减部分中国牧师及女布道员的经费开支，以促进本土教会的自养。[62]

教会加强自养的捷径，最主要为增加信徒捐输的能力，而这需要增加他们的生产力，故教会还通过乡村改良实验，发展副业，来为教会增收。如 1933 年中华基督教会第三届常会在厦门举行时，有两个议案规定："各堂会应在可能情形之下推行合作运动，先行组织消费合作及信用合作社；筹设乡农生活改进实验区以提高乡农生活。两提案表面虽然好像专在为平民打算，但骨子里却正是教会对自养一种远大的谋求。因为平民、信徒在内，生活有了办法，教会经济上的自给自然会连带得解决。"[63]在华教会还积极推行家庭工业，为教会赚取收入，其中华北教会的活动尤多。如基督教协进会曾提及称："自从华北方面小规模的家庭工业计划实施后，自立自助的可能性就愈见扩大了。山东、山西的部分教会还通过组织消费合作社及信用合作社，并兴办乡村改良实验区，提高教徒的经济水平，进而提高他们向教会的捐款数额。"[64]在副业的提倡上，当时还有神学校设立乡村实验场所，使学生从事实践的练习。如南京金陵神学院在南京城南淳化设立的乡村布道实习处，济南齐鲁大学神科在龙山设立的教会实验区等，都是在各种副业上努力，提倡的事业范围不外畜牧、造林、选种、改良种植等。[65]然而教会副业的开办，也影响到教会正常事务。如当时北平有牧师曾办牛奶场做副业，天天忙于牛奶场工作，无暇顾及教会工作，而导致信徒反对，自动辞职，专工办理农场。[66]教会从事实业活动，也使

61 段翰章：《友爱会特殊发展之概况》，《中华基督教会年鉴》第 13 期，1936 年，第 18 页。

62 Irma Highbaugh, "Self-Support by the Local church", *The Chinese Recorder*, Vol.LXIII, No.9, September 1932, p.539.

63 张雪岩：《受托主义与教会自养》，《中华基督教会年鉴》第 12 期，1934 年，第 78 页。

64 鲍引登：《五年运动》，《中华基督教会年鉴》第 12 期，1934 年，第 22 页。

65 张雪岩：《受托主义与教会自养》，《中华基督教会年鉴》第 12 期，1934 年，第 77-78 页。

66 费尔顿著，杨昌栋、杨振泰译：《基督教与远东乡村建设》，上海广学会，1940 年，第 229 页。

得部分教徒过于重视经济利益，以营利为目的从事教务，导致教会内部偏离正常秩序。如华北地区部分教徒"或将教堂房屋出租，或开商店，以求赚钱……甚至有开酒馆，售香烟，以教会款项储蓄生息，并以高利贷放款者。"[67]

值得一提的是，此时期各教会还注意到传道及牧师的休养问题，设立了养老金。1931 年 4 月，协进会第八届大会就关于乡村教会牧师问题曾做出决议称："为使乡村教会牧师能其毕生精力发展乡村教会起见，本大会建议对于此等教牧服务相当年限之后应有例假一次，使其在例假期内有进修的机会；在经济方面须设立适当制度，如养老金保险制等等，使此等教牧在自身之生活与子女之教育上无后顾之忧。"[68]如华北美以美会组织本地传道休养基金，规定中国会友每年捐 1 元，外籍会友每年捐 5 元，非会友每年捐 5 角。1934 年议会时，又决定另行募款五千元，即行放出生息，以利息的一半储蓄，一半为休养金。[69]华北圣公会则规定圣品及诲道者的养老金，采取强迫捐助原则，要求公款开支薪水的圣品及男诲道者每月从薪水中扣除 4%，女诲道者每月扣除薪水的 3%，而到年满 60 岁时可领取养老金。[70]此类养老金制度，利于免除教会人员的后顾之忧，增强教会内部的凝聚力。

中国信徒人数及捐献增多，加之不受薪的教会领袖的培训，促进了各地教会自养程度的提升。如山东圣道公会规模较小，注意提倡自养，在 1931 年时，不仅该会 3 名牧师及 15 名布道员的薪水，而且教会的其他支出也全部由本土信徒捐献供应。[71]经过五年运动的提倡，在 1937 年抗战全面爆发前，已有部分教会实现自养，华北圣公会 1935 年也报告，"在过去 5 年间，实现自养的教会增加了 25%。"[72]再如 1937 年，伦敦会北平区会完全自养者 3 处，正在进行自养者 5 处，支堂 2 处。[73]然也有部分教会受困经济条件，自养状况不佳，如"1932 年，美国北长老会在山东 59 处教会，只有 5 处自养，到 1934 年

---

67 路万钟：《战区视察记》，《真理与生命》1934 年第 8 卷第 7 期，第 382 页。

68 《关于乡村教会之决议案》，《中华归主》1931 年第 117 期，第 13 页。

69 华北美以美会：《华北美以美会四十二次年议会议录》，天津，1934 年，第 390 页。

70 《中华圣公会华北教区支付圣品及诲道者公积金章程》，《信义报》1933 年第 21 卷第 43 期，第 3127-3128 页。

71 English Methodist Mission North China, p.1, *Wesleyan Methodist Missionary Society Archive*, Box, No.1093, North China, 1933-1945, No.55, Inter Documentation Co., 1982.

72 G.F.S.Gray, *Anglicans in China*, The Episcopal China Mission History Project, 1996, p.70.

73 中华基督教会全国总会：《中华基督教会全国总会第四届总议会议录》，青岛，1937 年，第 77 页。

也仅有 7 处实现自养。"[74]再从中华基督教会的自养情况看，各大会情况不一。1934 年时，华北大会 76 处教会全部实现自养，山东大会 170 处教会中有 146 处实现了自养，陕西大会 124 处教会有 96 处教会自养，闽南大会 88 处教会中有 62 处实现自养，但四川大会 64 处仅 3 处实现自养，闽北大会 13 处教会仅 2 处实现自养。[75]又据中华基督教会全国总会 1936 年统计，在该会的 1129 处教堂中，经济可自给者有 547 处。[76]当时中国教会自养情形，华南地区具备一定优势。这也在于华南特别是广东、福建各地教会之信徒中，在海外经商的华侨很多，所以不论捐助地皮、房产或金钱都觉容易捐款，最多的地方如广东汕头等处，平均每人每年 12 元之多，最少的亦有四五角。[77]当然因中国教徒捐献能力有限，除少数自养教会外，当时外国差会在华教会虽然逐步减少拨款，但其比重仍高于本土提供的经费。

从教会自养个案看，部分教会因信徒数目骤增，经费因之充裕而自立。如河北滦县美以美会安各庄教会，"1929 年教友 118 人，捐款 240 元。到 1932 年时不过 3 年，教友增到 2 百名，捐款增到 450 元，已经完全自立。"[78]一些教会的信徒捐献也是逐年递增，"如河北省某一教会有会友 20 人，慕道友 22 人，1930 年捐献 20.6 元，到 1934 年捐款即达 64 元。"[79]再如华西一中等教会有会友 223 人，慕道友 679 人，自养捐款 1930 年为 193 元，1932 年为 791 元，1933 年为 1208 元，比 1930 年增加 6 倍以上。浙江某一教会亦报告 4 年来增加捐款数目达 7 倍，该会有会友 36 人，慕道友 38 人，在五年运动前教会进款只有 15 元，到 1934 年达到 110 元。许多报告称基督徒常年捐款平均为 2.5 元，而在若干地方平均竟达 6.5 元，所收报告中有 72% 称自养捐款大有增

---

74 *The 96th Annual Report of the Board of Foreign Missions of the Presbyterian Church, in the United States of America*, New York: Presbyterian Building, 1933, p.89; *The 97th Annual Report of the Board of Foreign Missions of the Presbyterian Church, in the United States of America*, New York: Presbyterian Building, 1934, p.91.

75 C.L.Boynton, C.D.Boynton(ed), *The Handbook of Christian Movement in China under Protestant Auspices*, Shanghai: Kwang Hsueh Publishing House, 1936, p.105.

76 诚静怡：《中华基督教会的检讨》，《中华基督教会年鉴》第 13 期，1936 年，第 13 页。

77 张雪岩：《受托主义与教会自养》，《中华基督教会年鉴》第 12 期，1934 年，第 76 页。

78 朱敬一：《北行观感录》，《金陵神学志》1932 年第 14 卷第 7-8 合期，第 82 页。

79 The Tenth Meeting of the National Christian Council of China, Shanghai, April 25-May 2,1935, p.83, *Conference of British Missionary Societies Archives*, China, Asia Committee, Inter Documentation Co., 1984, N.C.C China, Box.348, 1931-35, No.20.

进，无进步者仅有 21%。[80]再以上海诸圣堂为例看，1928 年，魏希本到该堂服务时，信徒全年捐款数不及 600 元，后积极劝募捐款。至 1931 年，单就堂会经常费而由信徒捐者骤增至 1900 元之谱，其他慈善各捐亦约有 300 余元之收入。1933 年秋季，该堂除借用差会堂产外，其他薪金一律由信徒自筹。1934年，信徒捐经常约有 2500 元，而其他特别收入如交谊款、礼拜献捐等亦有千余元之希望，年收当在 3600 元之数，当年预算差可相抵。[81]实际该堂在 1934年即实现了自养。除部分实现自养的教会外，还有个别教会的资金来源已多靠本土捐款。如据 1933 年报告，"太原浸礼会每年约计捐款 500 余元，皆作为本堂经费，此外尚有英差会补贴华牧师洋 240 元。"[82]

因缺少差会经费支持，部分教会主要依赖中国教徒的捐助支持，于是对某些基层教会而言，便出现教会自养程度愈高，而其教牧人员薪金标准愈低的反差。如"山东英浸礼会，它的自养程度，继长增高，可是传道人的薪金标准，反而日见降低。因为当今的情形之下，有许多地方，欲教会供给差会所供给那种程度的传道人，实在是办不到的。"[83]实际上，部分差会对于教会的工作，自始即采取自养的政策。他们只供给游行布道家的旅费和《圣经》教员的薪水，却不供给地方教会的建筑经费和牧师的薪水等。当时也有部分差会，只为基督徒团契供给崇拜的地方，提供传道人与女传道人的薪水，希望当地教会逐渐成为一个自养、自治的团体。"有些地方，这种工作方法已经获得相当的成功，在别的地方，这种工作，反而促成人们依赖的心理，使地方教会不能有充分的发展，因而不能成为自养的教会。"[84]当时外国差会的拨款仍是教会的主要经济来源，故虽然教会自养程度提高，但多数在华教会仍须依赖差会支持。如山东浸礼会在自养程度上而言，"布道方面，除义务布道工作外，对经济担负十分之三四；教育方面，仍由差会完全担负，但是差会来款甚少，中学不能开办。"[85]正因此故，也最终影响了各教会自养的完全实现。

---

80 《五年运动报告》，《中华全国基督教协进会第十届大会报告》，上海，1935 年，第52 页。

81 魏希本：《五年运动之受托主义》，《中华归主》1934 年第 151 期，第 13 页。

82 中华基督教全国总会：《中华基督教会全国总会第三届常会议录》，厦门，1933 年，第 127 页。

83 韦格尔编：《培养教会工作人员的研究》，上海广学会，1935 年，第 16 页。

84 方约翰：《教会与差会》，《中华基督教会年鉴》第 12 期，上海，1934 年，第 26 页。

85 《山东中华基督教浸礼宗教会情况》，《真光杂志》1936 年第 35 卷第 8 号，第 54页。

### （三）基督教会与义工培养

因此时期传教士来华人数的减少，急需中国布道人员，而在中国布道人员方面，受经济危机影响，部分神学院停办，导致培养的专门布道人才减少。从全国统计看，1922 年有神学院 48 所神学院，学生 829 名，到 1934 年仅存 19 处，学生 472 名。[86]同时西方差会经费的减少对教会日常活动大有影响，中国布道员的薪水及人数也有所减少。以华北公理会为例，"1932 年时，该会男布道员有 184 人，女布道员 74 人。到 1933 年，则减少为男布道员 143 名，女布道员 65 名。"[87]在华教会面临欧美捐款减少，普通教会职员对外国差会津贴款的依赖性较强的情况下，又因"乡村教会因农村破产的缘故，无力单独供养牧师"[88]，且教会服务事工繁多而职员不敷，导致教会必须使用义务职员，加强对信徒技能和知识的训练，尤其是义务领袖训练。进而言之，当时在华基督教会大多事工由受薪人员完成，未能充分利用教内义务人才，也给教会增加了经济负担。故 1929 年的基督教协进会第七届年会通过建议案，决定从平信徒中培养义务人才及领袖。因他们有固定的生活来源，不受教会津贴，完全凭信仰服务教会，提高教会事工的效率，却不增加教会的财政负担，故时也为各教会所倚重。1935 年，协进会第十届年会还专门通过决议，要求加强训练义务服务人员，指出："今日教会需要更多能干热忱的男女义务工作；中国教会若要成为完全本色的教会必需要多量有知识、有热心的信徒，愿担负仔肩，尽责教会；信徒倘能尽责，必能提高信徒自身及全教会的灵性生活；惟有加增至诚的义务工作人员，教会特别是在农村的教会，方能在自养的基础上进展。"[89]

鉴于当时基督教内平信徒服务教会觉悟不高，"在教会自身，因许多有学识，有才干，在各界甚至基督教机关任职的男女基督徒，始终没有想到服务教会是其天职。"[90]为此，当时协进会要求征求、训练及视导义务人员，为一区

---

86　王宝铨：《教会义务工作人员之训练》，《河南中华圣公会会刊》1936 年第 9 卷第 5 期，第 17 页。

87　《华北基督教公理会董事部报告书》，1934 年，天津市档案馆藏：《教会战后医院报告及公理会文件》，档案号：401206800-J0252-1-003019。

88　《义工问答》，《中华基督教会全国总会公报》1936 年第 9 卷第 2 期，第 4 页。

89　《训练服务人员议决案》，《中华归主》1935 年第 157 期，第 6 页。

90　*The Tenth Meeting of the National Christian Council of China*, Shanghai, April 25-May 2,1935, p.18, Asia Committee, Inter Documentation Co., 1984, N.C.C China, Box.348, 1931-35, No.20.

责任牧师主要的任务之一。对于义务工作人员的征求，协进会要求须由当地教会优选品学兼优的信徒充任之，须经当地教会当局的介绍，面授以特殊的训练。1932 年底召开的中华基督教会全国总会续行委员会第五届年会也曾决议：自 1933 年起，各堂会更当设法联合所在地各基督教机关，充分培植义务布道领袖。[91]为培养义务工作人员，各级神学校及圣经学校在教导学员时，多注重关于征求训练义务人员之方法，俾使学员在服务教会时，能多得义务人才从事于义务工作。[92]各教会在组织义务人才训练班后，还有牧师组织适当的视导，保证学员能学有所用。教会从事于义务工作人员及领袖之训练，增强了教会本土职员的实力，可以使传教士逐渐向中国职员移交管理权，利于教会的自治。

在此形势下，各教会开办了义工训练班，专门致力培养义务工作人员，使他们能多有机会互换经验。当时中华基督教宗教教育促进会 1935 年成立培养义工委员会，编印培养教会义务工作人员小丛书及小册子，出版《培养教会义务工作人员实施草案》《培养教会义务工作人员课程草案》《第一级义工课程》《义工问答》《义工训练与区委员会》《义工运动与世界基督教大会》等，宣讲义工训练方法，使一般信徒对于义工有确切之认识。[93]在该会的规划下，各教会纷纷成立义工训练班或研究会。到 1937 年初，已成立义工训练区委员会的，计有河北、北平、杭州、福州、汕头、济南、青岛、山西、长沙及南京等 10 处，注重崇拜、主日学及家庭工作，各级训练课程亦分别规定。义工训练全国委员会也组织成立，其目的是联合各区委员会员会编著课本，拟设标准，发给教材，出版丛书及宣传材料并指导干事部的工作。[94]

就各地具体实施情况看，北方地区教会比较活跃。在山东教会，1934 年秋，鲁东信义会则发起十年自立自养运动，组织义工训练班，以增加其工作效率，以后逐年把教会事务交托他们管理。该会规定训练班于每年春、秋两季举办，时间为 2 至 3 礼拜，费用由差会津贴半数，凡能粗通文字及能抄写记录者为合格。1935 年秋，"该会举办的首届训练班有学生有三十人，翌年春与 1937

91 中华基督教会全国总会：《中华基督教会全国总会续行委员部第五届年会记录》，1932 年 11 月，上海市档案馆藏，档案号：U102-0-7-3。

92 《第二组"领袖人才"报告》，《中华全国基督教协进会第七届大会报告》，中华全国基督教协进会，1929 年，第 23 页。

93 《培养教会义工委员会近讯》，《兴华周刊》1936 年第 33 卷第 46 期，第 26 页。

94 《中华基督教宗教教育促进会报告》，《中华全国基督教协进会第十一届大会报告》，上海，1937 年，第 32-33 页。

年春又先后举行二、三届，共 55 人参加。"[95]1936 年，中华基督教会山东大会开义工训练班 5 处，分布在济南、济宁、烟台等处，受训人数 250 余名，开办时间从 10 天到 20 天不等。[96]北平教会自 1935 年举办义工研究班后，1936年 3 月 13 日至 22 日，当时北平联合妇女圣道学院的妇女义工班则与北平教会的男女义工研究班合并，共同在该院举行义工第一次训练会，每晚 2 小时，研究儿童主日学、宣教与崇拜、家庭宗教教育、教会与青年工作及地方教会的事工，每科都有专门讲授领袖，正式登记学员 134 人，来自公理会、美以美会等 9 个宗派。[97]该会还于 1937 年 1 月 28 日正式成立北平市基督徒义工团契，辅助本市各教会养成负责的义务工作人员，联络感情，共同研究，交换经验同心工作，设有儿童主日学、教会青年工作、家庭工作、教会音乐及民众教育等各组。[98]就河北地区的教会看，萧张伦敦会每年春季或冬季，分区举办义务工作人员训练班，其课程包括圣经、诗歌、讲道实习及各种常识等。结束后，学员各为所在教会充任义务工作人员。[99]1936 年 7 月 14 日至 15 日，基督教培养义务工作人员河北区委员会召开首次会议，拟定设立初、中两级课程，涉及专门科、基督教教义、普通常识等内容，另有公共崇拜、团体查经、个人灵修、实际工作等活动。[100]与此次会议直接相关的结果是河北区基督教培养义务工作人员中级研究会于 1937 年 1 月 1 日至 29 日举行，以培养各教会的义务工作人员，使其具备服务教会及社会之技能。对于参加培训班的义工资格，各教会也有具体要求，如 1935 年华北公理会的义务培训班，即要求学员为 25 岁至60 岁之间的中学毕业生，并须自费食宿，且更倾向于女学员。[101]

---

95　《基督教鲁东信义会五十周年纪念特刊：1898-1948》，青岛，1948 年，第 109 页。

96　中华基督教会全国总会:《中华基督教会全国总会第四届总议会议录》，青岛，1937年，第 86 页。

97　黎天锡:《一个城市义工训练会的回顾》，《宗教教育季刊》1937 年第 1 卷第 2 期，第 33-35 页。

98　吴季康:《北平基督教义工人员第二届研究班盛况》，《宗教教育季刊》1937 年第 1卷第 1 期，第 22-23 页;《北平联合女子圣道学院 1936 年年报》，第 6-7 页，上海市档案馆藏，档案号：U124-0-10-7。

99　中华基督教会全国总会:《中华基督教会全国总会第四届总议会议录》，青岛，1937年，第 82 页。

100　《基督教培养义务工作人员河北区委员会首次记录》，《广闻录》1936 年第 3 卷第3 期，第 5-6 页。

101　Letter dated 25 May 1936 from Alice M.Huggins to Friends and Potential Volunteers for Missionary Service, p.1, Manuscripts Division, Special Collections, J.Willard Marriott Library, University of Utah.

当时南方教会的义工培训也在组织。如 1936 年 11 月 26 日，福州美以美会召集宗教教育委员会，请各教区举行教友义工训练会以培养教友义工领袖，并应 1937 年举行教区宗教教育训练会。福建莆田滋益妇女义工训练所为培养妇女义务工作人员，在 1937 年春季学期招收第一届训练生，学员为 15 至 35 岁之间的美以美会信徒，学习时间 3 个月合格后，到实地工作 6 个月。课程有耶稣生平、圣经故事、宣道法、儿童宗教教育、夏令儿童会的实施、家庭宗教教育、家庭礼拜的实施、国文、音乐及主日学教学法等。[102]1937 年 2 月 21 日至 3 月 3 日，在浙江湖州还举行杭湖区浸礼会义务工作人员训练会，课程有晨祷会、圣经班、成年教友查经班、儿童崇拜、音乐与游戏、讲道法、唱诗等。[103]同年 4 月 14 日至 25 日，长沙市各教会义务工作人员研究会举行，会员 91人，旁听的 30 人左右，讲授新约、旧约、教会近史纲要、崇拜法、讲道法、宗教教育学、宗教音乐等。[104]各种义务人员培训班的开办，提高了教会信徒为教会服务的意识，更为教会培养大批义务工作的人员，利于教会工作的开展。

传教士来华数量减少及义务人员培训，势必导致华人在教会职员比例的增多，特别是西方差会采取的裁员减政的紧缩政策，使中国教会觉悟到依赖他人之非计，因而积极谋求自身担负教会的责任；一切用人行政，渐由本国信徒，自行主持。[105]如据 1934 年美国北长老会年度报告称，"该会在华的 2039 名中国职员中，按立受薪职员仅有 142 人，义务男职员则有 1125 人，义务女职员 772 人。"[106]义务人员也确实在各教会中发挥了重要作用，当时美国北长老会成立的烟台博物院，同时开展布道工作，"许多义务工作人员来自城里各地方，襄助维持秩序，并向群众为主作见证。他们人数众多，整天工作不倦，奉献一种极其有力的证道。"[107]浙江循道公会也提倡义务传道，鼓励各传道士、平信徒做工，使教会费减少，信徒易于负担。到 1934 年时，全区共有义

---

102 《莆田滋益妇女义工训练所》，《宗教教育季刊》1937 年第 1 卷第 4 期，第 21 页。

103 鲍哲庆：《杭湖区浸礼会义务工作人员训练会办法》，《宗教教育季刊》1937 年第 1卷第 1 期，第 23-24 页。

104 天健：《长沙市各教会义务工作人员研究会》，《宗教教育季刊》1937 年第 1 卷第1 期，第 18 页。

105 诚静怡：《一年的回顾》，《中华归主》1933 年第 132 期，第 3 页。

106 *The 97th Annual Report of the Board of Foreign Missions of the Presbyterian Church in the U.S.A*, New York, 1934, Table No.1.

107 魏礼模：《今日中国的布道工作》，《真理与生命》1938 年第 11 卷第 7 期，第 439页。

务教士七十余人，传道员 170 余人。[108]当然在义务人员培训过程中，也存在受薪人才的恐慌，信徒不肯负责，成人宗教教育与义务人才教育界限不清等困境。[109]而且有些义务人员在培训后，并没有起到应有作用，如"临清公理会有些学生在读完了课程以后，竟要求教会录用，有些则离开本地，到大商埠谋生去了。"[110]

## （四）基督教学校、医院的变化

### 1. 教会学校的应对

民国前期，在华教会学校的办学经费多靠西方提供的经费维持，但在五年运动时期，在华教会学校因西方拨款减少，经费紧张，各学校多采取了财政紧缩政策，通过裁减教职员人数，削减预算及教职员薪水以减轻财政压力。

从在华教会大学的情况看，如东吴大学 1931 至 932 学年的预算总支出达到 17.3 万元，其中 11.7 万元是靠收取学生的学费。事实上却只收到学费 78734元，比预期的少了 3.8 万元。该校被迫通过紧缩开支项目，支出总额仍达到 13.7万元，其中有中国员工放弃领取的 2 万元工资，但汇总各种收入外，仍有 1.2万元的缺口，只能从银行贷款填补。[111]再如 1933 年，因燕大各种收入突减，仅得 91 万 6 千余元，即行紧缩政策，预算自 160 万元减至 93.4 万元，与收入相抵，仍亏 1.8 万元，同时该校还实行了减政裁人。[112]教育部在视察教会大学时，也发现了其财政紧张问题，提出补救建议。如教育部在 1934 年派员视察燕京大学时也指出："该校经费来源，近来因受世界经济影响，日渐减少，不敷甚巨，应即增筹确定基金，以谋学校经济基础之巩固。"[113]1935 年 7 月，教育部在视察金陵大学后也指出："该校经费年有亏空，影响事业之进展甚巨，嗣后一面应由校董会增筹基金，以裕收入，一面酌量缩减科系，以节支出。"对此，金大校方回函教育部表示将通过三方面的努力解决：一是要求各院系撙节开支；二是在国内外募集基金；三是请教育部补助，并决定将医学先

---

108 《循道公会浙江温州教区五运工作简报》，《中华归主》1934 第 150 期，第 12 页。

109 黎天锡：《最近十年之宗教教育》，《中华基督教会全国总会公报》1936 年第 8 卷第 1 期，第 11 页。

110 韦格尔及视察团编：《培养教会工作人员的研究》，上海广学会，1935 年，第 113页。

111 王国平等编：《东吴大学史料选辑》，苏州大学出版社，2010 年，第 247 页。

112 刘廷芳、谢景升编：《司徒雷登先生年谱》，北京，1946 年，第 40 页。

113 《令私立燕京大学》，《教育公报》1934 年第 6 卷第 29-30 期，第 6 页。

修科从 1935 年秋季停止招生，以节支出。[114]

在此形势下，教会学校还采取了呼吁募捐、政府资助、国外基金支持等方式获取经费支持。教会大学在政府立案后，教育部、地方当局都会适当给予经费补助。如 1933 年秋，山东省政府协助齐大经费两千元，作为无线电专修科之用。[115]1934 年初，齐大再次向山东省政府请求补助 1 万元，省政府于 4 月25 日发函准予一次补助金洋 5000 元。[116]1934 年 7 月，教育部曾奖助成绩优良而经费困难的私立专科以上学校，如对齐鲁大学、金陵大学拨款 3 万，沪江大学 2 万元，岭南大学 3.5 万，金陵女子文理学院 1.2 万元，福建协和学院 1.2万元，燕京大学补助最多，达到 6 万元。[117]但该补助费每年资助额并不固定，并针对教会大学中"注重实科"的学院资助，各校获得的金额也是差别较大。如 1935 年齐鲁大学所得份额为 23665 元，燕京大学则为 53475 元，华西协和大学 18220 元，金陵大学 26736 元，东吴大学 11407 元，沪江大学 18220 元，金陵女子文理学院 10814 元，之江文理学院 6814 元，华中大学 13962 元，华南女子文理学院 6814 元，福建协和学院 9110 元。[118]再如立案后的岭南大学在 1935 年获得广东省政府补助 26 万元，教育部补助 2.73 万元。[119]政府部门的补助对处于财政紧张中的教会大学来说，可谓雪中送炭。

教会大学当时还从中华教育文化基金会、中英庚款董事会、洛克菲勒基金会（又称"罗氏基金"）等外部基金获得补助。如 1933 年时，东吴大学从洛克菲勒基金获得 4000 美元资助，中华教育文化基金会补助该校生物系经费2000 元。[120]从 1935 年开始，齐大、燕大等获得中华教育文化基金会提供的每年 14000 元拨款。[121]1936 年，管理中英庚款董事会也资助齐大理学院和医学

114 张宪文主编：《金陵大学史》，南京大学出版社，2002 年，第 75 页。

115 《山东省政府协助本校经费两千元》，《齐大旬刊》1933 年第 4 卷第 5 期，第 31页。

116 《山东省政府公函》，《齐大旬刊》1934 年第 4 卷第 22 期，第 158 页。

117 《教部本年度私校补助费核定经过》，《中华教育界》1934 年第 22 卷第 4 期，第185 页。

118 《二十四年度私立专科以上学校补助费详数》，《时事月报》1935 年第 13 卷第 2期，第 76-77 页。

119 私立岭南大学编：《私立岭南大学 1935 年度校务报告》，广州，1935 年，第 3 页。

120 《东吴大学总报告》，《福音光》1933 年第 41 号，第 9 页。

121 Report of the School of Medicine For the Year Ending June 30th, 1936, *Shantung Christian University, Archives of the United Board For Christian Higher Education in Asia*, Box.263, p.658.

院 15000 元用于图书设备的完善, 补助燕大设备费 15000 千元。[122]1935 至 1936 年度, 洛克菲勒基金会还补助费给燕京大学 102325 元, 占总收入 11%。[123]洛克菲勒基金会对齐大医学院, 霍尔基金对齐大国学研究所也每年有相当经费资助, 如该基金每年资助齐大医学院 3000 英镑。[124]此外, 华西协和大学方面除了加拿大、英国教会每年 31 万余元的经费拨款外, 霍尔基金 1929 年起还拨款赞助 100 万元, 其中 60 万元资助中国文学系, 20 万元资助牙科, 其他 20 万元则分给各科。[125]

除了外部资助外, 部分大学也发起向社会募款。如 1933 年 11 月, 燕大因国外经费减少, 决议则举行百万基金运动, 提议在国内募集基金 100 万元, 将基金利息, 弥补常年经费之缺短。后经教职员全体大会通过, 并决议在校之教职员担任 10 万元, 自由乐捐, 限于 10 日内, 办理完竣。其余 90 万元, 拟向两千校友及八百在校之学生家属, 与同情该校之国内人士劝募。[126]经过四年的募集, 1937 年春时, 燕大共募到 9.7 万千美金(合国币 32 万元), 约相当于预期总额的三分之一, 其中燕大师生与校友贡献了至少三分之一。[127]1935 年, 齐大也决定向校友每人募集 50 元, 作为蓄金, 以备补助当时的亏空。但齐大校友多在基层学校或医院工作, 资本家乃至商人其少, 捐献有限。[128]1936 年时, 中国基督教大学联合董事部还决定筹款 120 万美金, 以资助燕京, 齐鲁、金陵等 11 所在华教会大学。[129]在多种形式的捐助下, 导致各教会大学获得捐赠总额均有所增加, 如燕京大学所获各类捐赠总额由 1929 年的 1347710.85 美元, 到 1936 年增加为 2215313.55 美元。[130]虽然政府机关及各类基金组织对教会大学有所补助, 但毕竟数额有限, 各教会大学的运营还是主要依靠外国差会

---

122 《二十五年度中英庚款教育文化补助费支配情形》, 《教育杂志》1936 年第 26 卷第 8 号, 第 143 页。

123 私立燕京大学：《北平私立燕京大学一览》, 北平, 1937 年, 第 188 页。

124 *Christian Universities of China Bulletin*, No.11, February, 1935, p.2.

125 私立华西协和大学编：《私立华西协和大学一览》, 成都, 1930 年, 第 5 页。

126 《燕京大学拟在国内筹募基金百万元》, 《中华基督教育季刊》1933 年第 9 卷第 4 期, 第 101 页。

127 Dwight W.Edwards, *Yenching University*, New York: United Board for Christian Colleges in China, 1959. p.233.

128 "Grants to the University", *Cheeloo Monthly Bulletin*, No.31, September 30th, 1931, p.4.

129 《资助中国教会大学》, 《圣公会报》1936 年第 29 卷第 19 期, 第 28 页。

130 Dwight W.Edwards, *Yenching University*, New York: United Board for Christian Colleges in China, 1959. p.234.

的拨款及学生缴费。

实际在经济危机发生前，学生缴费一直在教会学校收入中占据比例不高，此时期教会学校因经济不景气，财政紧张，不得已提高学费标准，以增加学校收入。如齐鲁大学在经济危机前的 1926 年文理本科学费每学期 25 元[131]，到 1931 年，文科则提升到每学期 30 元，理科每学期 35 元[132]，到 1937 年时，学费更是增为文科本科生 35 元，理科本科生 40 元，医学本科生 50 元。[133] 从在华教会大学整体情况看，据 1932 年秋季学期统计，当年在华教会大学学费收入 60.7 万元，抵经常费 14%。学费收入数最少者为齐鲁大学，只占该校经常费 6%；最多者为之江文理学院，抵经常费 45%；除学费外，中国捐款 32.5 万元，抵经常费 8%，西方差会拨款 135.6 万元，抵全数 33%，教会大学的收入还有 20% 来自西国其他捐款，4% 来自基金。[134] 与此同时，外国差会对教会学校的补助比例也逐年减少，学费及相应收入提高。如"1929 至 1930 学年度燕大收入 602833.14 元中，美国托事部及国外机关来款 427187.8 元，占 71%。[135] 在燕大 1935 至 1936 学年收入来源 906978.92 元中，外国来款比例已经减少，其中纽约托事部拨款 398874.03 元，占 44%；基督教各公会拨款 67200 元，占 8%，共 52%。[136] 当然因情况不同，各校收入中的学费、西方差会拨款所占比重不一。如 1935 年秋统计，圣约翰大学收入 281627 元，学费达到 90848 元，差会拨款 166784 元，金陵大学收入来源较多，总收入 806005 元，学杂费 85522 元，差会拨款 56922 元，其他依靠各种捐款。[137] 从纵向的整体情况看，在华教会大学收入中的中方收入占比越来越高，其从 1925 年占总收入的 10%，到 1937 年已超过总收入的一半。[138] 然而教会大学一味增设学费，更导致教会

---

131 私立齐鲁大学：《山东济南齐鲁大学章程》，济南，1926 年，第 45 页。

132 私立齐鲁大学：《山东济南私立齐鲁大学文、理学院一览》，济南，1931 年，第 17 页。

133 私立齐鲁大学：《私立齐鲁大学文、理、医学院招生简章》，济南，1937 年，第 13 页。

134 缪秋笙：《基督教大学最近概况》，《中华基督教教育季刊》1933 年第 9 卷第 3 期，第 59 页。

135 私立燕京大学：《北平私立燕京大学一览》，北平，1931 年，第 334 页，北京大学档案馆藏：私立燕京大学档案，档案号：YJ19300025。

136 私立燕京大学：《北平私立燕京大学一览》，北平，1937 年，第 188 页。

137 E.H.Cressy, *Christian Colleges in China, Eleventh Annual Statistics*, 1935-1936, Shanghai, 1936, pp.26-27.

138 W.P.Fenn, *Christian Higher Education in Changing China, 1880-1950*, Michigan: WilliamB.Eardmans Publishing Company, 1976, p.186.

大学成为贵族化学校，也引起社会的不满。

除了教会大学外，各教会中学在政府立案后，因学校受到社会承认，导致非基督徒的入学学生增加，故学额激增，如"北京汇文中学1930年时学生777人，在当年立案后，招收学额增多，至1933年增长至1220人。"[139]随着学生人数的增多，学校开支也相应增加，部分学校还出现了入不敷出的情况。在外部资金有限情况下，各教会学校也不得不设法来维持学校的运营。如当时有学校与本差会同等学校合并；与其他差会所公会学校合并；减少西方教员人数，改聘中教员；增加学费并向各界募捐；将设备及发展预算取消。因以上政策之改变，各学校生活渐呈两种现象，一为积极进行向国人捐募，以求学校之自立；一为消极之态度勉强维持。[140]如1933年时，东吴大学吴兴附中入不敷出的金额达到7804余元，该校只能由校董会拨款津贴3500元外，其余由前东吴二中移来之款补齐，才能勉力维持。[141]

当时各差会都缩减了对在华教会中学的拨款。美国公理会在天津所建的私立究真、仰山两校由美总会所拨经常费，在1930年为3520美元，到1934年则降为1500美元。[142]为此两校决定抬高学费，以弥补经费不足。如天津究真中学的学费1930年度为32元，1932年升为40元，到1934年增长到48元。[143]当时学费也成为教会学校的主要收入，差会支出大为减少。如1931年时，北平育英学校支出8万元，但差会只提供1000元，其余则靠学生缴费及捐献获得，而且学校62名教师的薪金，仅有一名传教士教师为差会供给。[144]1933年，上海中西女中年度收入122317.42元，其中学费47501元，膳宿费37988.7元，各种音乐费14599元，教会补助仅经常费利息1167.98元。[145]再如1934年，济南齐鲁中学经费除设立者每年补助经常费16760元，齐鲁大学补助经常费1200元，捐款约1500元外，学生学杂费等各项31000余元也

---

139 《本校近十五年来学生增减比较表》，《汇文年刊》，1936年，无页码。

140 朱立德：《世界不景气对于教会之影响》，《中华基督教会年鉴》第12期，1934年，第7-8页。

141 《东吴大学吴兴附中》，《福音光》1934年第41号，第11页。

142 《天津私立究真仰山学校报告书：1935年》，《教会战后医院报告及公理会文件》，天津市档案馆藏，档案号：401206800-J0252-1-003019。

143 《天津私立究真仰山学校报告书：1935年》，档案号：401206800-J0252-1-003019。

144 Rowland M.Cross, *Christianity in Revolutionary China*, Boston, 1932, p.43.

145 《中西女中经济报告》，《福音光》1934年第41期，第14页。

是占比例最大。[146]当时大部分中学收入除了学费外，其他则依靠基金利息、差会津贴等。如据 1935 年秋季学期统计，杭州之江中学总收入 14210 元，其中学费收入 11410 元，差会津贴 1400 元；福州英华中学总收入 45831 元，其中学费收入 24432 元，差会津贴 2600 元，基金利息 9584 元；武昌博文中学总收入 27600 元，学费收入 17820 元，差会津贴 4500 元；上海清心女中收入 27000 元，其中学费收入 17778 元，差会津贴 867 元。[147]然也有少数学校采取内部精简方式，如美国公理会所在山西、山东活动区域经济困难，不能多收学费，故博文、铭义停办高中以节省 2000 元，取消山东视学员以节省 900 元。河北省的中学因能多收学费，故学校的经济也好维持。[148]又据 1934 年调查，在 133 处教会中学中，不受外国津贴的达到 1/4，在建造新屋，添置用具或筹备基金等方面向外界募捐。[149]还有少数学校，外国差会补贴仍然较高。如 1933 年苏州的景海女师收入 40826.84 元，其中美国女布道会补贴达到 14991.88 元，其余为学生缴纳的各种费用及其他收入。[150]

在华教会中学还采取了各种形式的募捐，获取社会力量支持。如青岛的崇德中学除了学费收入外，也是由青岛市每年补助 5400 元，另有社会捐助[151]；再如北镇鸿文中学 1931 年时经费由鸿济医院捐助 1000 元，本地教会捐助 2000 元，教友会捐助 500 元，学费 1000 元。[152]山西铭贤学校因财政紧张，也曾得到教育部补助，1934 年时获得 3 万元[153]；1935 年，校长孔祥熙捐助国币 1 万元，又获教育部补助费 4 万元。[154]部分学校教师还发起捐款支持学校办学，如 1934 年，北京汇文中学全体职员则发起捐献每月薪金的十

---

146 私立齐鲁中学：《济南私立齐鲁中学概况一览》，济南，1934 年，第 16 页。

147 E.H.Cressy, *Christian Middle Schools, Fourth Annual Statistics*, 1935-1936, Shanghai, 1936, pp.40-46.

148 许光迪：《总会四月二十五日来函》，《华北公理会月刊》1932 年第 6 卷第 6 期，第 16-17 页。

149 《中华基督教教育会报告》，《中华全国基督教协进会第十届大会报告》，上海，1935 年，第 99 页。

150 《景海女师》，《福音光》1934 年第 41 号，第 14 页。

151 《二十四年度青岛私立崇德中学调查表》，青岛市档案馆藏，档案号：B0027-004-00260。

152 山东省政府教育厅：《山东省政府教育厅视察报告》第 2 集，1931 年，第 186 页。

153 《晋铭贤学校补助费》，《申报》1934 年 12 月 25 日，第 14 版。

154 信德俭等编：《学以事人、真知力行：山西铭贤学校办学评述》，中国社会出版社，2010 年，第 241 页。

分之一,连续 15 个月,收入达万余元,作为学校经费支出。[155]在学校财政紧张形势下,亦有部分差会开始向校董会移交学校管理权,如美国北长老会在青岛开办的崇实中学的美方创办人即与校董会签订合同,自 1929 年 8 月至 1932 年 7 月期间将学校土地、建筑物及附属品租给校董会,每年收取一块银元的租金,并每年仍向学校提供 2100 银元的经费,实际等同于将学校移交校董会经营,另该会与在潍县的文美女子中学也签订了类似合同。[156]到了 1930 年代,除少数学校收入还靠教会拨款与捐献外,学生缴费收入已经成为大多数教会学校的主要收入来源,改变了教会学校初期主要依靠差会补助的局面。

教会学校通过各种方式的筹款,在五年运动时期也基本实现了收支平衡,如据 1935 年《德县志》所载德县博文中学 1934 年的总收入为 29573 元,总支出为 29420 元,略有盈余。[157]但是教会学校学费提高,教会职员与信徒的子弟,不堪负担,势必选择报考收费较低的公办学校,因此影响了学生构成。教会学校初期多是信徒子女,此时期"因经济关系,教会子弟除少数受津贴外,为数甚少,教外学生颇多,类多富家子弟"[158],导致学校演变为"贵族化学校"。在学生收费增加的同时,也适当提高了招生人数以增加总收入,但教学设备及师资方面却因经费紧张而减少投入,势必也影响了教学质量。教会学校因差会津贴逐渐减少或完全取消,以致维持现状颇为困难,故不得已增加招生学额及呈请政府津贴。但因教会学校的学、膳、宿费较高,除传教士子弟有相当补助金外,对于其他贫寒子弟,未多设奖学金及免费学额,故品学较优而家庭经济状况较差之学生,则裹足不前,而教会贫苦子弟则更是上学困难。这也导致学生不仅良莠不齐,而且训育困难,精神散漫。[159]

至于各地的神学院,因学生有限,还主要依靠教会经费支持。如 1934 年,"北平联合女子圣道学院入款 6806.34 元,其中学费 449 元,美国公理会提供特款 331.13 元,美国北长老会提供 1080 元,美国美以美会提供 466.67 元,英

---

155 《本校校史》,《汇文年刊》1936 年,无页码。

156 《青岛崇德中学校创办人与校董会之间合同》,山东省档案馆藏:私立齐鲁大学卷宗,档案号:J109-01-115。

157 李树德修:《德县志》学校志,1935 年刊本,第 61 页。

158 中华基督教会全国总会:《中华基督教会全国总会第三届常会议录》,厦门,1933 年,第 113 页。

159 《华中区第三届中学教育讨论会记录》,《中华基督教教育季刊》1937 年第 13 卷第 2 期,第 35 页。

国伦敦会提供 233.6 元。"[160]再如北平汇文神学院 1933 至 1934 年花费 14742 元，其中差会提供 8183 元[161]，也占收入的大半。此时期，教会大学的神学院也是主要靠国外差会资助。如 1934 年度，齐鲁大学神学院收入 13000 元，其中差会补助 10640 元，学费 1000 元；金陵神学院收入 28742 元，差会提供 17300 元，学费 1325 元，基金利息收入 10117 元。但燕京大学宗教学院却以主要依靠捐赠基金维持，不再依托差会提供，如该院 1934 年度总收入为 30080 元，其中学费为 2240 元，基金收入为 27840 元。[162]当时亦有学校通过实业来增收，如烟台妇女圣经学校，学生在校皆须入实业班，以备生财，可以自立自助，不须依赖他人，"其中有 35 人所得之利，可以支持学费而有余"。[163]虽然神学院多靠差会补助维持，但毕竟其神学色彩浓厚，每年入学的学生远低于普通教会学校。

在教会小学方面，因为津贴费减少，有一部分学校被迫停办。但各地信徒多认小学教育甚为重要，无津贴亦自愿筹款或增加学费办理。"惟对于初等教育现在有二种理论，即一主取消教会办理初等教育；一主继续维持之。"[164]此时期部分教会小学学费也成为学校的主要收入。如 1931 年，烟台信义小学全年经费 3888 元，教会补助千元，学费则入 2800 元[165]；北平崇实小学 1936 至 1937 学年收入 5683.04 元，学生缴费即达到 3861 元，占收入的大部分。[166]而且教会小学也在不断提高学费标准。如"天津仰山高小的学费 1930 年为 20 元，到 1932 年增为 24 元，到 1934 年又增为 28 元。"[167]再如 1936 年鲁东信义会在青岛、胶县及即墨的初高级小学及民众学校各项收入 4468.11 元，其中

160 《北平联合女子圣道学院一九三四年正月一日至十二月三十一日年报》，第 15 页，天津档案馆藏，档号：401206800-J0252-1-003019。

161 C.Stanley Smith, *The Development of Protestant Theological Education in China*, Shanghai: Kelly and Walsh Limited, 1941, p.147.

162 韦格尔：《培养教会工作人员的研究》，中华基督教宗教教育促进会，1935 年，附录第 15 页。

163 连警斋编：《郭显德牧师行传全集》，第 555 页。

164 朱立德：《世界不景气对于教会之影响》，《中华基督教会年鉴》第 12 期，1934 年，第 7 页。

165 山东省政府教育厅：《山东省政府教育厅视察报告》第 2 集，济南，1931 年，第 225 页。

166 北京私立崇实中小学校：《北京私立崇实中小学校一年概况报告书》，北平，1937 年，第 90 页。

167 《天津私立究真仰山学校报告书：1935 年》，《教会战后医院报告及公理会文件》，天津市档案馆藏，档案号：401206800-J0252-1-003019。

特别捐 64 元，差会助款 1747 元，剩余大部分为学杂费、体育费、寄宿费等收入，学费更是达到 2447.3 元。[168]还有教会小学则是寻求外部的捐款支持。如北平汇文第一小学自 1930 年后，"学额陡越五百，校舍殊感不敷，校董事会发起万元购产募款，在校董事与职教员努力下，于 3 年之间募款 1.1 万元，修建校舍，翻修学生宿舍，其余 4000 元留作学校基金。"[169]美国长老会在烟台的信义小学因美国总会受困财政紧张，由每年补助千余元降为 500 元，学费不足，则由校董分任捐助。1931 年时，校董募捐得 3000 余元，由社会领袖慕得 3000 余元，基本可以维持学校运营。[170]

### 2. 教会医院的调整

基督教在华医疗事业的运营需要巨额的资金支持，诸如职员薪金、医疗设备、药品及医院建筑等支出花费颇大。如 1930 年，天津伦敦会开办的马大夫医院支出 56826 元，其中医药及设备 13792 元，病人及职员餐费 11182 元，外国职员薪水 6326 元，中国职员薪水 8710 元，另有装修、水电等花费[171]。在华教会医院在开办之初，主要依靠母会提供经费及医院收入维持，但受经济危机影响，西方经费减少，拨款逐年减少，如临清华美医院 1929 年教会拨款 4011.97 元，到 1933 年即下降为 2976.96 元。[172]还有一些医院入不敷出，如英国伦敦会在上海的仁济医院 1934 年除各种补助金、捐款及医药等费之收入外，尚短少 2.3 万元。[173]再如上海的同仁医院 1935 年因病室收入较实际花费的缺相差甚多，而免费者日增，导致有 6000 余元亏空，只能由紧急预备金先行垫付。[174]因教会医院及施诊所受经费影响甚大，有的施诊所停闭，西洋医生减少，转

---

168 鲁东信义会：《基督教鲁东信义会五十周年纪念特刊：1898-1948》，青岛，1948 年，第 65 页。

169 《万元购产募款经过》，《北京汇文第一小学 70 周年纪念刊》，北京，1940 年，第 46 页。

170 连警斋编：《郭显德牧师行传全集》，第 301 页。

171 Newsletter from Dr.Mrs.E.J. Stuckey, p.4, *Council for World Mission Archives*, North China,1866-1939, Box, No.10, 1929-30, No.776., Switzerland: Inter Documentation Co., 1978.

172 Lintsing Memorial Hospital, Lintsing,Shantung, Annual Report, 1929, p.12; Lintsing Memorial Hospital, Lintsing, Shantung, China, Annual Report for 1933, p.16, Manuscripts Division, Special Collections, J.Willard Marriott Library, University of Utah.

173 《仁济医院之工作与经费》，《兴华》1935 年第 32 卷第 39 期，第 27 页。

174 韦尔生：《1935 年上海同仁医院院务报告》，《圣公会报》1935 年第 29 卷第 21 期，第 29 页。

而聘用义务医生，或与其他医院合并，向国内各界募捐，增收富有病人之医药费等。[175]为此，在华教会医院被迫通过提高收费、呼吁募捐等政策来维持。

此时期，教会医院收入多是来自病人的住院费、护理费、药费及检验费等，但因医院的教会慈善性质，又采取不同收费制度，部分对贫民免费，对高收入的病人则采取高收费。如山东德县卫氏博济医院，对凡来住院者共分五等，特等每日 10 元，头等每日 5 元，一等 3 元，二等 1.5 元，三等 5 角，衣被食品普通药类均在住院费内。[176]此种分等级的收费制度，也多为各地教会医院所执行，在各医院也都有减免病人费用的规定，如 1936 年，"北京同仁医院门诊病人 64741 人，其中有 10330 人免费，加之住院减免的费用，该院本年用于慈善的费用占总支出的 15%。"[177]这也说明教会医院并不是一味的谋利，而是意图彰显基督的博爱精神。当然因经费紧张，部分教会医院也无奈增加了一般病人的收费，免费看病的人数亦被迫减少。此外，还有部分医院通过裁员来节约支出，当时多是裁减工资较高的外国医生，或减少他们的薪水，同时也提倡医生义务工作，但这也会影响医生的服务质量。

随着母会经费减少，鉴于当时教会医院在当地医疗体系重要性，地方官员及士绅也参与资助维持教会医院经费，医院病人亦有捐款资助者。如 1930 年，天津伦敦会的马大夫纪念医院北病房楼建成，徐世昌、徐世章等中西名人为此襄助白银 51770 两，另该院获取了英国租界工部局每年 2000 两的拨款。[178]当时美国公理会开办的太谷仁术医院因经费紧张，也向山西社会各界募集捐款。1934 年秋，财政部长孔祥熙为医院捐款 1000 元，又提倡全县各界捐款，联络组成募捐基金委员会，决议太谷县署由地方捐款内，拨出 500 元津助该院，并发出捐册 80 余本募捐。[179]上海的同济医院则每年由上海租界工部局补助 2.8 万元，美国妇女协会也不时给予财物资助。[180]地方人士之所以资助支持教会医

---

175 朱立德：《世界不景气对于教会之影响》，《中华基督教会年鉴》第 12 期，1934 年，第 8 页。

176 《山东德县卫氏博济医院报告书》，1930 年，第 1 页，哈佛大学燕京学社图书馆藏。

177 Hopins Memorial Hospital, Peiping China, p.1, *Missionary Files: Methodist Church*, 1912-1949, Wilmington, Del: Scholarly Resources Inc, 1999, Reel.70.

178 《英租界选举人常年大会》，《益世报》（天津），1930 年 4 月 17 日，第 10 版。

179 《1934 年山西太谷仁术医院报告》，《教会战后医院及公理会文件》，天津市档案馆藏，档案号：401206800-J0252-1-003019。

180 韦尔生：《1935 年上海同仁医院院务报告》，《圣公会报》1935 年第 29 卷第 21 期，第 29 页。

院，也在于其先进的医疗技术可以为他们提供医疗服务。在此时期，经过教会医院的广为宣传呼吁，多数医院的中外捐款都有所增加，如 1930 年美国美以美会报告医院经费多出自本地捐，华北年会有医院 7 处，捐款达到 145397 元；福建年会有医院 5 处，捐款达到 50944 元；江西年会有医院 4 所，捐款达到 97999 元。[181] 从纵向对比看，美国美以美会开办的昌黎广济医院 1933 年此项收入为 924 元，到 1936 年增加为 3072 元。[182] 英国浸礼会在山西太原开办的博爱男女医院的本土捐献额则从 1930 年的 714.22 英镑，到 1936 年增加到 1410.38 英镑。[183] 再如中华圣公会在华医院的中方医药捐款数从 1931 年的 447983.3 元，增加到 1933 年的 494834 元。[184]

另有教会采取了合办医院办法，以减轻财政压力。如 1935 年底，由泰安美以美会开办的博济医院，交由美以美会、中华圣公会、浸信会所组之董事会接办，共同出款办理。[185] 当时教会医院对于普通病人，医院亦设捐款箱，希望条件充裕者给予资助，而在医院治愈之病人，尝有感谢的捐助，虽人数无多，间有捐助巨额者。各地医院从地方上获取资助颇多，教会人士亦感叹地方经费在教会医院开办过程中的重要性："然当此经济缩减年复一年之时，医院经济之前途，若不出地方上得其资助，则将来似难维持。今日之现状，惟如何能打通此路，虽在未知之数，然受地方金钱之辅助，而受地方上牵制之过程，乃在所难免。"[186]

在当地官绅协款资助下，各教会医院得以继续维持，但医院主要收入仍是病人所缴各费，这也体现了医院逐步本色化的倾向。如 1933 年，美国公理会在山东临清华美医院总收入 24955.37 元，其中来自病人的收入为 13695.62 元，已超过一半，美国公理会提供的经费仅有 4836.61 元，其余为中外人士的捐献

---

181 王治平：《全国美以美会统计》，《兴华周报》1931 年第 28 卷第 49 期，第 20 页。

182 《昌黎广济医院每年出入款项及预算一览表》，*Missionary Files: Methodist Church*, 1912-1949, Wilmington, Del: Scholarly Resources Inc, 1999, Reel.70.

183 *The Baptists Missionary Society 139th Annual Report*, London: The Mission House, 1931, p.114; *The Baptists Missionary Society 145th Annual Report*, London: The Mission House, 1937, p.126.

184 *Report of the Seventh Meeting of the General Synod of the Chung Hua Sheng Kung Hui*, Hangchow, 1931, 表四; *Report of the Eighth Meeting of the General Synod of the Chung Hua Sheng Kung Hui*, Wuhu, 1934, 表四。

185 《山东博济医院改组》，《中华归主》1936 年 164 期，第 15 页。

186 张横秋：《华北公理会两年中特殊之发展》，《中华基督教会年鉴》第 13 期，1936 年，第 52 页。

等。[187]再如 1935 年江苏常州武进医院收入 6.76 万元，其中住院费收入达到 2.07 万元，药费 1.73 万元，化验室收费 0.57 万元，另有各种手术费、接产费 等收费，差会补助仅有美金 637 美元，国币 2560 余元，所占份额较少。[188]因 医院所收各费，均见增加，故虽外国拨款减少，医院之工作仍能维持。1936 年 时，华北公理会开办的 6 所医院，不计总部拨款及捐献外，仅靠病人收费已可 以满足运营支出，且多出 50789 元盈余。[189]在华教会其他医院中，病人收入同 样成为医院的主要收入来源。如 1933 年时，美国美以美会开办的昌黎广济医 院收入 10784 元，其中住院费 6944 元，出诊费 389 元，门诊费 2527 元，构成 医院的绝大部分收入。[190]再如英国伦敦会在河北枣强萧张镇开办的医院，1937 年收入 16255.2 元，其中差会仅提供 3446.9 元，其他多靠医院收费维持，如住 院费 5961.54 元为最多收入来源，手术费 1200.35 元，药费 2233.45 元，其他还 有少数捐献等来源，但仍有 414.9 元的赤字。[191]随着西方国家的经费逐渐减低， 中方来款比例大增。当然在中方的收入中，除了病人缴费、捐献外，也不可忽 视上文提及的地方政府及社会各界的捐助支持。在当时社会及政府各方面的捐 助下，又因此时期公立的正规医院较少，而教会医院医术精湛，故颇得民众信 任，导致此时期教会医院的业务日臻繁忙，也基本都实现了盈利，如 1932 年 北京同仁医院即盈余 5000 墨元。[192]但此次经费紧张，也促使了教会医院的本 色化，"以前教会医院所用主任医生多系外人，现在国人精于西医者，任何专 科有相当人才，按现时之趋势将来教会医院或将多由国人担负主持之。"[193]

除了教会学校、医院外，教会博物院、孤儿院等其他教会在华社会机构， 也是多靠西方差会资金支持，在此时期也面临财政紧张问题。这些机构也被迫 采取紧缩财政政策，并逐渐与社会力量联合办理，呼吁社会各界捐款，以减轻 教会负担。此时期基督教在华社会事业，在外部经费来源紧张形势下，屡获中

---

187 *Lintsing Memorial Hospital Annual Report for 1933*, Lintsing, 1933, p.16.

188 《武进医院报告》，《福音光》1935 年第 11 卷第 4 号，第 14 页。

189 华北综合调查研究所：《华北公理会调查报告书》，北京，1944 年，附表：第五表。

190 《昌黎广济医院每年出入款项及预算一览表》，*Missionary Files: Methodist Church*, 1912-1949, Wilmington, Del: Scholarly Resources Inc, 1999, Reel.70.

191 "Balance Sheet for 1937", *Report for the Year 1937: London Missionary Society Hospital, Siaochang Hopei, China*, Tientsin Press Ltd, 1937, p.16.

192 Hopins Memorial Hospital, Peiping China, p.3, *Missionary Files: Methodist Church*, 1912-1949, Wilmington, Del: Scholarly Resources Inc, 1999, Reel.70.

193 朱立德：《世界不景气对于教会之影响》，《中华基督教会年鉴》第 12 期，1934 年， 第 9 页。

国本土方面的资金支持，也说明了其逐渐受到了中国社会各界的认同。

## 二、基督化经济关系问题

民国时期，来华基督教因目睹中国经济生活困境，开始着重关注中国经济问题。基督教协进会在 1927 年召开基督化经济关系全国大会时，即讨论了劳动问题、乡村经济问题、基督教与经济等问题。[194]当时基督教协进会下设的基督化经济关系委员会，专门负责推进此项工作。

五年运动开始后，工业问题未受到应有重视。当时有教会人士认为，"基督教的使命是拯救整个的人生，不但著作灵性修养，也应顾到物质生活的改善，今日中国社会经济不振的状况，人民生活的困苦，可怜已达到极点。考其缘由，无非是因为生产业不发达，教会在这种情形之下，若不急起直追，改善生活状况，那末欲使教会实现自立自养自传，则更加困难。"[195]故到 1931 年 4 月的基督教协进会第八届大会举行时，大会认为基督教会肩负着服务中国的使命，从事社会的工业与经济改造的时机已经成熟，故建议教会当在可能范围内，"研究并提倡乡村副业及其他小工业，使教会非但能扩大自己生命，并且对于建议基督化团体生活方面也有贡献；研究并提倡合作事业，先注意信用、运销、生产方面，然后顾及消费方面；提倡组互助社，以谋疾病保险和其他类似的利益。"[196]该会在针对工人服务的具体措施上，还提出：研究并提倡工人福利事业，训练工人参与工人福利事业的管理；使各界明了工厂法的内容，并促其实施与改良；鼓励教会及其他基督教团体在工业区内，提倡工人教育，筹划工人教育实验以研究工人教育的教授教材，并出版刊物，以供实施工人教育之用。[197]在乡村生计方面，协进会决定请基督化经济关系委员会于从事提高民生之种种设计，特别注意研究在各乡村教会服务区内所能提倡推广之种种事业，如农民副业合作运动等。[198]在此方针指导下，该委员会除注重致力于劳工状况及其他问题的研究，还发起民生改进研究会；组织基督化乡村事业委员

---

194 中华全国基督教协进会编：《基督化经济关系全国大会报告书》，上海，1927 年，第 110-111 页。

195 朱立德：《两年来的中华全国基督教协进会》，《中华基督教会年鉴》第 11 期，1931 年，（壹）第 13 页。

196 《关于基督化经济关系之决议案》，《中华归主》1931 年第 117 期，第 14 页。

197 *The Eighth Meeting of the National Christian Council of China*, Hangchow, April 10-17, 1931, pp.23-25.

198 《关于乡村教会之决议案》，《中华归主》1931 年第 117 期，第 13 页。

会，向农业专门学校采集关于乡村教会所需要的实际材料；开办农村工业与小工业解决乡村教会自养。[199]而且协进会还请在华各教会大学赞助实施以上计划中需要的研究与调查工作；引起学生对于解决工业与经济问题的兴趣；训练专门人才以实施以上的主要计划。[200]在该委员会规划下，各教会成立了基督化经济关系委员会分会，投入到工业改良、工读教育及改善经济生活等活动中，特别是华北工业改进社的工作在当时较有成效，现分别叙述：

## （一）华北工业改进社的活动

五年运动时期，教会认为运用合作组织以提倡乡村工业，不但可以救济农村生活的困窘，并能为乡村经济树立稳固基础，从而为整个中国社会多开辟新的局面，而达经济平等的境地。[201]为此，1932 年 9 月 17 日，由华北基督教农村事业促进委员会及燕京、南开、齐鲁三大学代表在北平正式组织成立华北工业改进社，南开大学校长张伯苓任社长，燕京大学教授戴乐仁(J.B.Tayler)任干事。[202]华北工业改进社使命是设法发展乡村手工业，以提高乡村民众的经济生活，"并辅之以合作组织，俾能与都市中工商业去平衡发展，而为中国社会树立一个新的经济制度"。[203]该社会员分私人与团体两种，二者皆可为常年、永久及赞助会员，缴纳不同会费，并成立乡村工业协进会作为会员联络组织。

华北工业改进社目的在以研究、训练及合作组织等方法，促进乡村工业及小工业，以期改善人民之生活情形。[204]为此，该社曾详细计划工作方向，初期曾涉及地方工业、羊毛、铁业等项目。如该社对华北数项家庭工业有所研究，并曾举办一种毛织工业设计实验，华北工程学校校长丁荫（S.M.Dean）对此贡献甚多。1932 年 6 月，协进会出资 3000 墨洋，资助丁荫进行了乡村毛纺工业的初步实验。[205]丁荫针对羊毛制品在社会需要，调查羊毛加工，一方

---

199 《基督化经济关系委员会报告》，《中华归主》1931 年第 116 期，第 19 页。

200 《关于基督化经济关系之决议案》，《中华归主》1931 年第 117 页，第 15 页。

201 《华北工业改进社事工进行状况》，《消息》1933 年第 5 卷第 5 期，第 34 页。

202 *North China Industrial Service Union*, Peiping, China, Tientsin: The Chihli Press Inc, 1933. p.3.上海市档案馆藏，档案号：U123-0-31。

203 卢广绵：《华北工业改进社事工进行概况》，《乡村建设实验》第 1 集，中华书局，1934 年，第 167 页。

204 《华北工业改进社之缘起及其工作与计划》，1933 年 3 月，山东省档案馆藏，档案号：J109-01-035。

205 "The North China Industrial Service Union", *The Bulletin of the National Christian Council*, No.46, March 1933, p.5.

面实验合乎乡村情形之最简单的毛织用具，一方面研究如何逐渐改良乡村毛织事业，使能由简而繁，由粗而精[206]，后其试验梳毛板、梳毛机及分毛机成功。故在 1932 年 10 月，华北工业改进社成立毛织部训练班，华北各地教育和社会团体派送学生前来实习。该班学期为 3 个月，前来学习学生须在该社毛织工厂实地工作，不收学费且不限学生年龄，但须教育机关或社会机关保送，毕业后返回该机关服务，学生主要学习纯手工式及半手工式之毛织方法。[207] 在学生人数上，第一期学生 14 人，到 1933 年 6 月已有 3 班学生毕业，共37 人。[208] 后学生渐多，到 1934 年 1 月，该班已先后有 5 班学生受训，总数达到 74 人，其中妇女 16 人。[209] 毕业学生多返回各地，由各派送机关负责实地协助农民进行毛织工作。到 1934 年初，学生已在北平、保定及山西、山东等地成立了 18 个中心，推进毛织工业。[210] 1933 年 5 月，该社还与北平长老会的崇慈女学商定，每月资助该校 50 元，在校中训练少数的女工，进行 3 个月的实习，但效果不佳，开办 10 个月仅有 10 名女生受训。[211] 但毛织工作的开展，因牵涉到资金、市场及技术等问题，各地的开展效果不尽相同。此外，山西沂州的宋教十亦在乡村信徒中提倡毛织工业，鼓励村民合作购置用具梳毛机等，纺织羊毛梳毛加工。[212]

　　1933 年，华北工业改进社述出资 7705 墨洋，用于改进棉花纺织设备的试验，以增加产量。[213] 在纺织试验中，有相当成效者如燕大清河实验区，华北工程专门学校门头村毛织科，其中山西铭义、铭贤、保定同仁诸学校选派送前来

206 *The Tenth Meeting of the National Christian Council of China,Shanghai*, April 25-May 2, 1935, p.65, Asia Committee, Inter Documentation Co., 1984, N.C.C China, Box.348, 1931-35, No.20.

207 《华北工业改进社乡村工业协进会会友通信》第 6 期，1934 年 5 月 1 日，第 20 页，山东省档案馆藏，档案号：J109-01-035。

208 卢广绵：《华北工业改进社事工进行概况》，《乡村建设实验》第 1 集，中华书局，1934 年，第 171 页。

209 *North China Industrial Service Union: The Wool Work of the Union*，山东省档案馆藏，档案号：J109-01-035。

210 *North China Industrial Service Union: The Wool Work of the Union*，山东省档案馆藏，档案号：J109-01-035。

211 *North China Industrial Service Union: The Wool Work of the Union*，山东省档案馆藏，档案号：J109-01-035。

212 卢广绵：《华北工业改进社事工进行概况》，《乡村建设实验》第 1 集，中华书局，1934 年，第 168 页。

213 "The North China Industrial Service Union", *The Bulletin of the National Christian Council*, No.46, March 1933, p.6.

之学生，归后均在各该校附设职业科，训练学生，实习毛织工作，并购置德制毛纺织器，改良机器，提高品质。当时山东邹平乡村建设研究院的梁漱溟亦派人来此实习，而工人通过此项技术一天可获得平均 20 分鹰洋的收入。[214]该社目的在于用合作方法，"组成工人的团体，并使工人自行负责，他们能得三倍于以前的收入，还能分期付还所借的开办费。"[215]该社的支出除了由协进会资助外，还有部分中国银行家也捐款支持，"因为他们明智地看到了广大农村地区日益增长的购买力，而这能助长他们的商业贸易。"[216]

早在 1930 年，基督化经济关系委员会还请燕大教授陈其田、戴乐仁从事对于关于炼铁工业的研究，后请美国洛克菲勒基金会拨款补助 4000 金元。[217]当时山西炼铁方法极为简单，虽费许多力量，炼出来的铁却只是铁矿中所含铁质的一半，故戴乐仁在山西试办一种改良土法的冶铁工业，专门从事于该项工作之研究。由于太谷铭贤学校与燕大化学系事先调查和布置，给予很多协助，才得以实行此炼铁改良计划[218]，此计划也为华北工业改进社所推行，继续支持戴氏负责办理。戴乐仁鉴于土法炼铁弊病多，1933 年聘请英国伯明翰大学炼铁专家倭立德来华，赴山西平定一带实地工作，一方面帮助太谷铭贤学校试做一小规模炼铁炉，同时并就现有炼铁方法，尽量予以技术上之改良，可省许多人力，产量亦可增加 1/10。工业社之所以提倡乡村工业，"因为农人们在本地从事工业，完全是利用农闲的时候，所以制造出来的成品，即令售价较低，也不至亏本，他们彼此间如能再有很坚固的合作组织，就是城市工厂的大量生产，也不致影响他们的销路。"[219]但是因当地制造泥罐之原料，不能耐强烈之燃烧，"以致此种试验，未能完全成功，殊属可惜。"[220]1932 年秋，工业改

214 J.B.Taylor, "An Industrial Experiment", *The China Christian Year Book*, Shanghai: Christian Literature Society, 1934, p.412.

215 戴乐仁：《农村工业与农村的生计》，《中华基督教会年鉴》第 12 期，1934 年，第 99 页。

216 "Improving Rural Life in China", *The Christian Century*, Vol.L, No.26, June 28, 1933, p.836.

217 *North China Industrial Service Union*, Peiping, China, Tientsin: The Chihli Press Inc, 1933, p.9.上海市档案馆藏，档案号：U123-0-31.

218 《华北工业改进社事工进行状况》，《消息》1933 年第 5 卷第 5 期，第 31 页。

219 卢广绵：《华北工业改进社事工进行概况》，《乡村建设实验》第 1 集，中华书局，1934 年，第 177 页。

220 The Tenth Meeting of the National Christian Council of China, Shanghai, April 25-May 2,1935, p.65, *Conference of British Missionary Societies Archives*, Asia Committee, Inter Documentation Co., 1984, N.C.C China, Box.348, 1931-35, No.20.

进社干事卢广绵前往河北南部深泽、束鹿两县，协助农民，倡办棉花运销合作，并指导农民如何检摘棉花，划分等级，由农民自己用船将棉花运至天津，售与出口商人，免去许多人从中剥削，比在当地出卖能多获 10%的利益。[221]1933 年，工业社还支持齐鲁大学对博山的玻璃制造业改造，并拨款 1000 墨洋支持此项实验。[222]同时，燕大教授戴乐仁还致力于河北陶瓷工业的研究，曾写有专著讨论河北陶瓷工业的技术改良问题，以提高产业效率。[223]燕京大学还设有陶瓷工业课程，并于 1935 年设立陶瓷研究室，致力于陶瓷改良工作，并培养相关专业学生。此外，工业社还请求洛克菲勒基金会捐款，在棉纺织业、开矿与制造、化学工业、等方面进行了初步改良，并计划创办乡村模范铁工厂[224]，及至抗战全面爆发而中断。

纵观华北工业改进社基本工作，涉及毛织、制铁、陶业、职教及其他金木纸草等工艺，并同齐大、燕大、南开等大学合作改良羊毛业、棉纺织业及陶瓷业等。华北工业改进社的成立，在一定程度上促进了华北少数地区毛织、炼铁等工业的改良，提高了相关工业的经济效率，但毕竟实验地区有限，未能产生广泛影响。

（二）基督教与经济改良

民国时期，来华传教士目睹中国经济效率低下，劳工生活恶劣，工业化次生问题严重等现状，也非常关注经济问题。传教士看到西方工业化带来的种种社会弊病正在中国重演，决心"根据西方以往的经验，减轻东方因工业革命所产生的痛苦"，"用科学的方法改良固有的工业，并用科学的方法，增进工人生活的状况及待遇"[225]在五年运动时期，教会也通过改善工人境遇，增强民众经济收入等形式，以试图改变中国工业的现状。

基督化经济关系委员会还研究中国各大工业区的教会，查明他们的需要；研究各种工业问题，如劳工状况、劳工立法、职业病、童工、失业问题、学徒

---

221 《华北工业改进社事工进行概况》，《乡村建设旬刊》1933 年第 2 卷第 22-23 合期，第 41 页。

222 *North China Industrial Service Union*, Peiping, China, Tientsin: The Chihli Press Inc, 1933, p.9.上海市档案馆藏，档案号：U123-0-31。

223 J.B.Taylor, *The Hopei Pottery Industry and The Problem of Modernisation*, Peiping, 1932.

224 《华北工业改进社工作报告》，《纺织周刊》1933 年第 3 卷第 47 期，第 1424 页。

225 美国平信徒调查团编，范定九等译：《宣教事业平议》，商务印书馆，1934 年，第 211-212 页。

制度、家庭工业和各种附带工业；将研究所得的结果用书面或讲演的方式，贡献于教会和信徒，使他们对于这些问题，有清楚的了解，并自发提倡工业。[226]还有教会召开专门的劳工问题研究会。如1932年4月29日至5月1日，为引起社会人士对于女工童工问题的注意，上海女青年会召开了劳工问题研究会，讨论题目有上海女工童工状况、解决劳工问题三大方法及上海妇女对于解决女工童工问题方针等。[227]除了在各地组织工业调查外，教会还注重工人生活问题，现以男女青年会的劳工事业活动为例说明。

因中国工人工作收入低，工作环境恶劣，基督教青年会重视劳工事业，各地青年会都成立了劳工部。各地劳工部通过编印各种劳工问题书籍，联络各地劳资领袖及劳工事业职员，提倡合作运动，调查各地劳工状况，训练劳工干事人才并提倡劳动立法研究劳动法规，以推动劳工事业开展。[228]如上海的工人教育工作有基督教协进会、男女青年会及沪东公会联合组织的基督化经济关系委员会上海分会负责，一方面编制工人补习班应用课本，工人补习班的进行则大半由女青会协会工业部主持。[229]1930年底，上海青年会成立沪西公社，实施劳工教育，改良劳工生活，发展工作效能，促进合作精神，曾开办有工人子弟日校3班，补习夜校4班，工人诊室1所，每日免费送诊。[230]广州青年会劳工活动则有平民教育、工人补习学校、讲演会。如该会1932年每星期举行工友宗教讨论会，每次到会人数不下数百。[231]1932年，保定青年会学生部还到工厂服务，曾到泰记手巾工厂调查一次，共去4人；到东亚运动品工厂调查1次，共去3人。[232]1937年，太原青年会则在平民工厂设立劳工服务部。每月1日及15日为工友设俱乐部，有讲解新知识及唱歌，音乐等活动。[233]此外，重庆青年会的农工部则针对工人设立工友训练介绍班、工友寿险联合会、工友常识讲演会及职工消费合作社，分别开展服务活动。[234]

---

226 《基督化经济生活委员会》，《工业改造》1930年第19期，第17-18页。

227 《劳工部消息》，《中华基督教女青年会会务鸟瞰》1931年第5期，第8-9页。

228 傅传华：《中国青年会的之劳工事业》，《同工》1933年第121期，第3页。

229 《基督化经济关系委员会报告》，《中华全国基督教协进会第十届大会报告》，上海，1935年，第61页。

230 《中国青年会之劳工事业》，《同工》1933年第121期，第6页。

231 《中国青年会之劳工事业》，第7页。

232 《本会学生部工作》，《保定青年》1932年第18卷第5期，第1-2页。

233 《市会消息拾零》，《同工》1937年第162期，第31页。

234 重庆中华基督教青年会：《重庆市中华基督教青年会二十周年纪念册》，重庆，1941年，第57页。

各地青年会内还发起经济生活运动与节约储蓄运动，为民众生活服务。如1931年2月11日至18日，厦门青年会举行节俭运动周，会员组队进行演讲宣传，赠送节俭图说，后组建俭德会，征求社会各界加入。[235]北平青年会1933年11月举行经济生活运动，于11月17日至20日每日早9点到晚7点有各项图表展览，每晚7时半公开演讲，演讲消费合作社在经济生活上的地位，国人对于保险事业应有的认识及个人经济生活的基础与储蓄等问题。[236]1936年2月29日至3月5日，天津青年会亦举行经济生活运动，悬挂各种经济图表，请专家讲演衣食住行保险等。青年会还举行节约储蓄运动，以提倡市民节约，养成储蓄习惯，增加生产效能。如1934年4月21日至25日，香港男女青年会联合学校社团发起节俭运动，成立了专门的委员会，通过演讲、讨论、论文、表演及宣传五种形式号召民众节俭。[237]再如1935年3月31日至4月7日，青岛青年会举行节约储蓄运动，运动期间每晚举行演讲会，并组织演讲团出外讲演，由青年会少年部组织，完毕后发行节约储蓄运动特刊。[238]保定青年会则组织儿童储蓄会，鼓励平民学校儿童自由储蓄，在每日零用之余，不拘多少，交储蓄会，月终结算，任儿童支取，以培养儿童储蓄习惯。[239]青年会还响应政府号召，提倡国货。青年会全国协会曾编制提倡国货的理论与方法的宣传册、标语，并成立专门委员会在各地推动此项活动。再如1933年10月10日至25日，大津青年会举行提倡国货大会。该大会国货出品甚多，供人观览，并于每晚敦请名人演讲，唤起市民对于经济救国主义的注意，前来参观者听讲者，每日座为之满。[240]青年会举办的各类经济活动，因组织计划得当，吸引了部分民众参加，取得了一定的积极效果。

因当时人力车夫收入低微，教会还组织针对人力车夫的服务活动。北平青年会经济生活运动举办十辆人力车服务事业，会员每人集股10元集金一千元，定制人力车10辆，征求贫苦无力者10人，分别赁出，每日收费2角，

---

235 厦门基督教青年会：《厦门基督教青年会二十五周年纪念册》，厦门，1936年，第39页。

236 《会员诸友请踊跃参加经济生活运动》，《北平青年》1933年第25卷第10期，第1页。

237 《香港：节俭运动之经过》，《同工》1934年第133期，第71页。

238 《青岛市市民节约储蓄运动计划说明，1935年》，青岛市档案馆藏，档案号：B0038-003-01013。

239 《会务纪闻》，《同工》1935年第142期，第48页。

240 《会务纪闻》，《同工》1933年第126期，第50页。

一年半收足车价时，即将该车赠予。[241]另该会还组织生活服务平民寿险互助会、人力车夫子弟工读学校及小生意借贷处。保定教会亦有类似救济车夫组织，因当时民众生计困难，城市萧条，尤其是洋车夫大受影响。故在1930年初，保定公理会特试办贷款买车，即先由教会出资买车，借给车夫使用，待车夫还清车价后，车即归其本人。[242]烟台青年会为解决因人力车夫与外国人语言不通，导致常有误会的问题，专门为他们开办了洋车夫英语速成班，不收学费，专授普通问答英语及欧美习惯，参加者达120余人，成绩颇佳。凡在该班毕业者，据本人报告，拉车时，对美兵谈话均可达意。[243]厦门青年会则设立人力车工友服务委员会，分总务、卫生、教育、调查、交际及经济各股，面向4千工友极力推进服务活动。[244]杭州青年会1936年也设立人力车服务所，为他们提供生活用品，免费施给医药，进行德育演讲等服务。此外，天津青年会也仿合作社办法，征集捐款购置人力车，廉价出租，为人力车夫谋福利。

民国时期的职业妇女在经济与道德上，都道遍一些社会上的不公正对待。"此外，还有些似乎是注定的命运须要承受，那就是言词上的刻薄的奚落，同所谓的那些善意的侮辱。"[245]故女青年会劳工事业形式是在工业发达的城市添设专为劳工服务的机关，以改进女工的生活状况；栽培和训练劳工部的干事以备将来发展劳工事业的应用；研究国内外的经济问题的大概，以谋劳资间正常的解决。[246]1930年3月10日至25日，女青年会全国协会劳工部特在上海召集全国女青年会劳工干事大会专门讨论各地过去的工作以及将来进行的方针。女青年会还切实调查女工实况，提倡惠工事业，故在工业区中，有专为女工设立的女工教育，组织职工团等组织，教授职工识字及谋生技能。

女青年会所发起的劳工事业以上海、天津、无锡三处活动最为显著。上海

---

241 《经济生活运动举办十辆人力车服务事业办法说明》，《北平青年》1933年第25卷第10期，第2页；《会务纪闻》，《同工》1933年126期，第50页。

242 张国栋：《保定公理会救济洋车夫的一种办法》，《华北公理会月刊》1930年第4卷第5期，第24页。

243 烟台中华基督教青年会：《力的创造：烟台中华基督教青年会第十九届征友特刊》，烟台，1935年6月26日，第39-40页。

244 《厦门：人力车工友服务》，《同工》1935年第147期，第58页。

245 天津女青年会：《天津女青年会职业妇女联合会周年纪念册》，天津，1939年，第13页。

246 《女青年会劳工部报告》，《女青年月刊》1930年第9卷第5期，第107页。

女青年会劳工部有干事 3 人，提倡劳工事业。1931 年时，该会在 5 处地方开女工夜校，课程有市民、千字课、卫生、算术、常识、唱歌等，学生共有 200余人，在全体学生中大约 2/3 为工人，工人工作涉及卷烟、缫丝、火柴与蛋业。间接的工作则是该会特组织劳工委员会以共同研究劳工问题与指导一切工作，发起演讲会与讨会以研究工人生活制度与各种社会问题，并且筹备工厂参观团、郊野旅行团及师生同乐会，以增进人生的乐趣友谊。该会还在上海西区工人最稠密的地方设立一所劳工服务处，一方面要用教育和别种方法去应付工人的需求，同时藉此训练许多服务劳工的人才，以为将来推广事工的基础。[247]1932 年时，该会在沪西、浦东、杨树浦和虹口四个工业中心区开设补习班，举办女工团，并利用电影、戏剧、演讲会、卫生运动等号召大团体工人加入教育与娱乐事业。[248]此外，上海女青年会还经常组织各种卫生、知识演讲及幻灯表演，筹备失业工友团契、工友母亲会、学生工友联合会等组织，并到工友家庭进行访问。该会举行的一系列服务活动深刻影响了女工学员，如在该会夜校学习的女工思想发生了很人转变，曾称："女青年会是了解和认识现社会的一个导师，她把几千年来束缚在家庭和丈夫下的妇女大众，从深渊中挽救出来，踏上争取自由平等的光明大道上去。"[249]

　　天津女青年会劳工部自从 1927 年发起调查劳工状况以后，在河东、西沽设立工人夜校两处，教授英美烟公司及他厂女工，有千字课、国语、珠算、纸算、尺牍等科目。每校分 3 班，每班约有学生 10 余名，每星期开学生同乐会一次，活动有故事、唱歌、手工、游戏等，每当学生放工的时节，又为她们讲解工业状况、经济学说等。1930 年春，该会在南开大学组一个工业讨论会，每星期讨论一次，持续 6 星期结束。该会职工部干事和女工夜校教员常去访问工人的家庭，对她们的困难及时给予帮助。夜校毕业生中如有智力聪敏、身家清白的，也资助她们升学，使有造就。该会不时率领大学及中学生往各工厂参观，研究工人状况，使她们来对于服务劳工方面有极大的志愿兴趣。[250]天津女

247 《两年来之基督教女青年会事业》，《中华基督教会年鉴》第 11 期，1931 年，（肆）第 80 页。

248 《上海女青年会一年来劳工事业的回顾》，《女青年月刊》1933 年第 12 卷第 5 期，第 79 页。

249 《上海基督教女青年会 35 周年纪念特刊》，上海，1938 年，第 62 页。

250 《两年来之基督教女青年会事业》，《中华基督教会年鉴》第 11 期，1931 年，（肆）第 80 页。

青年会还组织工民团，16 岁以上且初级课程已修的成员都可加入，演讲讨论工人的各种问题，并进行卫生、家庭及工厂法等知识的宣讲。该团在天津成立时有 3 处，后成员逐年增加，"1930 年为 91 人，1932 年为 190 人，1933 年则达到 220 人。"[251]该会还专门设有职工补习学校 3 处，召集职工妇女每日工余之暇，来校读千字课，毕业之后，继续入补习学校，读国语、算术、尺牍等课。1934 年时，3 校共有 120 余人，每月有 1 次同乐会，进行讲演、故事、唱歌、文艺助兴。[252]天津女青年会 1934 年还举行了学生劳工问题讨论会，会序中特别注意使同学到工厂中参观工作状况，并邀请工友参加讨论会，以便工友能直接将生活经验讲给同学听，使同学有彻底了解劳工问题的可能，并能养成尊重工人的态度。[253]

无锡女青年会则设有女工服务处，组织各种活动。如 1931 年时，该会设有女工夜校 2 所，学生也有三四十人，每星期举行大会一次，活动为学生游艺、手工、唱歌、故事等。该处有一娱乐室整日开放，里面备有玩具、印刷品以供工友们的消遣。该处干事的每日下午外出访问邻居的工人家庭，以便联络并可调查工人的生活状况。该处还组织母亲会，每星期开会一次，活动有卫生、谈话、故事等。[254]女青年会在汉口、烟台、太原也开展劳工工作。如 1930 年，烟台女青年会组织职工团，系烟台市各工厂之女工组成，每周日午后举行。每次到会之人数平均有 60 余人，活动有游戏、唱歌、手工等。[255]该会还成立劳工部，组织了劳工教育研究班、劳工午憩所、劳工华光团、劳工新剧团等活动，专门为女工服务。[256]

教会内还成立消费合作社、信用合作社等组织，解决教徒的经济困难，促进内部合作。如 1930 年，保定青年会成立消费合作社，联合青年同志共同采办日用品及必需品，以除掉商人的赚利为目的。年满 20 岁即可入股该社，每股银额十元，各社员所负经济责任，以所认股银为限。该社股息均照年利 6

---

251 邓裕志：《女青年会的劳工教育》，《教育与民众》1934 年第 5 卷第 6 期，第 1108-1109 页。

252 《职工部》，《天津基督教女青年会会务季刊》1931 年第 12 期，第 26 页。

253 邓裕志：《女青年会的劳工教育》，《教育与民众》1934 年第 5 卷第 6 期，第 1106 页。

254 《两年来之基督教女青年会事业》，《中华基督教会年鉴》第 11 期，第 81 页。

255 《烟台：职工团》，《会务鸟瞰》1930 年 11 月，第 18 页。

256 烟台中华基督教女青年会：《烟台中华基督教女青年会特刊》，1933 年 6 月，第 17-18 页，上海市档案馆藏，档案号 U121-0-75-1。

厘计算，每半年分派一次。[257]因农民资金困难，部分教会还成立信用合作社，以帮助民众筹集资金，进行生产。如 1934 年，临清公理会成立信用合作社，在成立之初，该社有社员 31 位，社股 53 个，股金 53 元，社费 3 元，社员储蓄 25 元，共集 81 元为该社之资本金。[258]每月农历十五日为该社营业之期，为发展壮大该社经济力量起见，决定社员每月必须储蓄至少 2 角；为增进社员合作教育起见，还决定每年春冬农暇之时开社员训练班 2 次。1936 年 3 月 8 日，该社社员及非社员之储蓄余约 900 余元，再集合其余资已足千元。[259]当时该社在精神方面因之前两次训练也稍有进步，营业非常顺手，信用也渐昭著。该社用低息帮助农民借款，有助于缓解他们的生产生活困境，摆脱"高利贷"带来的不利影响，也吸引了众多农民的参与。此外，教会学校内也成立消费合作社，由学生入股参加，售卖学生用品。如 1933 年，青岛崇德中学成立消费合作社，以实现互助生活及养成节俭习惯为宗旨，贩卖书籍、文具及零用物品，暂定资本为 300 元，每股 1 元，每社员认股不得过 10 股，社员享受红利[260]，便利了学生生活。1934 年底，燕京大学也组织消费合作社，以谋燕人消费之节俭便利及发挥合作精神为目的，凡学生及教职员皆可入股成为会员。社员入股以 1 至 20 股为限，每股 3 元，股息按年利 6 厘计算。该社主要经营师生城淀间的汽车交通事项、经理贩卖生活日用品，受到了师生的欢迎。[261]

部分教会还成立工厂，为民众服务，也为教会增收，尤以华北公理会的活动最为成功。如华北公理会在天津创办西沽裕民工厂，招募妇女加工西人所用的日常生活用品。该厂于 1920 年创办，到 1932 年时，有工友 120 余名，每人每星期可挣到 1.5 至 1.7 元，所制之物品，除少数售给中国人，其余均售给外国人。[262]为解决民生疾苦，1926 年，博文中学学生李颖等也在德县南关成立济贫工厂，初设织布科，后又添设缝纫科，工人由 10 人增至 1930 年时的 30 人，所收工徒皆系贫家子弟，入厂后学习各种习艺，以求将来能自谋生活，赡

---

257 《保定青年会近闻》，《同工》1935 年第 95 期，第 22 页。

258 《临清基督教公理会五十周年小史》，临清，1936 年，第 16 页。

259 《临清基督教公理会五十周年小史》，第 17 页。

260 《崇德消费合作社》，《青岛崇德中学校刊》，青岛，1933 年，第 27 页。

261 合作社筹委会：《燕京大学消费合作社章程草案》，《燕大旬刊》1934 年第 1 卷第 4 期，第 11-14 页。

262 常德立太太：《西沽裕民工厂之概况》，《华北公理会月刊》1930 年第 4 卷第 8 期，第 23-24 页。

养身家；晚间则读书；[263]华北公理会 1928 年还在天津武清县成立贫民织布工厂，该工厂以限定本县贫苦儿童，授以实业技能养成自立谋生为宗旨，年龄在 12 岁以上 18 岁以下，定额 50 名。该工厂工徒除了织布外，还在每日以 2 小时时间学习千字课、算术、党义等课，使贫苦儿童得有普通知识。[264]燕京大学妇女会也于 1927 年开设了手工艺工厂，组织女工从事挑补花工艺，绣制各种产品，以解决附近村民的生活困难。燕大的外籍女教师则负责原料采购、图案设计、分发材料及收回制品，最后推销到国内外售卖。[265]上海教会 1936 年则成立基督徒工艺社，旨在帮助失业的信徒日间作工制作玩具等以维持生活。[266]1933 年，金陵大学社会学系老师还在各界赞助下，与南京市政府合办开办呢织厂，创办毛织实验所，产出制服、绒毯等产品 20 余种。该厂所产产品精良，曾到全国手艺展览会陈列。1936 年，金陵大学还与宁夏省政府合作推行毛织工业，并开办织呢训练班，金大派员指导。同年，金陵大学又创办南京纺织服装生产合作社，一年生产 4000 多元产品。[267]教会机构通过设立工厂，不仅增加了民众的收入，也为教会发展提供了资金。

## （三）基督教与工读教育

此时期在华教会还成立数处工读学院，将工艺与教育相结合，提高学生经济自养能力，也为教会获取收入。正如基督徒李承恩所言："（1）工读学校可以给正在学习的自助生们提供一个赚钱的机会；（2）教我们教会会友的子弟以手艺，使他们能够以此谋生，又能保持基督徒的身份；（3）提高劳工地位并使它在中国文人眼中有更好的名誉。"[268]现择当时工读教育开展成绩显著者分别介绍：

在英国浸礼会方面，主要在山东设立了多处工读学校。如 1929 年，因山东青州守善中学未在政府立案而停办，英国浸礼会于 1930 年秋在守善中学校

---

263 张寿亭：《济贫工厂与民生问题》，《华北公理会月刊》1930 年第 4 卷第 2 期，第 40 页。

264 《武清县贫民织布工厂简章》，《华北公理会月刊》1930 年第 4 卷第 8 期，第 20 页。

265 叶道纯、孙幼云摘译：《关于燕大手工艺工厂》，《燕大文史资料》第 9 辑，北京大学出版社，1995 年，第 41-42 页。

266 《沪基督徒工艺社成立》，《通问报》1936 年第 17 号，第 15-16 页。

267 中华基督教会全国总会：《中华基督教会全国总会第四届总议会议录》，青岛，1937 年，第 113 页。

268 陈学恂主编：《中国近代教育史教学参考资料》（下），人民教育出版社，1987 年，第 43 页。

址成立了"守善农工院"。学校实行半工半读，学生上午学习中文、英语、算术、圣经等文化课，下午则学习手工工艺并劳动。农工院为此开办了铁匠班、木工班及染织班，帮助学生掌握谋生技术，此外还开设了专门的神学班。该院计划对学生实行 2 至 3 年的培训，起初学生很少，后逐渐增多。1931 年时，该院有 24 名学生，到 1933 年时，该院已增加到男生 37 人，女生 23 人。[269] 学生通过学习技术，可以获得稳定的收入，一定程度上解决了生计难题。"1933 年夏，守善农工院首届 5 名学生完成学业，其中两人留校继续深造，一名去山东乡村建设研究院工作，另一名在家从事丝织业经营，每天可挣 75 分，另一名到北镇的鸿文农工道学院工作。"[270]守善农工院每届学生 3 年，第一届学生毕业后，再招新生，先后招生三届，至"七七"事变停办。英国浸礼会 1930 年还在停办的北镇鸿文中学原址上开办了"鸿文农工道学院"，学生们在学习宗教课程之余，还学习丝织、养蜂、果树种植等技术以增强谋生能力。1932 年时，该院有 16 名男童在学习，一些女孩子在学习丝袜编织。[271]该院也在 1937 年因日军侵华停办。

当时教会在各地建立多所工读学校，对学生进行技术培训，以期自力更生。如 1927 年冬，保定公理会成立工读学校，以半工半读使老少妇女得受相当教育明了基督教。最初招生以习学缝纫为宗旨，不限年龄，不收费用，学生上午学习文化课程，午后则学习缝纫技术。至于学校开办的目的，正如该院人士言："我们办学校的方针，是本基督服务的精神，去引领人，也要使他们充满了这样精神。我们不以赚钱为目的，而以资助贫民为职责。学生做了工，也一样的得工钱，且能读书，真是一举两得。"[272]作为教会开办的学校，自然在授课中也讲授圣经故事，以引导妇女入教。1931 年时，"有 100 多名妇女加入工读学校，每日平均约有 40 人参加。她们上午工作，下午则花费两个小时学习阅读和倾听圣经故事"。[273]同时，在宗教工作上，保定工读学校还经常通

---

269 H.R.Williamson, *British Baptists in China, 1845-1952*, London: The Carey Kingsgate Press, 1957, p.137.

270 *Report of the Shou-shan Bible Industrial School, Tsingchou*, 1934, p.3, The BMS Archives of Angus Library of Oxford University.

271 A.E.Greening, *Notes From Shantung*, October 1932, p.3, The BMS Archives of Angus Library of Oxford University.

272 杨张心慈：《保定妇女工读学校状况》，《华北公理会月刊》1930 年第 4 卷第 5 期，第 24-25 页。

273 *The Annual Report of the American Board of Commissioners for Foreign Missions*, Boston: Congregational House, 1931, pp.38-39.

过个人谈话，向对基督教感兴趣的该校学生散发福音册子，1931 至 1932 年还曾向城里学生派发约一百份宗教册子。[274]1930 年，美国公理会又在霸县成立南孟妇女工读学校，以培养提高乡村女子的学识及能力，以应付家庭生活。学生半日学习，半日工作，其售出物品所，皆归学生为自助之费。同时，该校亦注重宣传福音，以基督的仁爱精神服务社会，训练学生领略基督仁爱的真谛，故每日清晨有朝会，每晚有团契、祈祷会、师生谈话及共同的游戏。[275]再如1932 年，美国美以美会在福建古田设立德馨妇女工读学校，并有工场一所，内有织机 20 架，袜机十数组，供妇女学习生产，且历年产品较市价低廉，颇受地方人士欢迎。[276]1935 年秋，美国公理会又成立山东临清工读学院，以宗教、工艺、教育为原则，课程完全为小学，工艺有缝级科、线袜科、木科、鞋科、铁科、高级竹科及初级竹科。学生之待遇除伙食、书籍自备外，其他费用一概免收。1936 年时，该校有学生 55 人。[277]除工读学校外，美国北长老会1926 年还在北平还成立华北工程学校，该校为高等专科学校，学生必须中学毕业且是基督徒，四年卒业，第一年进行实践，后三年集中课堂专门从事工程学习，学生还参与教会建筑的设计[278]，学校还设有实习商店，到 1937 年学校因战争停办。至于工读学校的教学效果，学校可授人生活技能，教以人生知识，"教出来的学生，无论是宗教上，学识上，品格习惯上，应人接物上，都在普通标准以上"。[279]

山东烟台教会在此时期也组织多种形式的工艺活动，颇有成效。美国北长老会在创办的烟台启喑学校，接收聋哑学生实行特殊教育。为培养学生将来自谋生计的能力，该校训练男生学做木工、农活等，女生学习编织和针线活。"为了使孩子们愉快，冬季让他们去木工间工作，春季让他们到花园里劳动。每年春季，高年级的学生学习养蚕、缫丝，为学校用来制做鞋底和其

---

274 *Report of the Paoting-fu Station, North China Missions, July1931-June 1932*, p.2, Manuscripts Division, Special Collections, J.Willard Marriott Library, University of Utah.

275 程爱德：《霸县南孟妇女工读学校的概况》，《华北公理会月刊》1930 年第 4 卷第 8 期，第 34-35 页。

276 陈海量编：《福州美以美年会史》，福州，1936 年，第 45 页。

277 《临清基督教公理会五十周年小史》，临清，1936 年，第 22-23 页。

278 Orville A.Petty(ed), *Laymen's Foreign Missions Inquiry Regional Reports of the Commission of Appraisal*, China, Volume II, New York: Harper & Brothers Publishers, 1933, p.44.

279 《南孟妇女工读学校》，《消息》1936 年第 3 期，第 13 页。

它衣物之用。"[280]烟台工艺会则在当地成立工艺学校，教授学生编织花边。该会为英国牧师马茂兰（James McMullan）夫妇建立的独立传教组织，其经费除其所办学校学生编织花边的部分收入外，主要依靠马茂兰创建的公司"仁德洋行"承担，该会制作的花边则主要销往欧洲盈利。[281]当时烟台益工会为较有特色的教会组织，该组织由基督徒工厂义工委员会所组成，为一支混合的中外基督徒队伍，他们来自不同的教会，一直在当地发网、花边以及其它工厂的妇女中开展布道、演讲等工作。烟台益工会下设各种机构，如宣道部、代祷会、演说部、社交部、保健会、募捐部、卫生会等。[282]除了直接宣传福音工作之外，她们还为文盲举办讲习班，结果是参加讲习班的大部分文盲都学会了阅读。此外，京沪路下属地方安息会开办的工业学校，除了教授学员学习文化课外，还注重养鸡、养鸭、养猪和种果种菜，更注重罐头等副食品的制造，制造品非常精良，销路亦广。[283]

在男女青年会方面，因民众学校过往课程，未切实用，故当时开设学校力求与教育生活发生密切关系。如1930年冬，天津女青年对于失学子女，设有义务工读学校，学校不收学费，除了学习文字课程外，还学习制作床单、绣花等手工课程。1930年时，学生有60余人，年龄自10岁至18岁不等，每天半日手工，半日读书。[284]保定青年会1933年还设立工艺传习社，以解决民生，经济自立为宗旨。该社教授生产肥皂、蜡烛、粉笔、皮鞋油、牙粉、新闻纸、生发油等，每样学费3元，达到10人即开班。[285]上海青年会则设有职业补习性质的夜校，分初、高两级，教授会计、簿记、统计、商法、银行、工商管理等商业科目，每周授课15小时，学生多是已有职业者。[286]广州青年会除了设了劳工义务学校，教授失业青年技能外，还设有专门的职业选科学校，设有英文、簿记、打字、统计等科，旨在有志青年利用余闲，研求实用技能，以增进谋生力量。[287]男女青年会成立的工读学校，也教授了民众的实用技能，增强了

280 A.G.Ahamd, *Pictorial Chefoo: 1935-1936*, Chefoo, 1936, p.149.

281 连警斋编：《郭显德牧师行传全集》，第555页。

282 A.G.Ahamd, *Pictorial Chefoo: 1935-1936*, Chefoo, 1936, p.153.

283 张雪岩：《受托主义与教会自养》，《中华基督教会年鉴》第12期，1934年，第78页。

284 《附设工读学校》，《天津基督教女青年会会务季刊》1930年第11期，第12页。

285 《青年会工艺传习社简章》，《保定青年》1933年第19卷第8期，第4页。

286 上海青年会：《上海青年会三十五周年纪念册》，上海，1935年，第72页。

287 广州基督教青年会编：《广州基督教青年会年度报告》，宗教文化出版社，2019年，第308页。

他们的经济能力。

特别是 1926 年起，上海基督教青年会劳工部在浦东陆家嘴建设劳工新村，旨在改良劳动社会之住屋及环境，由此而作改良社会之运动，根据友爱、互助、清洁、俭约等原则，改良劳工生活，养成村中自治，推行劳工教育。[288]该新村陆续建有 20 多处房屋，分甲、乙、丙三种，租给工友使用，其活动有改良居室、提倡卫生、禁绝赌嫖、联络好感、培养公民、普及教育、促进村民自治等。新村的村友都系工友，在英美烟厂工作的占 9/10，到 1934 年有 21 户，大小男女 82 口。[289]新村建设完全为村中居户谋精神上之舒适，家庭间之清洁为宗旨。其中新村德育活动有邀请名人演讲，组织人生问题讨论班及个人谈话；智育活动如工人子弟日校、女工夜校、劳工补习学校、工友民众班、职工英文夜班、读书团、阅报室、智育演讲；体育活动涉及篮球队、足球队、公共游戏场、小学运动会、卫生演讲、身体检验等；群育活动有村友联欢会、新剧社、各界旅行团、游艺会等。[290]

当时在教会中学、神学院内，也开设了工业课程，提高学生的谋生技能。如北平崇实中学为了实现教育机会平等起见，特为贫寒子弟设立工读科，教授学生以工业知识及技能，以期学艺兼优，在社会上能自营生活。该科开设有印刷、羊乳两科，专为品学兼优，家庭确系经济困难者设立。该校还制定了具体的上课及工作时间，其中工读生每日工读时间之长短，计分两等，每日工作 2 小时者，免收学费，酌收杂费；每日工作 4 小时者，除免收学费，酌收杂费外，并按其工作之成效，每月予以相当之工资。[291]河北同仁中学则有纺织、肥皂、印刷等之工场，并于 1932 年设劳作科，安排不同年级的学生，分别学习园艺、畜产、织工和化学工艺，让学生学会纺织毛线，制造肥皂、雪花糕等技术，并在高中设为必修课，初中则为选修课[292]，也受到了学生欢迎。江苏镇江的中华三育神学院为基督复临安息日会创办，实行工读制度。该校规定全体学生，在工业、农业或商业中必选修一科，不但从事工作的实习，还能自制物品及农产

---

288 上海青年会：《上海青年会三十五周年纪念册》，上海，1935 年，第 23 页。

289 《劳工新村（续）》，《民生》1934 年第 2 卷第 18 期，第 9 页。

290 广州基督教青年会编：《中国基督教青年会事工实践》，宗教文化出版社，2019 年，第 433-437 页。

291 罗遇唐：《北平崇实中学概况》，《教育季刊》1931 年第 7 卷第 1 期，第 64 页。

292 《保定同仁中学乡村服务工作》，《教育季刊》1936 年第 12 卷第 3 期，第 56-58 页。

物。[293]学生实行半工半读，以减轻其负担，使学生在工作时，养成勤俭自立习惯，他们由做工而获得的报酬，差不多可抵学膳费的半数。"其中第一年学生工作，每小时给予工资大洋5分至8分；第二年学生工作，每小时给予工资大洋7分至1角；第三年学生工作，每小时给予工资大洋9分至1.5角。"[294]该处校内设农厂、工厂各一处。工厂里制作各种铁制器具、黑板刷；农场种菜，还种草莓做成果酱出售。[295]山西汾阳崇道神学院男女两部有毛织工厂，学生学习梳毛，利用课余时间，大部分的同学都到毛织工厂去工作，染纺织，各司其事。学生纺织货品也被用作产品出售，"1935年时秋季卖货钱数400元，三十五六位藉此生活，"[296]此类经济活动也为教会学校、神学院增加了收入，利于维持财政收支平衡。

太谷铭贤学校开展的工科教育也比较典型，并专门成立了工科。该校1931年筹设工科，初名铭贤学校工艺部，分机械、纺织、化学工业三部分，有临时工厂。1933年，该校在高中部开始实行"工读实用教育"，以培植学生服务能力，并养成其生产劳动的习惯。当时规定学生总计3年时间，除了必修课程必须学完外，还必须每周6小时用于农、工两方面的实习工作。此外，初中学生则规定每周2小时时间，用于农工实习。1933年春，工科实习厂告成，分金、木、锻、铸四厂，铭贤学生根据计划分批前往实习厂实习，"实习设施分实物讲述、画图及工作等，藉收工作与学理并重之效。"[297]同年成立毛织部，开班授课，该科也改为铭贤学校工科。工科学生还生产铁床、科学用具、家庭用具、毛织与棉织物品、农家用具及肥皂等，不但供校内之用，推销各处，亦颇受欢迎。其中以农具一项推行最广，如广西农村建设委员会、浙江省政府、河南第四农林实验学校，亦多来函定购。[298]铭贤学校更是于1932年10月成

---

293 张福良：《农村教会》，《中华基督教会年鉴》第12期，1934年，第65页。

294 华东基督教教育会：《华东基督教教育会第十七届年会专刊》，上海，1931年，第32页。

295 《一个施行半工半读的实验：江苏下属桥头镇中华三育神学》，《中华基督教教育季刊》1931年第7卷第2期，第13-14页。

296 《汾阳崇道学院1935年报告书》，《教会战后医院报告及公理会文件》，天津市档案馆藏，档案号：401206800-J0252-1-003019。

297 山西私立铭贤学校：《山西私立铭贤学校一览》，太谷，1935年，第50页。

298 《太谷铭贤中学》，《教育季刊》1935年第11卷第1期，第104页；梅贻宝：《山西铭贤学校农工科概况报告》，《乡村建设实验》第2集，中华书局，1935年，第332-334页。

立铭贤合作有限公司,业务分生产、消费、信用三项,负责学校农、工两科产出品的推广合作,并发行股票,股本总额定为国币 5 万元。[299]1935 年,铭贤学校工科还成立地方工业研究社,以改良本地工艺品及介绍客地适用工艺品为宗旨,分征集、调查研究两股,从事工业状况调查及工艺品研究,以为地方服务。[300]铭贤学校出产产品不仅销往省内外,亦因质量上等赢得赞誉。如 1934 年,北洋工学院举行全国矿冶地质联合展览会时,山西省实业厅亦选送铭贤出品若干用于展览,可见其在当地影响。

此外,在教会大学中还设置了工业方面的课程。如金陵大学开设了电机工程学系,岭南大学、圣约翰大学、之江文理学院都开设了土木工程系,培养专门的工业人才。特别是金陵大学还为适应社会需要,1930 年设立了独立的工业化学科,1936 年改成工业化学系,专门培养化学人才,教授化学工业基本知识,另还于 1931 年设立了电机科,1936 年改为电机工程系,培养电机人才,灌输电机工程基本知识。[301]教会学校通过工读教育,也的确增加了教会及学校的收入,更是增强了教会信徒及学生的谋生的能力。

基督化经济关系是五年运动事工中较少提及的一项,这也因其与乡村建设的内容有所重复,当时教会又将重心集中于农业问题。此时期,部分教会用力开展的各项工业改良及工读教育事工,也在全国教会中成为效仿的典型。协进会也为此事工专门开会讨论,但因此事工涉及财力、人力较多,各教会多是分散开展事工,却无完整的实施计划。

## 三、结语

在华基督教会面对 1929 年世界经济危机带来的不利影响,也借此契机采取受托主义等多种措施增强自养,减轻西方差会的经济负担,破除教徒依赖西方的心理,培养了大批教会的义务传道人员。对普通信徒而言,则增加了自身为教会服务的意识,使中国基督徒有强烈的受托意识,进而增加了教会的各项捐款。同时,教会在应对经济危机过程中,也加强了各教会之间的合作,特别是加强同地方政府及官绅人士的交往,教会学校、医院等社会事业也获取了地方的经费支持,说明社会人士对教会事业认可度的提升。教会为了适应中国经

299 《铭贤合作有限公司章程》,《铭贤周刊》1932 年第 3 卷第 10 期,第 75 页。

300 《地方工业研究社》,《铭贤周刊》1935 年第 5 卷第 32-33 合期,第 187 页。

301 张宪文主编:《金陵大学史》,南京大学出版社,2002 年,第 230-232 页。

济现状需求，也进行了基督化经济关系方面的积极探索，实行工业改良与工读教育，对中国经济发展做出一定贡献，也一定程度改善了劳工的生活、生产环境。各教会在此时期从事副业，增强了教会收入；工读教育的推行，则提高了学生的工业技能。

因教会自养与自立紧密相关，当时传教士只是希望中国基督徒可以减轻其经济负担，但却不想放权让教会实现真正独立。而且教会的自养措施"多半是由差会决定，有时至为勉强，所以使中国教会感觉到痛苦而不乐意。"[302]且受因于中国教会的经济实力，教徒捐献毕竟有限，当时教会大部分资金来源还是来自于西方差会资助，无法真正摆脱对西方的依赖，真正达到自养的教会少之又少。故中国教会的本色化，首先应该是经济的本色化，不实现此项，教会的本色化之路仍远离终点。至于教会单纯的工业改良，在不改变当时社会制度、经济条件等现实状况下，也难以从根本上改善中国经济困境。

---

302 黎天锡：《充实中国教会基础的两年》，《中华基督教会年鉴》13 期，1936 年，第12 页。

# 第五章 融入社会之举：五年运动中的乡村建设与识字运动

五年运动时期，社会福音思潮对中国基督教仍产生重要影响。当时中国社会福音派人士认为基督教当以改良中国社会为主，中国所亟需的工作皆为基督教所应要参加的工作，并支持参与政府的各项社会重建运动。这部分深受社会福音思潮影响的教会领袖也希望通过五年运动，将基督教社会伦理教导与民众的希望相结合，使基督教成为正在建设的国家的不可或缺 部分。故五年运动发动后，基督教会也积极融入中国社会，参与五年运动规定的乡村建设与识字运动的两大事工，通过改变下层社会面貌来获取民众支持，也为教会振兴提供保证，这也是来华基督教的世俗化与中国化的最好体现。

## 一、基督教的乡村建设

### （一）乡村建设的背景

民国时期的农业凋敝，农民困苦，农村面貌急需改观，"农村破产论"甚嚣尘上。当时农村经济日渐窘迫，农村生产力薄弱，农民仍用粗糙的工具与老式方法耕种田地，更由于广大农民文化水平较低，难以接收新技术，导致农业生产效率低下。同时农村苛捐杂税严重，农民深受剥削，高利贷盛行；农民的道德堕落，吸食鸦片、赌博、缠足等陋习盛行，且很多农家子弟辍学，文盲众多，民众教育落后。但农民对此却消极无知，知识浅薄，缺少团结，不知自救。时人曾对农村现状称："顾我国农村，幅员辽阔，历史悠久，农民数目占全国人口 85%以上，其问题之复杂与建设之困难，匪言可喻。如何而能使凋敝之农村，焕然重振，如何而能使奄奄垂毙之民众，自拔更生"[1]，成为当时乡村建设人士普遍关心的问题。而且民国乡村迷信问题严重，各种民间宗教及神道充斥乡间，加之本土的佛教、道教盛行，基督教徒在当时乡村宗教体系中所占比例较小，仍有较大的发展空间。有教会人士为此还提出："我国以农立国，幅员辽阔，农民众多，而农民的问题又极复杂，虽然教会早已在农村设立教堂，惜所用的方法，对于农民的需要和特殊情形很少注意，以致有事倍功半的情形。"[2]

在此种现状下，此时期美国教会盛行的社会福音思潮、农业传教思潮也直接影响到了中国教会界对乡村的改良。社会福音思潮以美国神学家饶申布什（Walter Rauschenbusch）的《社会福音的神学》为代表，主张基督教不仅重视个人拯救，还应重视参与社会的拯救，对中国基督徒产生广泛影响。如作为中国教会领袖的诚静怡曾明确提出："基督教不但应该注重个人，更应当注重社会生活，如个人、社会、国家和国际等几方面，在这些生活中，没有一种是基督的能力所不能或不该透入的。"[3]1928 年的耶路撒冷大会更是提出建设基督化社会尤宜重视乡村建设工作，并提出了系列主张建议。有"美国农业之父"之称的农业传教士包德斐（K.L.Butterfield）也于 1930 年 11 月来华宣讲其基督教乡村建设理念，推动了中国教会乡村建设的兴盛。这两股思潮也直接影响到了中国教会的工作重心由城市向农村的转移，为其投身农村建设提供了契机。南京国民政府成立后，众多民间团体及政府机关都在"复兴农村"目标下，掀起轰轰烈烈的乡村建设运动，这些行动都刺激了在华教会，迫使其思考谋划如何开展基督教的乡村建设。

当时在华教会认识到欲建设教会基础于作为农业大国的中国，亦须从事改造占中国最大人口比例的农民的生活，故他们主张用改良的方法，深入民众，从事建设，而以乡村改造为入手，以此振兴教势。此时期教会也想通过改变乡村面貌，来满足农民在生产和生活上的需求，进而改变农民对教会的偏见，借机吸引对基督教感兴趣的民众入教。如美国传教士裴万铎（Watts O.Pye）曾言："农业工作使教会与农民结成自然而持久的联系，从而将会有助于教会

---

1　《华北农村建设协进会工作大纲》，《民间》1937 年第 3 卷第 23 期，第 15 页。

2　朱立德：《两年来的中华全国基督教协进会》，《中华基督教会年鉴》第 11 期，（壹）1931 年，第 12 页。

3　诚静怡：《中国基督教的性质和状态》，《文社月刊》1927 年第 2 卷第 7 册，第 59 页。

工作。通过乡村建设活动，教会将会获得更多的信众。教会的自传根本在于民众经济条件的改善，与农业问题紧密相连。"[4]同时，教会也认识到在国势日蹙，民生日困的现状下，特别是随着日本的步步侵略，仅靠单纯的社会救济无力改变社会，非群策群力改革旧制度，建造新社会不可，遂将工作转向以适合于实际的人生和改造现社会为目标。而且在西方差会对华拨款经费紧张状况下，在华教会也希望通过各种社会服务活动来增强教会的收入与自养能力。当时教会人士认为，"教友对于教会财政实有应负之责，同时教友亦应共同努力，以巩固教会在社会上的地位。然教会对于教友生计上的困难亦应从速设法解救，故教会当视各种社会服务为其工作之一部份。"[5]故各教会此时期也紧密融入中国社会，更加关注社会现实，根据迫切的时代要求，重心已经从自身的组织与训练，转成直接承担改造社会的责任，所以乡村改造成为五年运动的重点事工。五年运动发动后，当时协进会专门成立了基督化农民生活委员会统筹此项工作，并指派干事张福良负责基督教乡村建设事务。

在此形势下，基督教协进会多次召开会议研究乡村建设事宜。如1931年4月，基督教协进会第八届大会决定建设乡村教会服务区，该会认为："乡村教会服务区之制度实今日中国教会之需要，故建议请各公会尽先试办几处并本会予以充分之辅导；人材训练上：该大会认乡村教会服务区之成功，端赖义务领袖。故建议请乡村教会服务区之牧师以造就各项义务人材，如宗教教育、农业指导员、合作人员等为其主要工作。"[6]1933年4月7日至20日，基督教协进会还于定县召开农村建设讨论会，以"基督教对于今日中国乡村建的贡献"为题，每日上午由中华平民教育总会领袖担任演讲，下午讨论教会对于乡村建设的具体办法议案。出席代表多至187人，来自14省，代表18个公会及教会机关，内有外国传教士36人。[7]随后1933年5月召开的基督教协进会第九届大会又通过乡村事业决议案，规定称："建议各区至少应创办一个乡村会服务区，指定人员予以适当训练，并介绍其参观其他有成绩之乡村会服务

---

4　"An Outline Statement on the Need and Advantages of Establishing Agricultural Work in Connection with the American Board Mission, *Fenchow*,Shansi, China", *Papers of the American Board of Commissioners for Foreign Missions. Unit 3, Missions to Asia, 1827-1919*, Woodbridge, Conn.: Research Publications, 1982, Reel 313, p.591.

5　费尔顿著，杨昌栋、杨振泰译：《基督教与远东乡村建设》，上海广学会，1940年，第63页。

6　《关于乡村教会之决议案》，《中华归主》1931年第117期，第13页。

7　张福良：《农村教会》，《中华基督教会年鉴》第12期，1934年，第66页。

区，以作服务之准备；建议请各区会及教会大学或其他机关联合组织乡村服务团体，如华北基督教农村事业促进会业已组织，盼福建、广东、华东、华南各区联袂奋起从速组织。同时，决定乡村事业委员会改组为协进会乡村生活委员会。"[8]这些决议案的规定也在各教会中推行。

民国时期中国农村，无论在精神上或物质上都有极大的变化。但基督教在华教育事业、卫生设施和所宣讲的道理，已不能满足民众需要，教会所训练的工作人员，更不能应付此种剧变的局面。而且教会人员也不甚重视农村工作，"程度高些，便离农村事业，大学毕业的学生，更鄙视农村事业为不屑注意；有知道农村事业的重要，都觉得他自己程度已高，去做农村事业为可惜的"[9]，故五年运动时期需加强培养乡村教会专门人员。为此，1931 年的协进会第八届大会召开时，建议请乡村教会服务指导团与各地教育机关及男女青年会，随时为乡村义务领袖开特别训练班；并建议此种义务领袖训练班之课程，应当面面俱到，并注重实际问题，以应付乡村教会之需要。[10]后各教会陆续在五年运动时期开办了农业培训班，培养农村领袖人才，以资改进农业民生。

## （二）基督教会与乡村建设

五年运动时期，教会积极投入到乡村建设中，此时期的乡建活动则更有针对性与计划性，多涉及农业改良、乡村卫生、农民生活等农村最迫切的需要的问题。因当时教会的人力、财力有限，无力在全国范围内开展乡村试验，多是选择建立乡村实验区进行乡村建设，在前期调查、制定规划的基础上，派出专门人员开展工作，取得了一定的成效。此时期，基督教乡村建设重心在于："重视造成社会上各种问题的原因，而谋彻底的解决，不是'头痛医头，脚痛医脚'的敷衍改良办法；着重充实民众本身的力量与组织，俾其具备自动解决本身问题与开发本身前途的能力。"[11]现对其中的典型教会乡村建设实验进行介绍：

### 1. 华北基督教农村事业促进会的活动

华北教会为开展乡村建设，还成立了统一的组织，即华北基督教农村事业

---

8　《乡村事业决议案》，《中华全国基督教协进会第九届大会报告》，上海，1933 年，第 15 页。

9　刘廷芳：《中国青年信徒到乡间去运动》，《真理与生命》1932 年第 7 卷第 2 期，第 7 页。

10　*The Eighth Meeting of the National Christian Council of China*, Hangchow, April 10-17, 1931, p.20.

11　徐宝谦编：《农村工作经验谈》，青年协会书局，1936 年，第 4 页。

促进委员会。当时华北各公会召开乡村建设会议，研讨具体规划问题。1931 年 3 月 16 日至 20 日，燕京大学举行华北基督教乡村建设事业会，华北的美国公理会、北长老会、美以美会、英国伦敦会及友爱会等 5 公会讨论，并提出了建设乡村建设服务区；同年 3 月 26 日至 30 日，齐鲁神学院召开山东基督教乡村建设事业讨论会，当时决定在可能范围内，将布道与宗教教育事工尽力合作，各公会至少试办两处乡村教会服务区，并在济南、青岛两处，分别开设乡村服务训练班，课程涉及农业、平民教育、宗教教育、合作社及公共卫生等。[12]自北平、济南两处举行乡村事业研究会之后，华北教会对于乡村教会服务区之计划积极筹划，"决议请协进会执行委员会组织华北乡村教会服务指导委员会，以促其尽先实现。"[13]故 1931 年 10 月 17 日至 18 日，华北基督教会议代表在北平公理会招待所举行会议，商讨成立华北基督教农村事业促进会（简称"华北农促会"），并讨论了该会的临时章程，专门研究农业问题，为农村教会开展特殊服务，以实现基督化乡村社会为目的，再求唤醒人民的灵性生活。[14]后该会于 1932 年 4 月在北平召开第一次正式会议，讨论了各项工作的开展计划。华北农促会的宗旨为联络华北各省之基督教农村事业促进会而收通力合作之效；提倡计划并调济华北基督教团体所办之事业；募集并支配关于此各项事业之经费。[15]当时该会组织单位有美国北长老会华北宣教会、美以美会之华北众议会、华北公理会及伦敦会之华北委员会，合作单位则有金陵大学、燕京大学，特请中华基督教会与友爱会，及华北其他有相当组织，而赞成并具有同情与本团者，皆可加入。[16]

华北农促会成立后，山东、河北、山西等教会先后成立支会，开展乡村建设活动，且各有特色。如山西支会重视乡村工业，开展的织造羊毛业尤为发达。该支会在太谷设有农村工作人员训练所两处，重于改进农事方面之训练。该支

---

12　《山东基督教乡村建设事业讨论会》，《鲁铎》1931 年第 3 卷第 2 号，第 103 页。

13　《关于乡村教会之决议案》，《中华全国基督教协进会第八届大会报告》，上海，1931年，第 27 页。

14　"China", Quarterly Notes, No.38, The *International Review of Missions*, Vol.22 April 1933, p.2.

15　华北基督教农村事业促进会：《华北基督教农村事业促进会组织会会议记录与简章》，1931 年，上海市档案馆藏，档案号：　U123-0-29。

16　The North China Christian Rural Service Union Branch Constitution, April 21, 1932, p.1, *Conference of British Missionary Societies Archives*, China, N.C.C Committee, Box.362, No.14；《华北基督教农村服务团章程》，《华北公理会月刊》1932 年第 6 卷第 5 期，第 49 页。

会家庭委员会于各区内进行基督化家庭运动事工，亦甚努力，且有相当成绩；山东支会则设有合作社研究会，对公共卫生方面大有贡献，并有龙山实验区；河北支会设有禁毒委员会，进行调查事宜，并刊印各种禁毒宣传品。该会家庭委员会在海珥玛指导之下，成为国内进行基督化家庭运动最有力之团体，所有调查工作与文字宣传等项，均能引起各地教会领袖对于基督化家庭需要之认识。此外，保定樊家庄农村服务社、潞河农村服务部通县支部及通州农村实验区的工作，如冬季短期学校、平信徒训练班、传道人员夏令会等均进行不遗余力。[17]华北农促会还与中华全国基督教协进会合办农村实验区：一为定县农村实验区；一为通州农村实验区，并组织了通县乡村服务指导团。1936 年秋，华北农促会在樊家庄、遵化、武清杨村、沧县、通县五地先后举办了农产展览会，促进农村合作，展示农村成果，增加友谊，"而于参加农产展览会的人，和来看农产展览会的农友们，也可因这种的比赛，与新事物的见闻，必可鼓起其竞进与改良的决心，藉此或将多年的暮气，或土著的成见，渐渐脱去，而向维新改良的途径上迈进。"[18]农业展览将教育性与娱乐性相结合，开启民智，传播知识，民众在此接触难得的对日常生活、生产有用的知识与西方先进文明。

1933 年底，华北农促会还以保定樊家庄作为实验区正式开展乡村建设，该村 247 户，1800 余口人。实验区工作分教育、卫生、生计、家事等，设立女子学校，组织成立合作社，推广优良品种，改善乡村贫困。实验区赁屋一所，随时前往聚集农民，讨论他们所急需的事项，指导鼓励他们自己解决问题。实验区每年还举行农产展览会，展出农作物、农家的工艺品等，鼓励农民参与。在卫生工作上，则提倡公共卫生，向民众接种牛痘，并组织产婆训练班，"1933年，有 32 名妇女参加训练班，实验区从中挑选了 6 名作为乡村助产士，为其配有干净的全套助产用具。"[19]宗教工作起初不列入该实验区原定计划，在开始的两年，实验区也甚少涉及宗教活动，到 1935 年秋，因部分民众自动要求学习圣经，始才组织圣经班。[20]当时圣经班每两周一次，由美国公理会传教士

---

17 《华北基督教农村事业促进委员会报告》，《中华全国基督教协进会第十一届大会报告》，1937 年，第 77 页。

18 杨锦波：《1936 年农产展览会概况》，《消息汇刊》1937 年第 14 期，第 38 页。

19 *An Experiment in Christian Rural Reconstruction at Fangchiachuang*, Paotingfu, China, Report from Nov.1, 1933 to June 30, 1934, p.3, *Conference of British Missionary Societies Archives*, China, N.C.C Committee, Box.362, No.15.

20 *Letter dated 22 July 1936 from Elmer W.Galt at Paotingfu*, China, p.2, Manuscripts Division, Special Collections, J.Willard Marriott Library, University of Utah.

胡本德（Hugh W.Hubbard）讲授宗教课程，并对参加学员给予基督教的教导，部分学员因之入教。

华北农促会还定期开会讨论乡村建设工作。如 1933 年 4 月 7 日至 20 日，该会在河北定县召开了基督教乡村建设讨论会，各地教会乡建代表均有出席，汇报工作；1935 年 3 月 20 日至 4 月 3 日，该会还在通县潞河乡村服务部举行了华北乡村工作指导人员研究会，河北、山西、山东等省 80 多名代表参加，研究教会乡村服务的基本原则和方针，并提出了以村会作为事工中心，使整个生活全盘基督化，会议还研究了农业改良、乡村教育、乡村卫生、家庭工作、宗教事业及训练领导人才等问题。[21]1936 年 8 月底，该会还在北平举行年会，发起成立华北基督教农村建设团契，目标在于召集华北各地从事于复兴农村工作之人士，加入为团员，专为各教会的乡村建设事业服务；同时组织家庭课程委员会、训练工作委员会、无线电播音委员会、以宣传工作，灌输民众知识。[22]1937 年 4 月 1 日至 13 日，华北基督教农村事业促进会在河南彰德召开华北基督教乡村工作研究会，来自 4 个省区 14 个教会团体的 71 名乡村工作者参加，会议有研究、演讲、讨论及灵修活动，特别是讨论了乡村牧区建设问题。[23]在文字出版工作上，1934 年 6 月，华北农促会还在齐鲁大学内主办《田家半月刊》，以提高民众的文化知识水平，使他们对于生活各方面，都有独到的见地；对于国家新闻和地方事件，也有公正的论调，受到读者欢迎，到 1936 年 3 月的定户已达 1.7 万余处。[24]该杂志全年 24 期，内容分农村消息、国内外大事、教会消息及主笔评论，此外又有卫生、儿童、生计、家事等附刊。"该刊所用的字，大半是农民千字课里的字，有几个千字课以外的字，都用注音字母注明，印在正文以下。有许多名词，并附注解。自始至终，文字流利，很合农民的胃口。"[25]华北农促会还创办《农民报》，专门刊登适合农民需要的知识。特别是农促会还在全国首创视觉教育部，自制成华北第一张幻灯片，这也是特

---

21　North China Policy Committee, Tientsin, April 15-16, 1935, pp.4-5, *Missionary Files: Methodist Church*, 1912-1949, Wilmington, Del: Scholarly Resources Inc, 1999, Reel.69.

22　《本会年会会议的情形》，《田家半月报》1936 年第 3 卷第 18 期，第 10 页。

23　《华北基督教乡村工作研究会盛况》，《田家半月报》1937 年第 4 卷第 8 期，第 7 页。

24　《华北基督教农村事业促进会近讯》，《中华基督教会全国总会公报》1936 年第 8 卷第 3 期，第 18 页。

25　《田家半月刊》，《宗教教育团契》1935 年第 5 期，第 56 页。

别为中国乡村建设所制第一张片子。[26]此外，在华北各教会内部也举行乡建会议，如 1935 年 6 月 28 日至 7 月 7 日，山东各教会代表在潍县专门召开了乡村建设研讨会，讨论了乡村民众教育、卫生、家庭及合作等问题，以求解决农村困境的方法。[27]

### 2. 基督教男女青年会与乡村建设

基督教男女青年会向来重视社会服务，在五年运动时期也重视乡村事业，开展了诸多乡村建设事业。早在 1927 年，基督教女青年会即规定其乡村工作宗旨为："使我国乡村妇女得享受平民教育、卫生教育、家庭改良教育，以及宗教教育等机会；研究乡村家庭的需要，以便筹划方法，使农村妇女的工作酬劳，得以增加；同时又可使她们稍得暇的时间，去求相当游戏；使乡村妇女的生活方面和思想方的特长均加入女青年会运动。"[28]1930 年 1 月，女青年会全国协会乡村部召开干事会议，根据乡村实际需要制定了《乡村事业计划大纲》，并规定乡村事业宗旨为本基督之精神，促进乡村妇女德、智、体、群四育之发展，俾有高尚健全之人格，团契之精神，以服务社会，造福人群。[29]1932 年 7 月，女青年会在燕京大学召开乡村事工研究会，提出乡村工作范围不宜太大，注重养成本地服务人才，辅助及发展成年妇女为首要工作，中西干事应住村中与乡村妇女共同生活。[30]

女青年会乡村运动的目的是要促进农民的生活，提高乡人的品格，以造成整个健全的乡村团体。在具体实践上，女青年会设立乡村部，指导各地女青年会都开展乡村工作。如女青年会 1933 年 10 月在南京附近宋墅地区进行农村妇女工作，其工作范围有两个村子，教育、卫生及宗教工作为该区的中心事工。在锻炼团体生活方面，该区办有一个华光团，一个儿童会和一个同学会，每个会都颇有精神。此外她们还做填沟、筑路、地毯和布底鞋的工作。[31]该区为开

---

26　海珥玛：《基督教会的乡村工作》，上海广学会，1949 年，第 64 页。

27　"Summer Conference on Rural Reconstruction", *The Educational Review*, Vol.27, No.4, September 1935, pp.342-343.

28　黄福英：《女青年会乡村事业的将来》，《女青年月刊》1929 年第 8 卷第 7 期，第 53 页。

29　《乡村事业计划大纲》，《女铎》1930 年第 18 卷第 12 期，第 71 页。

30　《乡村事工研究会详情》，《中华基督教女青年会会务鸟瞰》1932 年第 9 期，第 28 页。

31　夏秀兰：《1935 年的女青年会》，《中华基督教会年鉴》第 13 期，1936 年，第 139 页。

拓妇女视野，还于 1933 年 12 月 23 日组织了 13 人长途到南京的旅行团，参观南京女青年会活动。[32]到 1935 年时，女青年会在宋墅组织识字班 30 人，领袖训练班 5 人，在生计教育上，组织毛织班 37 人，裁缝班 46 人，健康教育则进行卫生讲演，挂图及化妆表演，临时诊病 233 人。[33]该会在社会教育方面的活动有领袖训育；公益训练活动有家长同乐会、旅行团、元旦庆祝会等；家事方面有婴儿育养法介绍，儿童教育等。

上海女青年会 1933 年在上海附近的大场设立乡村实验区，计有干事 1 人，辅助员 1 人，教员 5 人，除教育、卫生工作外，还注重改良生计事工。该会采用南京金陵大学农科的改良麦种，以期生活物质上的改良。[34]该区活动还有妇女教育班、诊病所、公民教育训练、母亲会及少女会等，取得相当成绩。1936 年暑期，为加深女学生对农村生活的认识，帮助女学生得到农村工作的实际经验，发展乡村妇女领袖人才以应付乡村的实际需要，该会还组织了暑期乡村事工实验团。该团于 7 月 6 日至 25 日到大场工作，研究农村经济，实施公民训练与普及教育，举行卫生运动，介绍家庭及社会娱乐，指导婴儿卫生，编制家庭预算等。[35]

1929 年起，女青年会还在广东台山及辽宁陈相屯开始乡村事业。1930 年3 月，广东台山乡村女青年会成立后，继续大力推进组织乡村事业。该会在台山开展活动有家庭组织训练，灌输卫生常识，促进家庭清洁，举办儿童幸福会、健康比赛、卫生展览，调查体格，对成年妇女开展识字教育及公民教育等。[36]台山女青年会还设立了小型的毛衣编织厂及衣服缝纫厂，招收妇女入内工作，为其增加收入。在东北地区，1930 年 2 月，女青年会在辽宁大陈相屯设立民众学校，报名入学有 50 余人，后在小陈相屯又开设一所民众学校，学生也有20 余人。[37]此外，奉天女青年会还曾合办模范村一所进行改良实验。

女青年会在烟台福山实施乡村实验工作在当时比较有影响，其根据教育原理以小的乡村范围出发点进行试验。福山实验区从 1928 年由当地女青年会

---

32 《宋墅村事工经过略述》，《女青年月刊》1934 年第 13 卷第 2 期，第 99 页。

33 《宋墅村事工经过述略》，《消息》1935 年第 8 卷第 8 期，第 100 页。

34 夏秀兰：《1935 年的女青年会》，《中华基督教会年鉴》第 13 期，1936 年，第 139页。

35 《上海女青年会暑期乡村工作》，《消息》1936 年第 9 卷第 6 期，第 47 页。

36 《青年会农村事业讨论会议的报告与讨论》，《同工》1934 年第 133 期，第 33 页。

37 《两年来之基督教女青年会事业》，《中华基督教会年鉴》第 11 期，1931 年，（肆）第 82 页。

开始工作，包括 7 个村子，除开办教育班外，还注重团体生活的锻炼，副业的提倡和健康作的进行。谈话会、演讲会、戏剧表演、卫生、常识演讲、医药指导等就是福山工作的方式。[38]该区对民众教育特别注重，所以组织了民众教育委员会，设立民众学校以及小规模的图书室与阅报处。该区时常发起各种常识、演讲会、同乐会，联欢会及庆祝会等；健康运动方面，竭力提倡放足、种痘、游行、诊疗等健康运动。此外，该区对女子职业、家庭、副业、婚姻、改良、农事研究等也努力倡导。[39]

女青年会乡村部的工作原则是以教育来作工具，使她们可以有更进一步的发展，从她们的家庭意识到她们身边的环境，再意识到国家、社会和当时的形势。为此，1935 年，女青年会乡村部和学生部合办了一个福山夏令教育试验与领袖训练会，借暑假的时间和农民共同生活，获取农村工作实际经验。她们工作的设计有音乐、戏剧、卫生工作、识字教育及讨论会等。此会引起了学生对农村的兴趣，并且给她们机会，体验到农村的实际情形，在另一方面则使民众从学生那里得些新鲜的知识。[40]

在基督教青年会方面，也积极参与乡村建设活动，曾对农村事业进行专门讨论。如 1934 年 5 月 5 日至 12 日，青年会在南京召开华东区青年会农村事业讨论会，专门研讨青年会对于农村服务的种种，以期青年会对于农村事业能有更大贡献。此次讨论会决定青年会农村事业宗旨为辅导培植农村青年之基督教信仰，锻炼其身体，启发其智识，并发展其合群性，俾能自助自动，谋求整个生活之改进。[41]

在各地青年会具体活动上，多围绕乡村建设中的教育、卫生及农业改良工作展开。从北方地区的青年会活动看，太原青年会 1933 年开始农村建设工作，先行组织山西乡村建设研究会，后在太原县政府下划 13 村为实验区。为解决生计问题，该会与华洋义赈会合办农村合作社，分信用、运销、生产等，并提出发展乡村工业，如造纸、草帽鞭（与华北家庭工业社合作）、妇女刺绣、家庭工业、合作工场等；副业如养羊、养兔、改良农作物，开办民众学校等；一切设施注重农民自动，如讲演、电影、图书、展览会、修路、种痘、卫生运动

---

38 夏秀兰：《1935 年的女青年会》，《中华基督教会年鉴》第 13 期，1936 年，第 138 页。

39 《两年来之基督教女青年会事业》，（肆）第 81 页。

40 夏秀兰：《1935 年的女青年会》，第 138-139 页。

41 《华东区青年会农村事业讨论会建议案》，《同工》1934 年第 133 期，第 5 页。

等，都先设法唤起他们兴趣，而后进行秩序的训练。[42]太原青年会还组织了农村合作社讲习会，山西省经济统制处、村政处、实业厅及银行商界皆选派干员参加，时踊跃报名者 70 余人。1934 年 3 月 5 日至 12 日，该讲习会每日上下晚上课三次，分班演讲讨论实习关于农村合作概论、农村信用合作、合作社组织法、合作簿记以及农村仓库运销供给各项重要问题，以期同力合作，改造农村社会经济文化教育。[43]但当时民风守旧，在信用社组建过程中，教会人士感叹最困难者，"即农民怀疑，不敢接受，需费尽口舌方能将互助社组成。"[44]针对农村流行的天花病，天津青年会 1934 年也赴四郊施种牛痘，以预防天花，曾有干事专门赴北仓、静海、西沽等地施种，每到一处，必有二三百小孩。[45]因当时地方政府积极倡导公共卫生运动，各教会也积极配合，利用教会资源参与种痘、防疫等地方卫生运动，体现了教会日渐融入地方教会的努力。如 1934 年，青岛青年会在呈准山东省建设厅及省党部后，还发起成立山东农业协进会，选定即墨城阳为第一实验区，与各机关密切合作，进行农业改良工作。[46]1936 年天津青年会举行乡区卫生运动时，即与县政府合作，由青年会印制大批卫生运动广告，交由县政府转发各区，广为宣传，并通过县政府订购优惠的牛痘苗，为村民施种。[47]此外，保定、济南、西安等处青年会农村事业也有进行，都在改善农民生活，增进生产效能。

再就南方各地青年会活动看，也纷纷开展各种农村改良活动。如重庆青年会 1931 年在徐家坡设立农村服务处开展乡村建设，活动有乡村拜访、送种牛痘、设保健箱、送改良种子、开办图书室、无息借贷、组织农村讲习会、赠送寒衣、幻灯讲演、德育讲演及识字班等。[48]芜湖青年会于 1932 年 8 月在该地所辖的丁桥设立农村服务社，具体工作设有合作社、消费合作社、农民夜校、农村小学、农村诊疗所、浴室，并组织种痘、幻灯演示、德育演讲、

---

42 中华基督教青年会全国协会：《中华基督教青年会五十周年纪念刊》，上海，1935年，第 68 页。

43 《消息》，《革新月刊》1934 年第 1 卷第 3 期，第 12 页。

44 黄绍复：《在通县及唐山》，《消息》1934 年第 7 卷第 4 期，第 38 页。

45 《会务纪闻》，《同工》1934 年第 132 期，第 39 页。

46 《农村事业》，《青岛青年》1934 年 45 期，第 5 页。

47 天津基督教青年会：《天津基督教青年会事工报告》，天津，1936 年，第 2 页，上海市档案馆藏，档案号：U120-0-256-69。

48 重庆中华基督教青年会编：《重庆市中华基督教青年会二十周年纪念册》，重庆，1941 年，第 55-56 页。

改良种子及农品展览会等。1933 年时设立信用社 3 处，由上海银行委托该社办理农村贷款，另开设农业研究班。[49]南京青年会 1933 年选定中华门外殷行镇霞曙村为服务区，有农民 90 余户，定名为霞曙农村改进社，工作有文艺、卫生、公民、生计四大教育，进行普及教育速行办法。[50]宁波青年会 1933 年春开始办理农村工作，地址为新民乡，户数 380 家，人口有 1350 人，工作分教学式、倡导式、诱导式三种。杭州青年会 1934 年在杭属第四区丁桥开展农村服务，建有诊疗所、俱乐部、图书室等。广州青年会 1934 年秋办理农村服务，侧重农民生活的改善，流动服务的乡村已有 10 多处；每次开会活动有常识、演讲、时事报告、卫生幻灯、益智电影、挂图、展览等，以增加农民常识，并使他们有正当的娱乐。[51]厦门青年会 1933 年 3 月则组织禾山农村服务团，征集各校男女学生 30 多人分为四组，每周日下午派出一组学生到禾山、后埔等村开展儿童主日学、识字班、通俗演讲及卫生服务等工作。[52]1936 年 3 月，厦门青年会还在同安县板桥开设农村服务处，发动当地农民为乡村修筑道路、植树，并教授民众识字及提倡戒烟，举行公共卫生运动等活动。[53]这些青年会的改良活动，多针对农村教育、卫生、经济展开，对改善当地农村现状起到一定效果。

当时苏州青年会主办的唯亭山实验为青年会乡建活动的典型代表。1928 年秋，苏州青年会设立唯亭山农村服务区，位于苏州东部，包含 19 处村庄。在工作方法上，服务区"先与农民结邻舍，缔交谊，博取其信仰；继于朝夕聚谈，有意无意间刺激其知觉，振发其精神，引起其兴趣；然后倡导各种活动，事事必参加辅导，而事事必使农民身体力行，处于主动地位。"[54]服务区人员本此原则组织着手解决农村各项问题，如改良农业、提倡卫生、灌输常识、改良社会生活等。在具体活动上，实验区推广改良小麦、稻种、猪种及鸡种，编印农家簿记，组织乡民大会，建筑公墓与公共运动场，培训农民"割丝"工艺来增加收入。[55]该区 1930 年 11 月还成立信用合作社，为社员提供借款服务；

49 《芜湖丁桥农村服务社近况》，《农林新报》1933 年第 10 卷第 17 期，第 342 页。

50 《青年会农村事业的报告与讨论》，《同工》1934 年第 133 期，第 29 页。

51 《中华基督教青年会五十周年纪念刊》，上海，1935 年，第 67 页。

52 厦门基督教青年会：《厦门基督教青年会二十五周年纪念册》，厦门，1936 年，第 75 页。

53 《板桥农村服务处概况》，《同工》1936 年第 153 期，第 42-43 页。

54 施中一编：《旧农村的新气象》，苏州，1933 年，第 2-3 页。

55 郑唯：《唯亭农村工作试验》，《上海青年》1930 年第 30 卷第 32 期，第 9 页。

举行农村合作讲习会，举办夜校；组织到上海、苏州观光团；1933 年还设立农业合作社，经营一切农业上运销、购买、生产、储押、利用等事。[56]卫生方面则为乡民布种牛痘，制备普通药多种以供农民需要；聘著名医生下乡诊治，号召杀蛇灭蝇；举行卫生演讲，将卫生图画、幻灯片详细解释；合力植树，另办理冬季浴室。[57]在教育上，该会改组成立乡村小学，成立校董会；开办两处民众夜校，并组织了新剧社和读书会。为培养农民爱乡观念与团结精神，该区每月初三、十三的晚间还举行村民"逢三同乐会"，使男女老幼皆能聚乐，特别是青年参加表演非常踊跃。[58]另该区还组织青少年开展球类、棋类文体活动来减少赌博、酗酒，并举办了火柴盒展览会。

当然青年会的乡村建设也遇到种种困难。如苏州唯亭山实验区工作人员称该区乡间政府态度不佳，"平时有事去请假他们，则一味敷衍搪塞，等他们受了上司的命令时，就利用我们的一番苦心所培养起来的活跃农村，不顾一切地一五一十来硬做——简直是捣乱，以获取上峰的好感与嘉奖，弄得农民叫苦连天。还有就是农村环境的恶化，好人的势力渐渐敌不住坏人的势力，好人渐渐匿迹，坏人日益蕃息。"[59]这些情况也在其他青年会于农村从事改良活动时经常遇到。

### 3. 美国公理会河北通县乡村实验

当时美国公理会在河北通县的乡村建设较为出名。该会在通县设有农村服务团，工作涉及乡村布道、农业实验推广、乡村文化改进、平民教育及乡村合作社组织等。1931 年，在通县的潞河乡村服务部成立，潞河中学农科及农科试验场皆并入其中[60]，统筹乡村建设工作。通县公理会在复兴庄还开办潞河小学、附设农村事业办事处，内设农村事业展览会、农业讲习会、冬令巡回学校等。

当时通县公理会在推广优良品种上工作颇为出色，"如选得产卵最多之优良鸡种'来孚鸡'与农人之鸡交换，由美购得肥育极速之猪种与土种交配，

56　《唯亭山农村事业近况》，《同工》1933 年第 123 期，第 32 页。

57　《唯亭山农村服务处第二年的概况》，《教育与农村》1932 年第 14 期，第 2 页。

58　中华基督教青年会全国协会:《中华基督教青年会全国协会工作报告》，上海，1931 年，第 34 页。

59　徐宝谦编:《农村工作经验谈》，青年协会书局，1936 年，第 49 页。

60　《省府关于通县、唐山、秦皇岛教会学校呈请报告材料（1950 年）》，河北省档案馆藏，档案号：938-1-2。

还提倡养蜂，此三种事特着成效。"[61]尤其该处所试验之"来孚鸡"因产蛋量高，比当地母鸡产蛋量平均高出72%[62]，从而在各地大为推广，深受当地民众欢迎。同时，通县服务团还重视与各处机构合作进行农业推广，体现了教会事业的日渐合作精神。如该团与北平燕大作物改良实验场合作农作改良之工作，与潞河乡村服务部合作，畜产改良及养鸡试验；还与昌黎农业试验场合作园艺、森林、树秧等试验，皆在通州苗圃园；与协进会、基督化经济委员会组织乡村职业部；与太谷铭贤学校合作，采用罗葡制糖为事业；与华洋义赈会合作，由薄荷草制造薄荷油之事业。[63]此外，通县公理会每年还举办农产展览会，具体活动有农产品展览、卫生讲演、放映电影等，为成绩优良的农民颁发奖品，提高其参与积极性。此类展览会也为基督教发展赢得空间，"参加占领会之农民，虽泰半为凑热闹而来，然每届开会时，必举行感谢礼拜，灌输宗教思想。"[64]

为加强对农业人才的培训，通县公理会早在1928年开办有冬期农业学校，以养成乡村自治基本人才，以谋乡村建设之推进。当时教学场所涉及有鸡场、蜂场、苗圃团、实验小学、无线电实验室等；学校开设课程涉及农业常识、农业推广、乡村生活、宗教教育等，以适应乡民的各种急需。学校的学员来源也比较广泛，到1935年时，冬期学校收已先后学生110人，来自5省份30多县。[65]冬期学校里开放的教学方式，鼓励基督徒之间相互讨论，增加了学员对基督徒的理解认识，许多人在学习后也信奉了基督教。学校的学员通过考试后，会发放毕业证书。事实证明，当时乡村学校对增进农业知识传播、提高教徒经济地位，提供布道机会很有好处。

### 4. 山西汾州教会乡村实验

1931年，山西汾州中华基督教会乡村服务区在三泉镇成立，设立布道部、农业部、医学部，设有医学主任、女布道员、农业主任、总务主任各1人。

---

61 周明懿：《五年来教会之乡村工作》，《中华基督教会年鉴》第11期，1931年，第131页。

62 Earle H.Ballou, *Dangerous Opportunity: The Christian Mission in China Today*, New York: Friendship Press, 1940, p.112.

63 《通州来稿：基督教农村服务团》，《华北公理会月刊》1932年第6卷第5期，第45-48页。

64 张福良：《旅行华北感想》，《中华归主》1930年第102-103期，第7页。

65 魏锦章：《介绍一个冬期农业学校》，《田家半月报》1935年第2卷第21期，第12页。

当时实验区开展工作，涉及识字、卫生及布道等活动。汾州实验区在农民识字方面，鉴于文盲太多，设立平民夜校，于 1931 年 10 月 1 号开学，学员 20 余位，其中商界、农民皆有，他们每夜上学，甚愿识字求知，课程有卫生、唱歌、千字课、珠算及故事等；该区还设农民游艺室，有象棋、兵乓球等，以减少农民赌博、吸烟等不良习俗；农民知识方面，该区则有农民阅报室，内设教会及世俗报纸等。但该室开办后农民阅览者很少，这在于民众识字很少，思想顽固，对于国事新闻冷淡导致；农民卫生方面，该区附设农民医病所，诊医民众，开办后医治病人男女老幼 50 余人。诊所特为服务，非为营利，故病人来者踊跃，并特购卫生画片 50 大张，卫生参考书 40 余种，农民借阅者甚多。[66]

实验区也适应当时民众需要，备画片到乡村演讲卫生，医治农民病症，各村农民甚为欢迎。同时，该区亦注重乡村布道，首先接洽区公所，由其开介绍信给各村，后男女布道员、护士携药箱及卫生画片、圣经书片等前往各村布道。1931 年，"已走讨十八个村庄，到各村村政公所，村长鸣锣召集同胞，听众到处不下百余人，甚至于三四百男女，其故有村长之提倡、新式之宣道法及医病所致也。"[67]另该区还开男女学道班以启信徒之新道，灌信徒之新知。

### 5. 江苏监理会福村学校实验

江苏的美国监理会则开展了福村学校实验，颇见成效。该会于 1936 年 1 月开始在江苏的农村教区创办了四所福村学校，并于城市教区内创办福村学校两所。该会创办福村学校之目的在于使信徒在灵性生活上继续生长；继续开展有效的服务，以应付人们的需要；以最短时期，最少经费，使一般不识字信徒及村民，皆能读书读经，并授其所不可缺少的基本教育。[68]该会从农民实际生活方面着手，用各方法引导他们得到更健全的生活，造成进步的农村。各工作人员由于创办福村学校的经验，深悉农民无论老幼均极喜欢读书识字。年长的农民希望读书识字，能有读圣经唱诗的能力；年少者则希望对于国民及农业方面有相当的知识。为此，福村学校均在晚间上课，每晚授课约二三小时，课

---

66 任百川：《汾州中华基督教会乡村服务区的设施及进行情况》，《总会公报》1932 年第 4 卷第 1 期，第 987 页。

67 任百川：《汾州中华基督教会乡村服务区的设施及进行情况》，《华北公理会月刊》1931 年第 5 卷第 9 期，第 21-22 页。

68 李良鹏：《监理会农村成人教育运动概略》，《广闻录》1936 年第 3 卷第 3 期，第 46 页。

程有留声机音乐（中文诗歌与圣诗歌）；唱歌练习；灵修会（短时间的）；千字课；幻灯片（每周一次，练习旧课及新字等）；晚间灵修会(由当地信徒轮流担任主领)。此外，该校每日上午的时间原拟作预备及研究农人问题之用，惟因上午常有妇女来校学习手工，如织造缝纫与制造玩具等，或询问问题与补习功课，致原定的工作未能照办；且每日上午均有儿童到校，最少须有 1 小时的时间，用在教导儿童清洁、礼貌、游戏、唱歌、《圣经》故事表演以及卫生表演的工作；上午的空闲时间，则多用于访问工作。此种访问工作的价值颇大，可使工作人员与农民之间有深切的认识，可使工作人员得有机会与农民，谈论关于他们村中的需要以及其他各问题，并搜集关于家庭记事与卫生纪录等材料以资应用。[69]为培训学校师资，该会在 1936 年 1 月 10 日至 14 日专门在苏州开办了师资训练班，教给他们一些教育原理及教授法等。该会还举办卫生训练班，教授学员急救法、预防疾病及简要卫生知识。[70]

监理会福村学校的工作完全以家庭为中心与起点工作，计分家庭、卫生、农业与宗教。第一星期的工作先讨论家庭方面的特长与缺点，后再加以各种演讲与幻灯等方法，开导他们关于家庭方面应有改良及进步的思想，结果他们自己便规定了家庭生活最低限度的标准。第二星期的工作特别注重健康、检查方面，有医生与护士担任诊疗所的工作。第三个星期的工作为研究农业，此种工作，颇能引起一般青年农民之兴趣，其方法系利用幻灯进行农品展览与演讲等；差不多每个农村均有合作社之组织，包括购买种子肥料并销售农产品。第四星期的工作着重于宗教方面。除在每星期的秩序中有相当的宗教程序外，本星期则特别讲到宗教的问题，本星期内的一切活动都集中于宗教方面的研究，如教会的组织如何增进教会工作的效率等。每天晚上举行宗教大演讲，有许多农民励志加入教会的信徒，并有若干人开始慕道而研究基督教的教义。[71]该会福村学校特点是工作人员所用的方法是深入农村，住在农民的家里与农民共同生活，共同甘苦，共同作息。正如该会人员所称，"最特别是不叫农民来就我们，乃是我们深入民间去工作。因为农人离乡是不可能，困于经济力量，又

69 参见管萃真：《基督化家庭运动》，《中华基督教会年鉴》第 13 期，1936 年，第 79-80 页。

70 李良鹏：《监理会农村成人教育运动概略》，《广闻录》1936 年第 3 卷第 3 期，第 43-44 页。

71 参见管萃真：《基督化家庭运动》，《中华基督教会年鉴》第 13 期，1936 年，第 80-81 页。

限于时间，所以福村学校实在农民的造福。"[72]

### 6. 英国浸礼会山东中四区实验

由山东英国浸礼会组成的山东中华基督教会中四区也在山东青州、北镇、邹平、周村四区推行乡村建设。1930 年 7 月 1 日，山东中华基督教会中四区平民教育部成立，分生计教育股、文艺教育股、宗教教育股及卫生教育股，其中宗教教育培养信徒灵性生活；识字教育提高民众文化；卫生教育宣传医药卫生常识，促进身体健康；生产教育改进农业生产，提倡家庭副业，增加家庭收入，提高农村家庭生活。该实验区具体工作，曾设立乡村药库，准备了 30 余种普通药品；设立平民书室，有数十种平民书报；并拜访家庭，与妇女接近，引导家庭礼拜；另有公民训练，每周召集妇女举行一次聚会，活动有公共讲演、母亲会、少女会、妇女同乐会、游戏指导、礼拜及查经等。[73]英国浸礼会一般在农闲期间开展乡村服务学习班，通常是春季里利用 2 个月或 6 周的时间，在秋末或冬天也举办类似学习班。1933 年，浸礼会借助青州教会学校旧址，在青州成立农村服务部，为山东各教区选派的学员开办为期 6 个月的培训班，内容有识字、宗教教育、家禽及家庭手工业等。学员除了学会读书识字外，接受的卫生课程，对乡村来说非常重要，还被传授种植庄稼、防治病虫害之类的农业知识及预防灾害的措施。[74]1934 年，该区平民教育部又利用青州齐东大坡庄已故信徒刘疏贞捐赠的教会房产，计地 23 亩，草屋一幢，设办平教实验处，邀请金大农林专科毕业生王贡廷其负责主持，进行农业改良实验。然而，山东的平教区在 1934 年底却因经费问题不得已停办，主要原因在于英浸会断绝了经费支持，"差会方面决定放弃山东工作，其所有经济上的津贴，将于最短期内抽尽。"[75]

### 7. 江西黎川实验区

1933 年夏，教会领袖在江西牯岭集会时，鉴于当时共产党深入江西活动，给予教会种种刺激，故主张教会亦应注重农村，以谋切实贡献，故决定在江西建立实验区。后经中华全国基督教协进会与江西省政府协商，1933 年 11 月选定黎川为实验地点，并由中华圣公会、美以美会、南昌青年会、美以美会女布

---

72 李良鹏：《办理福村学校之所得》，《福音光》1936 年第 12 卷第 10 期，第 32 页。
73 张乐道：《山东中四区平教中心点近况》，《总会公报》1932 年第 4 卷第 4 期，第 1132 页。
74 A.E.Greening, *Continuation of Report of Work For the Year 1933*, Shantung, p.1.
75 《青州平教停办与教会关系》，《兴华周刊》1934 年第 31 卷第 37 期，第 29 页。

道会、中华基督教会，共同组织江西基督教农村服务联合会主管其事。当时宋美龄给予实验区 5 万元支持，每年 5 千元，拨付 10 年。[76]1934 年春，该会聘闽北中华基督教会西教士牧恩波（G.W.Shepherd）为联合会总干事，后牧恩波赴定县考察，并赴各基督教大中学选定服务人员 15 人于当年秋季到黎川正式服务。[77]

1934 秋，江西黎川实验区工作正式开始，除设正、副总干事外，下设研究实验委员会、训练推广委员会，具体设农林科、工业科、合作科、教育科、宗教科、保健科、文艺科、家政科。牧恩波 1934 年 12 月回国后，狄尔奈、胡本德相继接任总干事。该区全年经费 6 千元，为其提供经费等资助的后盾机关有美以美会、中华基督教闽北大会、青年会、美国公理会、监理会等。[78]1935年初，全国经济委员会也曾资助该区经费五千元，用以购办各种农村试验的器具。因胡本德不能常驻该区，故徐宝谦 1935 年 8 月赴任总干事，组织上改为总务、妇女、研究三部，设有教育、生计、保健、宗教四组。同年 10 月牧恩波返回协助出任副总干事。

黎川实验区目的，则是本基督博爱互助的精神，研究与实验建设农村具体的办法；联络同志，唤起民众，共谋精神与物质生活的建设；促进民族运动，建造有智识、有能力、懂情理的国民。[79]实验区工作的原则提倡注重地方情形，根据地方可能的财力人力，寻出最普遍、最经济、最有效的建设农村具体办法，使地方自动的和自助的普及推广，并以建设农民精神生活为主要条件。[80]实验区工作涉及到个人和社会生活的各方面，例如识字、卫生、公民、常识、家事、农村、合作、交通等。工作中与政府所设改造农村的机关合作，一切工作以不妨碍农民田间和家庭的工作为主，尽量利用农民的空闲时间。[81]实验区设立董事部为最高机关，其成员由构成江西基督教联合会的五大差会各出 2 人为基本会员，赞助会员则为金陵大学、金陵女子文理学院、金陵神学院、基督教全国青年协会、全国基督教协进会各举代表人，共两部分组成。[82]实验区以干事

---

76 吴椿：《黎川农村建设实验》，北平，1935 年，第 14 页。
77 《基督教农村服务社概况》，《兴华》1935 年第 32 卷第 4 期，第 25 页。
78 《基督教农村服务社概况》，《兴华》1935 年第 32 卷第 4 期，第 25 页。
79 吴椿：《黎川农村建设实验》，北平，1935 年，第 22 页。
80 马鸿纲：《基督教农村运动目标和原则》，《同工》1935 年第 142 期，第 21 页。
81 《江西基督教农村服务联合会》，《田家半月报》1934 年第 1 期，第 6-7 页。
82 徐宝谦：《基督教在中国农村：黎川服务日记（一续）》，《真理与生命》1935 年第 9 卷第 7 期，第 383 页。

部为执行机关，还注重以近代科学之方法与技能，期望共同努力，共同生活，藉以建设基督化的农村社会。[83]江西黎川实验区更是政教合作的乡村实验区典范，该实验区得到了蒋介石夫妇、江西省主席熊式辉及黎川县地方官员在财力、人力、土地等方面的大力支持，实验区工作人员陈兆恩甚至被任命为黎川第四区区长参与行政管理工作。

黎川实验区藉河北定县平教会黎季纯的协助，选定黎川第四区的文林郎为实验中心地点，并定文林郎附近的几个村落为初期实验范围。实验区工作分教育、保健、宗教、妇女、农业、工业等数种，其中，建设委员会之组织及导生制实验由定县平教会移植而来，同时仿照定县成规，将内部工作人员分为研究、实验及训推广两大组。[84]1934 年 9 月，有教会人员男 10 人，女 5 人开始到黎川工作，分教育、妇女、卫生、农工及新运五部，此外在高斋洲村设立实验点。工作开始后，该区接办中山民校，并开始教育及看病工作，并赴各家访问，日常生活则是每天有半小时看经祈祷，互述宗教经验，并组织家务会议解决共同问题。[85]同年 10 月底，定县平教会派张慕萱等 3 人到黎川协助工作，表演平教工作，为期 3 月，对平教会四大教育及三人方式，都在黎川进行推广。此时期，该区成立儿童部，采用分队教学法；妇女部从日常工作入手；成人部为 18 至 40 岁之青年，使识字教育与平民教育并行。保健所、传习所也分别举办，并成立建设委员会。[86]该区组织还改为在副总干事之下设总务处、研究委员会及推广部。

该区教育工作分儿童、青年、妇女三部。中山民校 1934 年 10 月起赴各村招生，招得儿童 110 名，但这些学生始终未能到齐其原因则是文化落后，人民不能感觉教育的重要性；十岁以上儿童须下田工作或上山采柴。[87]因儿童班缺席太多，导生制难以进行，到 1935 年春改为两部制分园教学。1935 年 8 月初开始，儿童班人数增至百余人，每日到者 80 人以上，故又改成导生制，成人夜校则在三村各开一所，每处学生自 30 到 50 人不等。妇女班除原有两班外，

---

83　徐宝谦等：《黎川实验区一年来工作概况》，《乡村建设实验》第 3 集，中华书局，1937 年，第 469 页。

84　徐宝谦：《黎川实验区的理论与实际》，《中华基督教会年鉴》第 13 期，1936 年，第 99 页。

85　徐宝谦等：《黎川实验区一年来工作概况》，第 455 页。

86　《黎川实验区表演平教工作大成功》，《民间（北平）》1935 年第 1 卷第 17 期，第 26 页。

87　徐宝谦等：《黎川实验区一年来工作概况》，第 456 页。

又添设一班。[88]成人班在高斋洲每夜开班教学，同时举行民众流动教育，其办法先开留声机或放映电影，然后教以灯光、识字、通俗演讲，成绩颇佳。青年部则于 1934 年 12 月开始晚间授课，分初、高两级，晚间时儿童及老年人来参观者甚多。该部另设俱乐部及流动教育班。俱乐部备有箫笛、胡琴，由民众自由吹弹。流动教育班则是将不读书的民众召集门外空地，先用留声机，后用灯光识字法教学，并作常识演讲或映照教育影片。青年班到农忙期间，暂时改为流动教育，至秋季开学。青年部还自编一音乐教材，每课皆可以唱，对终日劳作的农夫颇有兴趣。[89]1934 年 12 月起，实验区还从当地别动队接收了东山、五都、团村三处的民众学校，开设成人班，主要白天教授成人识字，晚上则举行新生活、卫生常识及营养等演讲，参加农民非常踊跃。[90]

在农村经济方面，实验区 1935 年春在高斋洲村租种荒地，与本地民众合开试验场；又在 3 月植树节时与建设委员会、中山民校、本地民众联合在种松树、杉木数万棵。同年 9 月间，举行农家调查，共计 56 家，另实验栽培各种果树、蔬菜。[91]在卫生保健工作上，实验区自 1934 年 6 月开始在黎城福音堂开设保健所，专为民众谋健康，提供医药及诊病。同年 8 月，该所移到下三都的高斋洲，设有储药室、疗诊所、换药室及候诊室。保健所设有医生 1 人，护士 2 人，每日上午 9 至 12 点开门，后改为随时就诊。[92]该所每日抽出 2 小时到附近乡村诊疗或宣讲卫生知识，后又进行清洁运动、灭蝇运动、种牛痘、民校卫生演讲及实施诊疗等。为训练当地保健员，该所择男生 1 人，每日上午到所学习各种平常治疗及医药普通常识。但当时乡民遇有疾病多求助于鬼神，不轻易服用西药，乡民对保健所由观望而试医，进而由认识而渐起信仰，所道最大之困难即人民愚昧，迷信难破。除部分外疾病前来就医外，非奇险之症鲜有情愿来医者。[93]

该区文艺科则分美术、娱乐、音乐等方面工作。如美术方面有壁画、标语、儿童画范、儿童画科、插图、广告统计图表、地图及黎川人民生活写生数种；

88 徐宝谦等：《黎川实验区一年来工作概况》，第 459 页。

89 蓝希峰：《民国时期基督教社会服务研究：以江西基督教农村服务联合会黎川实验区为个案》，宗教文化出版社，2010 年，第 51 页。

90 《黎川巡回服务团》，《农村服务通讯》1937 年第 18 期，第 42 页。

91 徐宝谦等：《黎川实验区一年来工作概况》，第 461 页。

92 蓝希峰：《民国时期基督教社会服务研究：以江西基督教农村服务联合会黎川实验区为个案》，第 51 页。

93 徐宝谦等：《黎川实验区一年来工作概况》，第 463 页。

音乐方面有儿童班学会儿歌多首，多半有游戏的意趣。妇女学唱的多半为柔美的，成人班则只学会了苏武牧羊、锄头颂等四五首普通曲子；娱乐方面提倡儿童的游戏、体操、唱歌、表演、妇女的琴棋、箫笛，曾举行多次同乐会；开会日期大半在中秋、国庆、总理诞辰、圣诞、旧历新年、儿童节、端午节等，所演短剧有"读书的农家""大好河山""平民之光"等；协助社会教育方面则有灯笼画、电影、留声机等数种，另摄有各种风景及生活相片订成一厚册。但戏剧因言语隔阂，演时颇为困难，因此间民众所喜欢的大都为富于情感的戏，对艺术水平的要求并不苛刻。[94]文艺科还于 1935 年新春时与农民联合组织为期 3 天游艺会，节目有舞龙灯、新剧、电影、音乐等，每次到者平均为四五百人，平时工作由农民画报、农民唱歌、留声机、电影等，颇能引起农民兴趣。实验区通过文艺工作，与农民的感情日趋融洽，他们从前对教会的疑恐畏惧心理及拒绝的态度，大部分已经改变。[95]此外，在 1936 年圣诞节与 1937 年元旦，实验区还举行了两次大型的农民娱乐活动。

该实验区的妇女班则是在文林郎、高斋洲添设两班。当时妇女识字者较少，实验区妇女班 1934 年 10 月开始，起初报名者只有 4 个妇女和 1 个 13 岁小姑娘，上课积极性不高，只有工作人员喊她们上课才会来。[96]后在县政府协助下，到 12 月妇女班人数增到 15 名，年龄从 8 岁到 45 岁不等；她们兴趣在学手工，所以每日读书只半小时，手工包括缝纫、编织绒物，但仍有一些学员不按时来上课。1935 年旧历新年过后，任妇女自愿报名，旧生担任宣传，结果来上课者有 22 人，其中 12 岁以下的有 14 人，于是另设幼女班。此次学生对读书已发生兴趣，故手工与读书时，每日各占半小时。到 6 月农忙时，改为每日早 6 至 7 时上课的黎明班。[97]妇女卫生工作则是举行演讲，所演讲者有婴儿的营养，蝇的除灭，疾病的预防等。此外，农民家庭的争吵亦有来解决者，工作人员利用个别方法调解颇有成效。1935 年时，该区妇女民校班有学生 61 人，教授其千字课；小学校有小学生 53 人；合作训练班有学生 79 人。[98]该区妇女教育工作虽然开办了妇女班，但工作人员感叹学生年龄不齐，程度不一，

94　蓝希峰：《民国时期基督教社会服务研究：以江西基督教农村服务联合会黎川实验区为个案》，第 57 页。

95　徐宝谦等：《黎川实验区一年来工作概况》，第 458-459 页。

96　蓝希峰：《民国时期基督教社会服务研究：以江西基督教农村服务联合会黎川实验区为个案》，第 50 页。

97　徐宝谦等：《黎川实验区一年来工作概况》，第 466 页。

98　《赣基督教农村服务团工作》，《兴华》1935 年第 32 卷第 8 期，第 28 页。

教材缺乏，管理困难；本来组织了妇女来读书，结果她们提出对做手工感兴趣，转而教妇女缝纫、编织绒物、做衣服等。[99]而且当时妇女仍缺乏自动精神，农村妇女从未进过学校，在家中娇生惯养，颇少礼貌。若管理太严就会发脾气不来，若管理太宽，则团体纪律必难维持。[100]

1936 年时，该区工作已由村单位之阶段进到区单位之阶段。徐宝谦联络江西附近各教会提倡教会农村事业，并开始计划大学生来区受训之工作。[101]实验区 1936 年春正式走上政治途径，同年 2 月加入江西省府农村改进事业委员会，从 1936 年 7 月在第四区正式开始省府颁布之实施管教养卫之三年计划。[102]该区合作科还设计出一套乡村互助合作学社之理论与实验方案，并在团村开始实验，但不久中断。该区宗教工作因人员、经费问题也开展不佳，仅限于同工团体之修养及城区教会之维持。[103]

黎川实验区工作人员通过实验，提出需要将宗教、科学、教育与政治相结合，徐宝谦指出：认为农村建设运动不仅为救亡图存的要图，亦为基督教运动当时的出路。"基督教运动如欲对于中国作重大的贡献，必须深入占全国最大多数的农村社会，必须创立基督化的农村社会。他们深信整个的农村建设，固需宗教的精神，然同时应有科学的技术与方法，加以教育的步骤及政治的力量，四者连成一起，始能完成建设的目的。"[104]对于农村实验步骤，徐宝谦则认为需要有研究、实验、训练及推广四步：研究农村的问题与需要，实验解决问题应付需要的方案，实验有效，然后训练当地人才，作推广的准备。但这些步骤有时是同时并进的，有时是互为因果的。[105]对于黎川实验中的工作困难，徐宝谦还总结指出：同工团体不易完全打成一片，有时不免分党派，闹意见；来区工作之人员往往不能长期工作，浅尝辄止，故人员之变化不定；黎川地处偏僻，高等技术人员不易请到；当地之人力财力距实验应有之标准相差太远，

---

99 徐宝谦编：《农村工作经验谈》，青年协会书局，1936 年，第 37-38 页。

100 徐宝谦等：《黎川实验区一年来工作概况》，第 467 页。

101 徐宝谦：《基督教农村运动》，《中华基督教会年鉴》第 13 期，1936 年，第 95 页。

102 徐宝谦：《江西黎川实验区的理论与实际》，《兴华》1936 年第 33 卷第 36 期，第 10 页。

103 徐宝谦等：《黎川实验区一年来工作概况》，第 458-459 页。

104 徐宝谦：《江西黎川实验区的理论与实际》，《兴华》1936 年第 33 卷第 36 期，第 11-12 页。

105 徐宝谦：《黎川实验区建设农村的几个基本原则》，《乡村建设》1937 年第 6 卷第 16 期，第 10 页。

且因无政治力量，工作不易推广。[106]抗战全面爆发后，实验区乡村建设工作大受影响，到 1945 年底结束全部活动。

### 8. 其他教会的乡建活动

在广东、福建两大基督教势力颇为庞大的省份，也有教会开展乡村建设。如中华基督教会广东协会 1933 年在第七区会下属之仁和堂成立农村服务社，进行农村服务事业，以互助合作之精神，适应农村之需要而实现基督化生活于农村工作分生计、育生、宗教四项，生计工作因无人主持，未曾进行。[107]该社工作有农事指导、卫生运动、布道、识字、轮借书库以及医药、演讲、教育等方面工作，特别是教育方面受地方人士之欢迎。该社开办光正小学一处，学生人数日渐增加。除了学习小学必修科目外，灵性生活每日有朝祷，每周有主日学圣经演讲、崇拜说教、名流演讲道德问题。该社还建有运动场、园艺实习场，由教员率领学生练习农事工作，或栽花，或植树，或种果蔬，以期训练生徒成为农村化的学生，使对农村服务有相当贡献。[108]

在福建教会方面，福建闽清十五都基督教农村生活改进社 1936 年 2 月成立。该社以耶稣为最高模范，提倡合理之农村生活，辅导青年具国民健全的资格，忠勤的服务，正确的信仰为宗旨。该社分灵修股、教育股、生计股、社交股、节制股开展工作，经费出社费、补助费及特别捐组成。在具体活动上，该社在宗教活动上设有主日学、团契会、青年布道团，每晚都有社员祈祷会，并提倡一领一运动；在教育上则是设有夏令儿校 4 所，学生 120 人，时间共有 6 星期；在生计上则是设有园艺试验场、生畜改良所，并进行种子改良及造林提倡，另设有民众阅报社、牧区图书馆及民众娱乐社，提倡社员养成良好生活习惯。[109]

中华基督教会河南大会则在五年运动时期开设"基督教乡村建设领导人训练班"，专门培训乡建人才，对学员进行农业生产、拼音、卫生知识、家庭手工艺及宗教教育方面的训练，学成毕业后则在各自乡村开展改良工作。河南

---

106 徐宝谦：《江西黎川实验区的理论与实际》，《兴华》1936 年第 33 卷第 36 期，第 8 页。

107 徐宝谦：《基督教农村运动》，《中华基督教会年鉴》第 13 期，1936 年，第 95 页。

108 中华基督教会全国总会：《中华基督教会全国总会第四届总议会议录》，青岛，1937 年，第 54 页。

109 黄贞清：《闽清十五都基督教农村生活改进社》，《广闻录》1937 年第 4 卷第 1 期，第 1-5 页。

大会在乡村开展帐篷布道时也展示卫生健康、合作社、家庭经济、新耕种技术等乡村改良方面的重要性，另在 1936 年还组织农民观摩新式的实验田与耕种方法。[110]

在陕西教会方面，1930 年，基督徒张子宜等 17 人还发起成立基督徒农工服务团，以改良农业，提倡工业，振兴教育，发展福音真理，促进人类幸福为宗旨，并在泾阳、高陵两县购地 30 顷开展农工实验。[111]1932 年，英国浸礼会基督徒李海峰在陕西发起创办中华基督教西北农工改进会。该会以改进农工事业，发展劳动生产教育，启迪人民对于农工之新知识，改良农村生活，增加其生产效率，以促进人群福利为宗旨。[112]该会会址设在陕西泾阳县永乐店，分农务、工务、教育、宗教、慈善五部，各部分设相应委员会，主要办理以下六项事工：改良农业；提倡工业；兴办乡村教育；兴办乡村医药卫生事业；兴办救济孤苦事宜；提倡宗教道德。同年，该会还与金陵大学农学院合作建设农业试验场，主要进行选种、育苗等工作并对各优良作物品种作推广，对棉花、小麦、粟等作物育种及栽培方法之改良颇多。除了农业改良外，1933 年春，该会因鉴于农村经济之停滞，影响所及，农民痛苦万分，遂全力开办农村合作社，经陕西建设厅、金大农学院、上海银行等赞助，先后成立有永乐区棉花产销合作社、三原、高陵等合作社分社，开陕西省农村合作社之先河。[113]此外，还有一些教会也进行了零星的农村改良活动，因规模不大，故不再赘述。

### 9. 小结

纵观各教会在农村的乡建活动，以农业改良为主，同时兼及卫生、教育及金融等活动。但是各教会又根据自身实力及专长，根据各地实际也在开展的具体活动上有不同侧重，在服务方向上有所差异。如华北公理会在山西研究抗旱高粱与试验甜菜糖，则是因地制宜根据山西农业需要而开展，英国浸礼会则根据当地情况在山东青州提倡手工业，在山西则推动畜牧改良，美国北长老会、伦敦会等则依靠自身农业传教士优势，着重于农业改良活动。而且有教会实验

---

110 尚海丽：《中华基督教会河南大会本色化运动评析》，《殷都学刊》2007 年第 1 期，第 84 页。

111 《基督徒农工服务团之发起》，《兴华》1930 年第 27 卷第 9 期，第 29 页。

112 《中华基督教西北农工改进会简章》，"中央研究院"近代史研究所档案馆藏，档案号：20-08-022-09。

113 《奖励中华基督教西北农工改进会创办人李海峰》，"中央研究院"近代史研究所档案馆藏，档案号：20-08-022-09。

区重点并不在传教而在服务农村，如华北农促会在保定樊家庄实验区的创始人胡本德在开办过程中即确定三原则："一、不拿金钱去买得农村事业的速成；二、只服务社会，不急于传教。换言之，是要建新村，不是要成立教会；三，埋头苦干，对外不作宣传，亦不欢迎外人参观。"[114]因人力、财力有限，各教会工作并不是针对全省展开，多是在调查研究的基础上，考虑地理环境，交通条件等因素，选择一处或数处地点进行实验，或建立实验区，或开展农业推广，这也体现了教会的务实性。虽然当时教会成立了华北农促会的联合组织，但各教会在乡村实验时仍多是各自办理，缺乏合作精神。晏阳初也对此批评说："现在中国各宗派的教会，对于这种事工，不应该再各持疆界，必须联络合作，集中各项专门人才。"[115]

当然五年运动时期，教会乡村建设初衷，也直接或间接带有传教目的，时教会乡建人士云："对于民生困难的乡村，教会正可设法帮助农民改良农业，使生计逐渐宽裕，更易得农民的信仰，进而改良整个农村的生活，巩固乡村教会的基础。"[116]如昌平实验区注重宗教教育，设立布道部，每周一、三、五到各乡村布道，散发劝世传单。就效果而言，入教者颇不乏人，1934年，昌黎教区"新添慕道友40人，新进领洗信徒12人，并在四乡经信徒与农民捐助教堂4处。"[117]教会也通过乡村建设改变了少数人对教会偏见，利于基督教传播。保定公理会倡办的一切服务事业，目的不概是诱人信教，总以造福社会为前题，但其中自动入教者，颇不乏其人。[118]美国公理会传教士敖远桥（Leonard M.Outerbridge）也曾言："我们带头组织了一个适用于乡村教会的农业部门，从帮助农民提供生活水平的角度来研究问题，以期他们反过来会支持他们自己的教会和学校工作。"[119]又如华北公理会传教士亨德（James A.Hunter）从事鸡种推广，产量大增，"农民因得利较多，这位牧师所讲爱人的道理，也就

<hr>

114 徐宝谦：《基督教农村运动》，《中华基督教会年鉴》第13期，1936年，第92页。

115 《晏阳初博士演讲录》，《金陵神学志》1933年第15卷第5期，第13页。

116 余牧人：《我所参观的几个华北乡村教会》，《金陵神学志》1932年第14卷第7-8期合刊，第78页。

117 田立功：《北平汇文神学院昌平县乡村工作实验区概况》，《真理与生命》1934年第8卷第6期，第286页。

118 黄振国：《对基督教乡村服务区之商榷》，《华北公理会月刊》1931年第5卷第8期，第15页。

119 Leonard Mallory Outerbridge, "Farmers of Forty Centuries", *The Missionary Herald*, June 1929, Vol.CXXV, No.6, p.232.

更有效用了。"[120]而且从实际效果看，因通县公理会开展乡村建设及各项社会慈善事业较为出色，改变了民众旧有看法，也吸引了一批民众入教，在 1932 年通县宗教信仰调查中，该县信仰耶稣教民众已达 3000 余人，已经高于信仰天主教、道教的民众。[121]

### （三）教会学校的乡村建设实验

五年运动时期，各地教会大中学校及神学院校，为适应农村发展要求，投入乡村建设运动中，或开设农业课程，或进行推广实验，成为教育界乡村建设的重要力量。教育界与教会界的乡村建设的显著不同之处，则在于后者的宗教色彩相对浓厚，教会学校的乡村建设将改变乡村面貌放在更加重要位置。正是基于此故，在 1930 年代召开的三次全国乡村建设会议上，燕京大学、齐鲁大学、金陵大学、铭贤学校等教会学校都派员报告了各自乡村实验情况，教会组织的各实验区并无派人参加，这样是教会学校世俗化的表现。

#### 1. 齐鲁大学的乡村实验

齐鲁大学在 1930 年代重视乡村建设，除了专门设立龙山乡村实验区外，为适应乡村建设热潮的新形势，还于 1931 年成立乡村建设委员会及乡村服务指导团，制定了《齐鲁大学农村服务大纲》，详细规划了齐大的乡村服务计划，文理学院还开设了农业课程，供学生选修。[122]齐鲁大学生物系还于辛庄设生物研究所，以研究农业卫生问题为主。齐鲁大学还于 1929 年创办农场，进行小麦、粟、大豆、马铃薯、高粱及棉花品种的培育及推广工作。齐大公共卫生学系则与邹平合作促进当地农民卫生，与历城第六实验区合作办理儿童卫生事宜。该系还与小儿科合设良母训练班，灌输一般家庭主妇以保婴之知识。[123]该班的开办宗旨为用科学方法，研究妇女对于家庭卫生，育儿常识应负之责任，及家政中与卫生有关各事项。[124]1935 年，该系为促进家庭健康起见，特组织良母训练班，以灌输各种家庭卫生知识，及教育儿童之方法。训练班以 3 个月为期，每周在齐大医学院、女青年会及胶济路车站共 3 处讲授，分课室讲授与实习两种，未婚、结婚皆可，小学、中学毕业或略识字者，均可加入。三月期

---

120 张福良：《基督教农村运动》，上海广学会，1930 年，第 33 页。

121 何绍增等编：《通县编纂省志材料》，通县，1932 年，宗教篇。

122 "Ruralization Programme", *Cheeloo Monthly Bulletin*, No.7, April 7th, 1931, pp.4-8.

123 中华基督教会全国总会：《中华基督教会全国总会第四届总议会议录》，青岛，1937 年，第 110 页。

124 《记齐鲁大学之良母训练班》，《湖南妇女报》1937 年 3 月 18 日，第 2 版。

满，成绩合格者，即发给证书。[125]此后该班每年举办多次，学生逐年增多，到1937年初，该班已毕业4班，人数不下百余人。[126]齐鲁大学公共卫生部还注重助产宣传与婴儿卫生教育，并组织了儿童会与母亲会，另有产科卫生谈话、候诊教育及个别谈话等服务，但因经费拮据，导致产科设备缺乏，无力举办免费接生。[127]齐鲁大学还于1934年秋成立乡村服务人员专修科，训练乡村服务人才。1934年底，齐大又成立一建设委员会，研究如何使今后之文理学院、物理化学等一切课程，均切合农村实用，使学生毕业后能到农村去，指导农民，改良农业。[128]1936年时，齐大又成立乡村工作推广部，利用各院系资源，并同广智院、《田家半月报社》等共同推进乡村建设。[129]下面重点介绍齐鲁大学龙山实验区[130]的情况：

早在1923年，齐鲁大学神学院的乡村教会系和教师养成系即选址济南历城县的龙山镇作为实习地点。1926年，神学院决定常驻龙山，将其作为乡村计划实施区。翌年，神学院发起组织"乡村服务实验委员会"，又成立了龙山基督教农村服务社，1932年，齐大乡村建设委员会在龙山镇进行了不同类型的农村生活统计调查，并成立了龙山乡村服务社，设立了指导计划的总机构——龙山乡村服务委员会，在龙山镇开展各种乡村建设实验活动。委员会还设农业经济股、教育股、卫生股、家事股四股，分别开展相应的乡村建设工作。1933年，龙山实验区又选择周围15里内的139个村庄作为实验活动区[131]，以扩大影响。

服务社在龙山首先是改良农业经济，这是该此活动的重心所在，主要分农作物种籽之推广，病虫害之防除，耕作方法之改良及家禽之推广等工作。因山东盛产棉花，但产量不高，龙山服务社建立示范农场，积极倡导农民种植美棉，

---

125 《齐大医学院组设良母训练班》，《北平医刊》1937年第5卷第4期，第51页。

126 《良母训练班毕业会员合作会成立》，《齐大旬刊》1937年第7卷第13期，第110页。

127 郭承信：《齐鲁大学公共卫生部妇婴卫生工作概要》，《公共卫生月刊》1935年第1卷6期，第54-56页。

128 《齐大将来趋向，到农村去服务》，《山东民国日报》1934年12月9日，第5版。

129 《山东齐鲁大学将成立推广部》，《田家半月报》1936年第3卷13期，第9页。

130 关于实验区详情，可参见拙作：《齐鲁大学龙山乡村实验区乡村建设活动及特点述论》，《齐鲁学刊》2016年第6期。

131 "The Cheeloo Village Service Center at Lungshan", *The Bulletin of the National Christian Council*, No.50, March 15, 1934, p.7, *Conference of British Missionary Societies Archives*, Asia Committee, China, Inter Documentation Co., 1984, H6027.

通过比普通棉花每亩增产大约 10%到 20%高产量，来取得农民的信任，并组织了种棉社及训练班。据该社 1935 年 4 月的报告，"共成立棉社 25 家，包括 50 余村庄，共得棉户 330 余家，新成棉田约占 3000 余亩，共享棉籽 13300 余斤。"[132]服务社还开展了引进优良家畜，以科学方法防治病虫害的试验"本社所产之来航鸡及卢岛红鸡所产之蛋，亦大半为农民换取，作为孵鸡之用。防御高粱与谷子产生的黑穗之炭酸铜粉，亦仍旧畅销。"[133]服务社定期到各村进行农业巡回演讲，宣传农业种植常识，拜访农家、指导农事，并设立了农民补习班。服务社还定期举办农业展览会，进行农展品评比颁奖，使民众认识农村服务社工作。

为解决农民缺乏生产资金的难题，1932 年冬，服务社组织农民建立信用合作社，办理储蓄贷款业务，"社员每股 5 元，按六厘付息。借贷时以地契为抵押，贷款额不得超过百元，月利 1 分 5 厘。"[134]到 1937 年 4 月，该区在龙山已组织 24 处信用社，参加者有 343 人。[135]当时农村盛行高利贷，农民苦不堪言，为辅助无力加入联合社的民众从事小本农民家庭副业，信用社还推行小本低息贷款，解决了一些农户和小手工业者的资金问题。由于信用社借款利息较低，也影响了当地其他金融机构的利息，"迫使当地通常的月息从 4%降到 2%，"[136]

龙山服务社鉴于民众受教育水平低下，一切活动以教育为中心开展，期望提高乡民文化水平。该社教育分学校教育、社会教育两种。社会教育活动为举办短期平民补习学校，作通俗演讲，创办图书馆等。在学校教育方面，服务社还成立男、女初级小学，最初不收学费，以补乡村教育之不足，后收取少量学费。1933 年，男校有学生 25 名，女校有学生 27 名。[137]服务社还在龙山开设图书馆、书报室，备有报章杂志、平民读物及儿童读物等，另为方便农民阅读

---

132 《齐鲁大学乡村服务社工作报告》，《乡村建设实验》第 3 集，中华书局，1937 年，第 305 页。

133 《齐鲁大学龙山农村服务社工作月报（1935 年 4 月）》，青岛市档案馆藏，档案号：B0034-001-00203。

134 杨绳武：《中国新兴教育之片断》，《仁声季刊》1933 年第 7 期，第 5 页。

135 Charles Hodge Corbett, *Shantung Christian University(Cheeloo)*, New York: United Board for Christian Colleges in China, 1955, p.224.

136 Jessie Gregory Lutz, *China and the Christian Colleges, 1850-1950*, Ithaca: Cornell University Press, 1971, p.292.

137 阎克烈：《山东龙山农村服务社现况（续）》，《农林新报》1933 年第 10 卷第 9 期，第 171 页。

而设立乡村巡回书库，每半月轮流一村，以便农民就近借读。

历来中国乡村公共卫生意识淡薄，农民的医疗条件极差，故服务社专门成立卫生股开展各种卫生工作。齐鲁大学医学院在龙山镇设立诊疗所，有护士常驻在此，为民众看病。服务社还注重环境卫生的改善，举行公共卫生运动周。在学校卫生方面，服务社于1933年与当地教育局合作，为乡村小学学生定期举行体检、检查沙眼、口腔病等常见疾病，并为学生施种牛痘。1935年12月，卫生股为3个学校的学生种痘272人，在7个学校279人中举办学校卫生教育。[138]服务社还提倡科学的接生，特聘请专门产科护士，对当地产婆进行训练，指导产妇卫生。该区还注重健康教育，特举办母子会、婴儿健康会、孩童卫生会，演讲妇婴卫生问题，并对民众进行卫生知识培训。

乡村服务社还于1932年秋成立了家政股，主要活动是帮助妇女提高文化水平及日常家庭管理水平，并研究适合乡村环境的营养充足的食物。当时家政股还曾调查乡村小学生四季之食物及家庭工作一切问题，并展览儿童适当的食品与衣物，借演说及文字宣传，将营养知识及现代科学介绍与乡村妇女。[139]家政股还倡导妇女反缠脚，开办妇女家政班及妇女识字班，对妇女开展扫盲，进行家庭培训，学习现代科学及家庭知识。另服务社还组织母子会、恳亲会、家庭拜访等活动，藉以明了农家生活情况。但由于民众在生活中未感到家事股工作之需要，加之当地妇女的守旧思想，该股工作总体成效不大。

齐鲁大学龙山实验区当时广泛利用各种优势农业资源，来共同推进农业改良工作，主要与山东华洋义赈会、金陵大学合作进行[140]。如该社合作机关方面，由金陵大学农学院担任对外推广，协助农事股工作；山东华洋义赈会农场则供给肥料等；齐鲁神学院担任宗教及道德培养工作。[141]1933年，齐鲁大学龙山农村服务处还与新成立的胶济路局农林改进委员会合作，办理铁路沿线的农事试验场，其中在济南设有总场，在周村、青州设有两处分场，胶济铁路年拨经费9000元，经费暂以5年拨付为限，进行小麦、高粱、大豆及马铃薯、美棉等农

138 《齐大乡村服务社工作报告》，《齐大乡村服务社会议通知、课程意见、报告书、大纲等卷》，山东省档案馆藏：齐鲁大学档案，档案号：J109-01-132。

139 《龙山农村服务社》，《农业推广》1936年第11期，第60页。

140 Kenyon L.Butterfield, *The Rural Mission of the Church in Eastern Asia: Report and Recommendations*, New York: International Missionary Council, 1931, p.39.

141 《齐鲁大学龙山镇农村服务社工作状况》，《乡村建设》1933年第3卷第12期，第14页。

作物的推广实验，改良作物品种，增加产量。[142]服务社于 1934 年组织的棉花肥料实验，也与中央农业试验所、山东华洋义赈会农场合作进行。服务社的农业改良活动，也得到了山东地方政府的支持。如龙山服务社通过全省的生产者协会推广美国棉花种子，农民贷款多少根据棉花种植面积来定。此外，实验区的活动经费也是来源广泛，当时该社全年经费 6000 元，全年事业费为 860 元[143]，有何氏基金、华北农产改进会、中央农业实验所、美国美以美会妇女部、齐鲁大学医院等多个机构提供经费支持[144]，也保证了乡建活动的顺利推行。

齐鲁大学龙山实验区虽然活动区域有限，但在当时成为由教会大学主办的著名乡村实验区之一，甚至也被其他非教会机构的乡村建设模仿学习，被多次邀请到全国乡村工作讨论会上参会报告经验。抗战全面爆发后，虽然济南沦陷，但实验区活动仍继续进行，直至 1941 年底才停止。

## 2. 燕京大学的乡村建设

燕京大学此时期更是重视乡村建设，校务长司徒雷登曾专程考察定县实验区，很多师生到山东邹平、江西黎川等乡村建设实验区参观访问。燕京大学自 1929 年起还组织农事试验场，集中进行谷子、小麦、高粱、玉米四种农作物的改良试验，并在河北各乡镇农村推广使用。燕京大学农事试验场分为三大部，即作物部、畜牧部、果树园艺部。作物部从事华北各地主要农作物之改良，如小麦，玉蜀黍，高粱及谷子，均有 2 年到 6 年之改良工作，已取得相当成绩。该部 1930 年秋收时，派人分赴山西、辽宁以及平汉路北段、津浦路北段选集佳种，以备次年扩大改良工作之用。畜牧部分三股，即家禽股、种猪股、乳业股、除乳业股按预定计划独立外，家禽股则因农民之需求，随时扩充。1930 年预定造孵卵器 12 架，每架一次可容 400 枚鸡卵，除自用 3 架外，其他均用以推广。种猪股共有种猪 15 口，未成长之种猪 33 口，仔猪 34 口。果树园艺部除原有西洋种苹果、梨、杏、桃、李等共约 20 余种外，更有华北果树名种 30 余种。该场还有养蜂事业，1930 年夏从美国新购蜂王数头，次年可供给华北养蜂家以纯粹种蜂。[145]此外，燕大自 1926 年起，每年秋季还举行农产展览

---

142 《铁道部指令：令胶济铁路委员会》，《铁道公报》1933 年第 691 期，第 9-10 页；《胶济路局与齐鲁大学合办农事试验场概况》，《都市与农村》1936 年第 19 期，第 22-25 页。

143 《龙山农村服务社》，《农业推广》1936 年第 11 期，第 59 页。

144 徐宝谦：《基督教农村运动》，《中华基督教会年鉴》第 13 期，1936 年，第 93 页。

145 《燕京大学校闻两则》，《中华基督教教育季刊》1930 年第 6 卷第 4 期，第 100 页。

会，鼓励农民选送农作物进行比赛评奖。

为推动乡村建设，1933 年，在司徒雷登的敦促和指导下，燕大院长委员会多次召开会议讨论乡村建设问题，讨论的问题包括对燕大的课程进行调查，了解现行课程对乡村建设的作用，发现其中的缺点并加以改正；计划各系如何设置与乡村建设相关的课程；与其他乡建机构合作；培养乡村建设人才；设立奖学金等。[146]当时燕大宗教学院还在 1933 至 1934 年，对河北定县、昌黎、平西蓝靛厂、北安河等地联合开展了乡村调查，涉及乡村教会、教育、卫生、经济、卫生、风俗等情况。后根据调查，燕大宗教学院在 1934 年 6 月提出了建设"实验村"计划，宗旨为"为本院学生及院外基督徒同学实习及研究；根据我们的信仰，研究乡村问题以求民族的出路；唤起多数同志同做乡村建设工作；居乡学习作农人，并实际研究乡村问题；造成基督化的乡村社会"[147]，计划选定数个村庄，组织学生在放假及闲暇时到乡村进行宗教、教育、卫生、娱乐等方面服务，并在暑期开展乡村调查，组织夏令儿校等，但限于人力、时间不足等原因，最终随着抗战全面爆发而未实施。

为培训农业人才，燕京大学除了 1929 年开始每年举办冬期农事讲习班外，还在 1934 年由法学院还增设农村建设科，聘杨开道为主任，专事研究农村问题及造就农村建设之人才。该科注重各系的通力合作，"凡经济、社会、政治、教育各系之主修学生有志赴农村建设者，可选习农村建设课程，当年开班课程由合作，近代欧洲农村经济，农村社会学，比较农村建设学及农村教育五门。"[148]农村建设科的学生学制为 4 年，在四年级第二学期实习，30%时间对县政府及平教会之组织作一大概之考察与研究，其余 70%时间则用以考察研究其所选自之专门工作。[149]此科的开办，也为当时中国的乡建活动培养了一批急需的专门人才，适应了社会的需要。下面重点介绍燕京大学创办的清河实验区情况[150]：

1928 年，燕京大学社会学系在教师杨开道带领下在清河镇举行社会调查，

---

146 杨开道：《燕京大学农村建设工作》，《乡村建设实验》第 2 集，中华书局，1935年，第 117-126 页。

147 《燕大宗教学院实验村计划草案》，北京大学档案馆藏：燕京大学档案，YJ1936010。

148 《北平燕京大学》，《教育季刊》1934 年第 10 卷第 4 期，第 150 页。

149 《华北农村建设协进会训练研究委员会纪录》，北平，1936 年，第 136 页。

150 关于该实验区详情，可参见拙作：《教会大学与民国乡村建设：以燕京大学清河实验区为中心考察》，《北京社会科学》2013 年第 2 期。

为开辟乡村实验区做准备。清河实验区以清河镇及其附近四十村为工作范围，包含 3996 个家庭和 22444 名人口[151]，为典型的华北乡村社会。实验区经过一年多筹办于 1930 年 2 月开办，同年 6 月举行开幕典礼，初设服务、经济两股，后扩展到经济、社会、卫生、研究四股。实验区的工作则涉及农业改良、社会教育及乡村卫生等方面，下面分别叙述：

当时清河农村农业生产率低下，农民收入低，实验区专门成立经济股，旨在改善农民经济状况，注重生产技术改良及建设合作团体，以增加农民收入。因当地农民缺乏生产资金，1931 年春开始合作及小本贷款工作。但用途限制极严，只限于投资与生产事业及购买生活上的必需品。1930 年冬，实验区还试办农村合作社，试行借款，社员购股加入。1934 年时，"合作社已达 12 处，并有联合会 1 处。"[152]合作社规定每股 2 元，但对生活困苦的贫雇农来说仍是高门槛，故入社民众仍是少数。

为改变当地农作物产量低下的弊病，实验区开始试验混合选种，选定农家 5 家，指导试验种植。后因产量提高而不断扩展，"1934 年，实验亩数计有 55 亩，作物类有玉米、高粱、黑豆、谷子等。"[153]同时推广优质家禽品种，到各村演讲外国猪鸡及杂种猪利益，宣传科学喂养方法及猪圈改良之点。特别是该区还改良本地鸡种，推广美国"来航鸡"，增加产卵量。此外，清河实验区还从 1930 年秋季起每年举行农产展览会，鼓励附近村民选送农产品参赛，也借机推广优良品种。

实验区还在当地提倡家庭毛纺业。1932 年 12 月，该区开设毛织业训练班，招收农民，分男女两班学习，3 个月毕业，学成后即可成立毛纺合作社，共谋生活，报名学习者 56 人，女子 13 名。[154]实验区还成立毛布工厂，共有纺车 10 余个，织机 5 架，夏天织布为主，秋冬夏织毛为主。[155]1936 年，经实验区毛织班训练的女工，有 30 多人，能织染的男工已有 10 余人，利用西

---

151 Dwight W.Edwards, *Yenching University*, New York: United Board for Christian Higher Education in Asia, 1959, p.286.

152 《燕京大学社会学及社会服务学系 1933-1934 年年度报告》，《社会学界》1934 年第 8 卷，第 309 页。

153 《燕京大学社会实验区》，《全国乡村建设运动概况》，山东乡村建设研究院出版股，1935 年，第 737 页。

154 燕大社会学系编刊：《清河社会实验》，北平，1933 年，第 18 页。

155 杨开道：《燕京大学农村建设工作》，《乡村建设实验》第 2 集，中华书局，1935 年，第 124 页。

北羊毛，进行手工纺线及手工织呢。但毛纺实验的发展却遇到困难，因销路不畅，周转不灵，积存货品3000余元。[156]到1937年，毛纺工厂赔累不堪，终于停工。

在社会教育推广上，实验区的社会股专门开展平民教育、社会服务等工作，以改变乡民精神面貌。鉴于儿童教育的重要性，实验区为儿童设置了儿童会、俱乐部、幼稚园等机构，保证儿童受到良好教育。实验区1930年还设立女子手工班，目的在使一般不识字妇女，在习得知识的同时学习生产技能，年龄以12岁至25岁为限。[157]1931年2月，另为妇女成立家政训练班，15岁以上女子，均可加入听讲，课程有缝纫、烹饪、家庭布置、儿童衣服、食物选择等。

当时农民业余生活贫乏，实验区还提倡娱乐及体育运动。1930年秋，该区成立拳术班，教授民众武术。同时改良戏剧，以实际运动挽救颓风，成立清河公余旧剧研究社。实验区还建设篮球场，教授民众篮球技术。1932年10月，儿童图书馆又改为清河图书馆，以吸引一般农民增加读书兴趣。

在乡村卫生改进上，因农民看病困难，环境卫生意识淡薄，实验区开展各种改良活动。1931年7月起，为方便民众就医，实验区联系协和医院每星期六派大夫来一次，不收药费。"1931年7月至1932年底，门诊治疗人数共1175人，其中男病人886人，女病人289人。"[158]1932年7月后，实验区自办卫生工作，同年9月正式成立卫生股，后又于1933年春集资建成乡村医院，每星期有4天门诊，其余2天则下乡诊治。当时农村天花病人众多，乡村医院也负责施种牛痘，民众可自行前往接种。实验区还与当地小学合作，负责各项学校卫生工作。

实验区也宣传新式接生，破除迷信，因西式接生安全率高，因之请求助产者日多。到1936年底的4年内，该区共接生336人，但在家中生产者318人，在院生产者仅18人[159]，可见传统的妇女仍然对新式的医院并不信任。服务区还注重孕妇婴儿检查，进行妇女产前监护、产后护理及婴儿检查护理。同时又举办了产婆训练班与妇婴保健员训练班。在公共卫生方面，实验区还重视预防

---

156 王贺宸：《燕大在清河的乡建实验工作》，《社会学界》1936年第9卷，第356页。

157 张鸿钧：《燕京大学社会学系清河镇社会实验区工作报告》，《乡村建设实验》第1集，中华书局，1934年，第82页。

158 燕大社会学系编刊：《清河社会实验》，北平，1933年，第51页。

159 《燕大清河实验区的妇婴卫生工作》，《燕京新闻》1936年12月4日，第3版。

夏季流行疫症，进行水井检查、灭蝇运动、清扫道路卫生等工作，并有游行护士实行家庭拜访，讲演宣传卫生知识。纵观当时实验区的卫生工作，门诊治疗及助产工作较有程教，但预防注射及环境卫生等工作则成绩较差。

清河实验区并不单纯靠社会学系力量完成，而是充分利用各项社会优势资源。最为关键的经费，由燕大、洛克菲勒基金及私人捐助提供。如北平及各地热心人士，惠假无利资本达 7000 元之谱，使得可以开展小本贷款、成立信用合作社及购买家庭工艺及农艺等设施。在机构方面，1931 年 7 月，该区与协和医院、北平公共卫生事务所及第一助产学校合作进行清河公共卫生计划。[160]实验区于 1933 年还与华洋义赈会合作，试办农业合作社与合作讲习班；至于农业推广，则利用燕大农业试验场优势，推广实验的西方优良品种。

在实验区人员的努力下，清河也成为当时华北模范乡镇，各地前来参观学习者颇多，甚至也引起了外国社会学家的注意，"对于那些对乡村问题感兴趣的学生来说，清河如同一个有意义有吸引力的实验室，它推动燕大更加重视乡村问题。"[161]值得注意的是，虽然当时全国上下都在从事乡村建设实验，清河实验区却有其特色，其利用燕京大学社会学系的独特优势，在社会调查基础上，从中国固有民俗与实地环境中找出改进农村社会工作的技术。时人曾专门指出该实验区的典型："以社会教育的方法为基础，用来发展农村经济及建设乡村卫生事宜。该区工作目标，是要在实验适合里，建立一个适当的实验场。他们所举办的事业，只求适合现有经济能力所可担负的程度，决不求若何铺张，并且根据本地民俗环境，找出合宜的社会控制技术。"[162]但清河实验区只能从表面上改变乡村面貌，不能从根本上挽救乡村困境，正如时人曾评价燕大的清河实验特点："少雄厚的行政的力量资助，无特殊的乡村建设哲学的信念。他们只是在表面上看出了中国乡村中几多欠缺的现象，然后从表面上从各方面加以改进。"[163]清河试验区工作虽然在北平沦陷后受到影响，但部分工作仍在进行，直到 1941 年底才停止。

此外，燕京大学在 1936 年 4 月还同清华大学、南开大学、金陵大学和中

---

160 《燕京大学社会学及社会服务学系 1931-1932 年年度报告》，《社会学界》1932 年第 6 卷，第 344 页。

161 Dwight W.Edwards, *Yenching University*, New York: United Board for Christian Higher Education in Asia, 1959, p.286.

162 苗俊长：《中国乡村建设鸟瞰》，《乡村改造》1937 年第 6 卷第 1 期，第 17 页。

163 孙晓村：《中国乡村建设运动估价》，《大众生活》1935 年第 1 卷第 4 期，第 94 页。

华平民教育促进会在北平组成华北农村建设协进会。该协进会下设教育、经济、农业、社会行政等各组，其中教育组、社会卫生组及农业组一部分之工作，以河北定县为研究训练区域，至于经济组、工程组、社会行政组及民政组之工作，则在山东济宁举办[164]，协进会经费则主要由美国的洛克菲勒基金提供支持。华北农村建设协进会的参加单位分别负责各自活动，燕京大学社会学学系、政治学系和教育学系参与了该进会的教育与社会行政方面的工作。当时华北农村建设协进会与济宁专属公署合作建立实验区，工作分民政、经济、农业、工程及社会行政五组，有各校教授指导研究，学生进行实习训练，在 1937 年初时有来自各大学的 40 名学生参加[165]。早在 1935 年秋，燕大社会学系教授张鸿钧任济宁汶上县县长，钱天佑任合作指导员，先从调查农村经济入手，筹备组织农村互助社。1936 年 7 月，燕大大批同学参加汶上研究及实习工作，颇极一时之盛。当时汶上实验也涉及了调查、教育、经济、戒毒等多方面工作，取得显著效果。在济宁实验区的社会行政方面，燕大学生实习地点较为广泛，如有济宁县政府秘书室、乡农学校、乡公所、村公所及其他社会事业之机关与团体；同时为学生开设家庭课程、农村建设课程，介绍农村建设之原理、农民生活实况等内容。[166]在该会所开展的乡村建设实验中，燕大教育系所担负的一项重要工作是举办乡村教育人才训练之事业，训练的对象则包括行政、研究以及普通领袖人员等。此外，燕大教育系还通过组织学校系统、开展社会教育，参与到河北定县乡村建设实验中。可以说，华北农村建设协进会的成立体现了各乡建机关的密切合作精神，燕大也发挥本身的资源优势，为协进会工作尽了应有之力。

### 3. 金陵大学的乡村建设

1930 年代，金陵大学的乡村建设颇有影响，在金大农学院的统筹规划下，与地方政府、其他团体密切合作，在全国各地开展了一系列的农业改良、乡村卫生改进、农业调查、农村合作等事宜，取得了积极成效。

（1）农业改良工作

金陵大学农林科 1930 年改称农学院，下设农业经济、农艺、植物、园艺、

---

164 《华北农村建设协进会训练研究委员会记录》，北平，1936 年，第 17-18 页。

165 徐雍舜：《由汶上而济宁》，《燕大友声》1937 年第 3 卷第 7 期，第 2 页；"North China Council for Rural Reconstuction", *Cheeloo Monthly Bulletin*, No.35, March 6th, 1937，无页码。

166 《华北农村建设协进会工作大纲：1936-1937 年度》，北平，1937 年，第 13 页。

森林、乡村教育及蚕桑共 7 个系，附属组织有农业经济系之棉业合作训练，乡村教育系之农业专修科，森林系之函授学校，蚕桑系之女子蚕桑职业班等。学院所辖农场还有农艺、园艺、森林、植物、病害等实验场及桑园、苗圃 1970 余亩。[167]农学院事业分研究、教学及推广三部，具体如下：

农业经济系分农业经济、农场管理、乡村社会及农业历史四组，开展各自研究调查工作。农艺系分农艺、农具及土壤三种，农艺组之改良种子涉及棉麦、玉蜀黍、高粱及大豆等，如在南京总试验场有小麦双恩号、9 号、26 号，特别是还有小麦 2905 号，较标准产量增高百分 56%。棉花实验已成功育有驯化美棉之脱字棉与爱字棉两种，在华棉中复育成百万华棉一种；玉蜀黍则有南京黄一种；大豆育有新品种 332 号，较标准产量增高 44.9%；大麦育种之结果，以裸麦 99 号产量为高，且富于抵抗黑穗病之能力。[168]该系积极在河北、山东、山西、陕西、江西、江苏、湖北及安徽等地推广改良种子，深受农民欢迎。如据 1932 年统计，推广小麦种子 22075 斤，棉子 11637 斤，玉蜀黍 1200 斤，且产量都高于之前本土种子，故广受好评。[169]再如 1936 年 10 月，南京社会局农村改进会为谋繁荣农村经济，推广改良品种，增加农业生产，特与农学院签订为期 3 年的合同，合作推广金大 2905 号小麦良种。[170]而且该系的土壤组曾举行三要素肥效试验，大豆饼与硫酸亚氮等量比较试验，各种油饼比较试验，稻田土壤地力测验。农具组之主要目的在设计制造适合中国农作使用之农具，已改良成功者计有轧花机、玉米棉花小米播种机、脱粒机、中耕器、耙、犁及大车等。该校的植物系分植物、植物病害及经济昆虫三组，进行各种植物病害研究；园艺系则注重果树分类、繁殖、育种及栽培之研究，注重园艺作物之育苗采种及推广；桑蚕系则致力于蚕品种及桑品种之比较试验。[171]金大农学院的农业改良推广也重视与国内外机构的合作，如曾与康奈尔大学、美国国家博物院、华洋义赈会、上海合众蚕桑改良会，及在宿州、徐州、开封、陕西、济南

---

167 《私立金陵大学农学院概况》，《乡村建设实验》第 2 集，中华书局，1935 年，第 109 页。

168 《私立金陵大学农学院概况》，《乡村建设实验》第 2 集，中华书局，1935 年，第 110 页。

169 《金陵大学农学院最近工作概况》，《农村复兴委员会公报》1933 年第 2 卷第 7 期，第 69 页。

170 张宪文主编：《金陵大学史》，南京大学出版社，2002 年，第 388 页。

171 《私立金陵大学农学院概况》，《乡村建设实验》第 2 集，中华书局，1935 年，第 111-113 页。

等地农场进行各种合作。[172]

（2）乡村卫生工作

金陵大学实验农村卫生工作，主要是设立农村卫生服务所，由该校附属鼓楼医院选派医学专家指导办理，工作为防疫注射、保健、戒毒等，并举行农民卫生运动宣传，提高农民的公共卫生意识。

金陵大学注重农村卫生教育实验工作，先后在金大乌江农村实验区、桥林、香泉、绰庙集、濮家集及和县等，分设农村卫生服务所 6 处。各服务所需用医药员，均由鼓楼医院施以严格训练，并派医学专家一人前往循环指导；各分所的卫生服务工作，包括农民疾疫治疗及改善乡村卫生，医治方面如各种染病，预防注射，产妇接生，沙眼诊疗及戒烟保健等，给予免费诊治；并印就《农村家庭简要卫生》《公众与个人简要卫生》《农村医浅识》等彩色标小册，挨户散发，以引起农民注意。此外，该校还在乌江禹塘附设农村工艺社、儿童商店，训练农民儿童制造象牙牌牙粉，供给农民购用藉以保持口腔清洁，注重卫生。[173]

该系还开展了乡村卫生调查。1932 年，内政部卫生署委托金陵大学农学院农业经济系，调查该署卫生实验范围内之乡村卫生与农民经济之关系，到 1937 年已调查者有江宁县属之汤山卫生实验区及杭县属之卫生实验区，为期虽短，调查材料却极为丰富，举凡家庭卫生情形与一村公共卫生状况，无不详为调查。至于农民致病之原因，亦于此项调查中查出真实情况。其他如农村一般医病情形、生产接生之习惯，与农民经济发生之影响，均加以调查。[174]

（3）农业调查工作

金大农学院农业经济系有调查研究的传统，自 1930 年后又继续各项农业、农村及农民相关问题调查，撰写成研究报告。如有乡村人口问题研究、中国农民食物消费研究、全国土壤调查、农佃制度研究、农村社会研究、农家簿记研究、农产物价研究、农民生活费用研究、农艺方式研究、中国农具研究、中国农民食物营养研究及农家田场经营调查等。该系还曾举行安徽、河北、江苏、山东等处之农村经济、农村社会及土壤分布，度量衡制度等调查，编有报告 26

172 之汶：《金陵大学农学院工作概况》，《乡村建设实验》第 1 集，中华书局，1934 年，第 99 页。

173 《金陵大学实验农村卫生工作》，《实业部月刊》1936 年第 1 卷第 4 期，第 111 页。

174 参见《金陵大学农学院农业经济系事业概况》，《统计月报》1937 年第 33 期，第 15 页。

种。受南京国民政府的委托，该系还举行江淮两流域 90 余县之水灾调查；该系还曾与太平洋国际学会合作，调查中国全部之土地利用问题。[175]

特别是该系还进行了河南、湖北、安徽、江西四省农村经济调查。当时四省频受天灾匪患，农村经济日形崩溃，国民政府为了解四省的农村经济及社会现状，寻求衰落的直接、间接原因以及此后农村改良的可能限度，确定复兴农村之适当对策起见，曾要求四省的农民银行开展农业调查。该行因缺乏技术与人才，故与金大农业经济系合作进行，由该行每年资助调查费 5 万元，以两年为期完成此项调查，后经拟定计划，编订预算后，从 1933 年 11 月开始启动调查工作。[176]此次调查分组办理，按实需要分农村金融农产运销、土地分类、农佃制度、农业特产、信用合作、农村组织等组。每组设调查专员一人或多人负责进行，采取抽样调查法，就各地之自然经济及社会状况每省分若干调查区域，再在各区域，选择一处或多处调查，以代表该区域之情形。各组调查之县数计：（1）农业金融组调查 39 县；（2）农产运销 63 县；（3）土地分类 34 县；（4）农佃制度 14 县；（5）信用合作组 32 县；（6）农业特产组 5 县；（7）农村组织组 10 县。[177]此外，农业经济系还曾编有《中国农村经济之研究》《中国各处乡村人口问题之研究》《中国农民生活程度之研究》及《中国农民食物之研究》等报告。[178]

（4）推动农村合作

基督教协进会赈灾委员会鉴于农村合作事业为复兴农村之关键，于 1932 年决议将贷赈收回之款，委托南京金陵大学农学院从 1932 年 11 月开始进行三年的农村合作事工以扶助农村之发展。1933 年 1 月，该院农村经济系开始实施该计划，工作范围包括湘、鄂、皖、赣、江、浙、鲁等 8 省，如湖南岳州区、湖北汉口区、九江孔垄区、南京江宁区、安徽怀远区、山东龙山区及山西永乐区等。该校利用水灾赈济后的余款，在这些实验区大力建设农村信用社，从 1933 年的 14 处，社员 551 人，股金 795 元，到 1935 年发展到合作社 54 处，社员

---

175 《私立金陵大学农学院概况》，《乡村建设实验》第 2 集，中华书局，1935 年，第 110 页。

176 《农业经济系调查四省农村经济》，《中华基督教教育季刊》1933 年第 9 卷第 4 期，第 106-107 页。

177 《金陵大学农学院农业经济系事业概况》，《统计月报》1937 年第 33 期，第 14 页。

178 《金陵大学农学院近况便检》，《农村复兴委员会公报》1934 年第 2 卷第 7 期，第 70 页。

1362 人，股金 4708.5 元。[179]该校通过信用社将款项贷与贫苦农民、购备农具种子等，推动农民生计改善。到 1936 年，上述 8 省中，教会农村服务区共有合作社 80 余所，社员 2000 余人，其中由教会担任经济供给者 58 社，余则由教会介绍其向各银行借款。教会对于各合作之管理与指导纯尽义务；各区计有合作社联合会 4 所，农民夜学校 36 所，农民男女学生 720 人。此外，尚有其他机所组织之合作社 625 所，社员 29200 余人，所集之股本计 32200 余元。[180]

（5）农业人才培养与训练

金陵大学的乡村教育系除在大学部开设教育课程，造就中等农业学校、乡村师范师资及乡村建设领导人才外，特于 1922 年开设农业专修科，造就乡村建设干部任用。该科教材专取实用，教学注重实习，在校期间工读并重，从 1928 年起改为两年学制，一年工读，一年实习，设有菜园、农场、果园、池沼、苗圃等工读实习地点，并购有养蜂、养鸡设备。[181]该科 1934 年冬还与南京市政府合作，开办毛制实验所。该系研究工作有江宁白治实验县、和县第二区乡村教育初步调查，全国中等农业职业学校及中国乡村师范毕业教学调查等，并编制报告。[182]

在农业人才训练上，1935 年，基督协进会鉴于农村合作事业的重要性，乃将已收回之一部份贷款，仍委托金大办理训练班，负责训练农村合作指导人员，以求将来指导农村合作专业。[183]基督教协进会当时委托农学院代办为期 5 年的训练班，办理方式系以"训练合作人才及试验合作方法"为目的。1936 年，农学院曾举办短期讲习会三次，第一次系于 4 月 2 日至 5 日在安徽和县张家集举行，参加者 98 人；第二次系于 5 月 1 日至 3 日在安徽香泉举行参加者 100 人；第三次系于 6 月 25 日至 27 日在江苏陶吴举行，参加者 40 人。各次讲习会所讲授课程有乡村合作概论、合作管理、合作簿记、乡村宗教及乡村卫生等科。该院还于 1936 年 7 月在南京举办合作讲习会，为期一个月，参加会员 40 人，代表九省之二十余机关，所授课程计有普通农业、农村问题、信

---

179 乔启明：《金陵大学推行农村合作事业之理论与实际》，《农林新报》1936 年第 13 卷第 28 期，第 786 页。

180 朱立德：《中华全国基督教协进会委托南京金陵大学农学院代办农村合作社三年来工作情形之一斑》，《中华基督教会年鉴》第 13 期，1936 年，第 160 页。

181 《私立金陵大学农学院概况》，南京，1932 年，第 143 页。

182 《私立金陵大学农学院概况》，《乡村建设实验》第 2 集，中华书局，1935 年，第 113 页。

183 《基督教协进会资助复兴农村事业》，《申报》1935 年 6 月 28 日，第 11 版。

用合作、生产合作运销及合作簿记等科，结果颇为圆满。[184]金陵大学还利用自身学科优势，与政府部门合作开办多个短期训练班，如有 1930 年的蚕桑讲习班、1933 年的农工训练班，1934 年的棉业人员合作训练班，1935 年的高级农业人员合作金融训练班，1936 年的农业经济技术人员训练班等。此外，金陵大学农学院为陕西籍学生 1933 年秋开设农业补习班，招生 40 人，陕西省政府补助五千元，并帮助改组了陕西的农业职业学校。[185]

（6）与社会机关的密切合作

金陵大学农学院因农业方面资源雄厚，加之社会需要，常与国内外各种团体办理各种合作事业。如该院曾与美康奈尔大学作育种系合作，由美遣派专家指导作物育种方法，美丝业公会、上海合众蚕桑改良会、无锡民丰模范丝厂与该院合作改良蚕丝；北平华洋义赈会委托该校办理信用合作社；江苏农矿厅、山东省建设厅、安徽省建设厅与该院合作改良果树品种，推广改良小麦及碳酸铜粉；江苏省银行与该院乌江农业推广区合作办理粮食蓄押借款；定县中华平民教育促进会与该院合作改良定县农业问题；中国文化基金委员会资助该院研究作物育种及病害防除工作；齐鲁大学、通县潞河中学则与该院合作办理农业推广；国防设计委员会资助该院办理农业改进工作。此外，与该院合作办理作物改良场者有齐鲁大学、江苏省建设厅、宿州长老会农事部、山西太谷铭贤学校、定县平民教育会、河南、湖北、安徽、江西四省的农民银行；该院合作办理的区域试验合作场，则有常州、武进、东仓桥农业推广所、武昌金口国营农场、黄墟农村改良区、黄渡省立乡村师范学校及苏州省立第二农场学校。该院还在数处设立作物合作改良会及种子中心区，另在河南开封，陕西泾阳，安徽和县及北平燕京大学等地设立农事试验分场。[186]1936 年，金陵大学还同燕京大学、南开大学等合作成立了华北农村建设协进会，并由该校农学院负责其中的农业工作，主要派学生到山东济宁实验区进行暑期实习，开展农业调查、农业改良，农业教学与推广工作。[187]

---

184 《金陵大学农学院代办农村合作事业》，《中华全国基督教协进会第十一届大会报告》，上海，1937 年，第 78-79 页。

185 《金陵大学》，《中华基督教教育季刊》1933 年第 9 卷第 4 期，第 104 页。

186 参见《私立金陵大学农学院概况》，《乡村建设实验》第 2 集，中华书局，1935 年，第 114 页。

187 章元玮、张毓麟:《华北农村建设协进会与金陵大学农业专修科》，《金大农讯专刊》1937 年春季号，第 103-105 页。

### （7）乌江农业推广实验区

金陵大学农学院早在 1923 年即开始在盛产棉花的乌江地区进行棉种推广工作，但成效不大。1930 年 9 月，中央农业推广委员会决定和金陵大学农学院合作创办乌江农业推广实验区，该区之技术实施及采办改良种子，推广材料等由金陵大学农学院担任，该区指导主任及各指导员由金陵大学农学院提名后，经该委员会核准任用。[188]中央农业推广委员会提供了 4 千元的开办经费及日常运营费用，金大则提供服务人员，并派农学院教师周明懿为该实验区主任。

实验区以乌江区域为中心，以安徽和县及江苏省江浦之 13 个乡为范围，其中和县管辖有 8 乡，江浦管辖有 5 乡。1931 年九一八事变后，中央农业推广委员会停拨了该区日常经费，金陵大学被迫从 1932 年 4 月开始先行垫付运营经费，并由邵仲香担任实验区主任。1934 年春，实验区又与安徽和县政府合作，签订为期 3 年的合同，"由县政府划定和县第二区为实验区，实验区之范围因而扩大，并组织和县第二区乡村建设委员会，主持并计划该区乡村建设工作。"[189]该合作计划确定后，实验区还通过中央农业推广委员会咨行安徽省政府转饬和县政府圈定乌江官有荒地 2000 亩，扩充乌江农会，推广实验区农场面积，以利推广。该提议获得实业部的批准，和县政府也派员划定了荒地范围。[190]当时金陵大学农学院除派有临时指导外，还设有常期指导，一是实验区的常设指导员，一是金大农学院各系负责指导专责的指导员；常设指导员是负有指导农民调查、开会，以及对某一件事解决方法等责任；至于金大农学院各系的指导者，大半是属于农事方面的。[191]

该实验区设立目的为推广优良之作物及牲畜品种和最新之耕种方法，使农民改进农业生产，并增加农家收益；第二为实验农村建设之方法，以培养当地领袖，利用当地经济，求自力更生为原则，以组织农会合作社及妇女会等为手段；第三为训练大学生，使其明了农村及农业之实况，以作将来复兴农业，建设农村之准备。[192]该区行政权由金大农学院主持，区内社总干事一人，最初

188 《中央农业推广委员会乌江农业推广实验区与金陵大学农学院合作办法大纲》，
　　《农业推广》1931 年第 3 期，第 11-12 页。

189 章之汶：《介绍乌江农业推广实验区》，《经世》1937 年第 1 卷第 9 期，第 23 页。

190 《令中央农业推广委员会》，《实业公报》1934 年第 193 期，第 12 页。

191 罗子为：《介绍一个服务乡村的团体：乌江农业推广实验区（续）》，《乡村建设》
　　1934 年第 3 卷第 29 期，第 11 页。

192 《乌江实验区的今昔》，《农业推广通讯》1946 年第 8 卷第 11 期，第 26 页。

设立总务股、农村经济股、农村教育股及农村社会股。1934 年开始设总务、教育、生产、社会、经济、卫生及政治组，各组有干事一人，助理员、办事员及练习生数人。[193]实验区的附属机构有农民医院，轧花机厂，民众学校，合作社联合会，私立乌江小学等。[194]各组有规定的工作范围，如总务组主持全区行政事项，如文书、事务、会计、统计及交际等；生产组下设农艺部，办理纯种场区域试验及种子检定，下设的森林部及园艺部则办理各种改良苗木推广及栽培等；经济组下有合作社，办理乡民贷款；卫生组择下设农民医院；教育组则指导农民小学；社会组下有农会组织。[195]1934 年 11 月，金大对政治工作方针变化，又取消政治组，将其活动合并于社会组。1937 年抗战全面爆发后，金陵大学准备西迁四川，实验区各职员结束工作，仅留总干事李洁斋留守，看守实验区产业。

乌江实验区在经过前期调查，了解农村现状基础上，制定了完整的推广计划，涉及农村经济、教育、卫生、社会等诸多方面，围绕增加农业生产，改善农村经济，提高农民文化，促进农村组织四方面开展工作。正如金大农学院教师章之汶所言，"广义农业之推广非仅就改良种子及种植法之推广，实为各种改善农民生活善良方法之推广，生活为经济、教育、政治、卫生、社会等多种活动之积累。"[196]实验区工作按照计划循序渐进，"从经济工作着手，继之以医药，组织（农会）、教育等，故易取得乡人信任。"[197]实验区开展的各项工作也起到互相促进作用，"乌江初期之推广，深觉困难滋多，乃从事设立学校，备药治病等工作，及此项事业成功，又能间接坚决农民引种美棉之心，其中实含有相互循环之理在。"[198]

在经济改良方面，该区经济组主要工作为流通长江农村金融及健全农民经济之组织，组织信用合作社。信用社自 1931 年长江水灾后开办，由上海商业储蓄银行供款，自该年 7 月至 9 月仅有 2 个合作社，九一八事变后停办多

193 章之汶：《介绍乌江农业推广实验区》，《经世》1937 年第 1 卷第 9 期，第 24 页。

194 《中央农业推广委员会及金陵大学农学院合办乌江农业推广会实验区》，《农业推广》1935 年第 8 期，第 27 页。

195 《乌江实验区经济组自立》，《农林新报》1936 年第 13 卷第 6 期，第 163 页。

196 章之汶：《介绍一个农业推广实验区——乌江》，《大公报》1935 年 2 月 10 日，第 9 版。

197 《中央农业推广委员会及金陵大学农学院合办乌江农业推广会实验区》，《农业推广》1935 年第 8 期，第 28 页。

198 蒋杰编：《乌江乡村建设研究》，南京朝报印刷所，1935 年，第 362 页。

时，1932 年 2 月继续，不断扩大，1932 年已有 11 个社，社员数 193 人，放款 13400 元。[199]社员自 10 人至数十人不等，每社员以贷款 10 元为限，但经营特别生产事业者须经严密审查认可，亦可多借。借款以一年为限，无论何时贷款，均须秋季收获后偿还。利率 1.5 厘，上海银行取 1 分，5 厘充社务用。[200]该区还成立养鱼合作社，1934 年有社员 80 人，养鱼池设七星湖，面积 4000 余亩，已投放鱼秧五万余条；灌输合作社 1930 年成立，1934 年社员 13 人，还由上海银行出借 1300 元购置 12 匹马力引擎 1 具，打水筒 3 节，小船 1 只。[201]到 1935 年，区内有信用合作社 33 所，贷款 5 万元，社员 707 人，生产合作社 1 所，贷款 260 元，社员 53 人，运销合作社 1 所，贷款 4 千元，社员 440 人。[202]各合作社共同组织一合作社联合会，经营押汇、保险、种田会、耕牛会、粮食抵押、农家簿记、鸡蛋储蓄会，并举办货物进出口调查登记。此外，该区还重视植树造林。造林运动则是在 1931 年，1932 年各举行 1 次，共推广树苗 40 万株，苗木有马尾松、刺槐、乌桕及麻粟等。区内有森林苗圃 2.4 亩，种植马尾松、乌日皂夹等，该种苗木全部推广于乌江霸土庙等处荒川，连牛悉栽植苗木。灾荒救治措施则有：购置车水机，举办农业仓库，种田会等。[203]

乌江为产棉区，为防止棉商操纵市价，为此该实验区 1933 年开始办理棉化运销合作社，1933 至 1934 年运销 272 担，到 1936 至 1937 年运销 3067 担。[204]1936 年时，该区运销合作社已有社员 400 余人，生产过程为：棉种是实验区生产组推广的爱字棉，种植后并由生产组举行田间检查工作，以便去劣除害，而防棉种之退化，检查后给予检查合格证，方有享受运销合作之权利。运销过程首由社员将籽花送到实验区之花厂内，先经等级之检定，再用机器轧成皮花，每轧皮花一担，收手续费 1.2 元。社员皮花轧成后交与运社，委托运销。棉运社于收到皮花后，即按等包装，每包 200 斤，由民船先运南京再转上海，

199 章之汶：《介绍乌江农业推广实验区》，《经世》1937 年第 1 卷第 9 期，第 24 页。

200 林绍忠：《乌江农业推广实验区参观记》，《群言》1934 年第 11 卷第 4 期，第 16 页。

201 姜和、王倜：《乌江农业推广实验区印象记》，《教育与民众》1934 年第 5 卷第 7 期，第 1346 页。

202 《中央农业推广委员会及金陵大学农学院合办乌江农业推广会实验区》，《农业推广》1935 年第 8 期，第 27 页。

203 《安徽和县乌江乡村建设事业概况》，《农村复兴委员会公报》1934 年第 2 卷第 3 期，第 279 页。

204 章之汶：《介绍乌江农业推广实验区》，《经世》1937 年第 1 卷第 9 期，第 24 页。

再委托全国棉花产销合作社代卖。在经营效益上，到 1936 年该区计运销爱字棉与普字棉（本地土棉）共约 20 余万斤，爱字棉最高得 56 元，普字棉最高价 42 元，运销过程中一切费用，均极度节省，棉农所得利益，较往时零星售卖于商人之手者，每包多得洋 2 至 3 元。[205]合作社联合会复营他业务，代办汇兑、耕牛及他种保险，组织种田会及耕牛会，办理粮食抵押、鸡蛋储蓄及现金储蓄等，指导农民采用新式簿记以作农场经营改进之账本，另为农民举办合作社知识的训练。

在农业改良上，实验区内有试验地及良种繁殖场共 351 亩，计分森林苗圃、园艺苗圃、水稻试验地、大豆试验地、白麻试验地及爱字棉繁殖区 329 亩。区内有轧花厂一个，代农民轧花打包。[206]该区生产组之主要目的，在选择并繁殖优良子，以推广于农民，故有农场 360 亩，生产棉花、小麦、玉蜀黍、西瓜、葡萄、山芋等，供各种作物之就实验。[207]该区的改良小麦较乌江小麦每亩产量增加 20-40%，故在推广年年增进，1931 至 1932 年种植量有 7890 斤，共 481.3 亩，到 1936 至 1937 年达到 31011 斤，共 3783 亩。乌江改良农作物种籽的推广方法采用地方纯种主义，以该区农场中心，向四方推广，以最优良之种籽分布于最近农场之地，较大者依次远散，农民领袖换种，须守预定计划。[208]当时美棉种子受到农民欢迎，因为纱厂欢迎美棉，每担较本地棉花增价 7 元，导致种子供不应求，故试验区 1933 年特开棉场 150 亩，专为繁殖棉种之用。1933 年度推广棉籽 25257 斤，推广范围涉及 110 村，用户计 249 户。[209]

该区还重视农业研究及展览。如 1931 年 3 月 5 日，举行新春农业研究会三日，各村村民、领袖 80 余人参加，专门探讨农业问题。1934 年 10 月，该区用展览会方法来提倡农业，先邀集乌江联保长及小学教职员共同筹备宣传，分治安、宣传、指导、纠察、陈列、品评、布置、招待、游艺、文牍、庶务、收发、卫生等 13 股。会期三日，参观人数 2.2 万人以上，照片有稻类、小麦

---

205 参见黄崑：《参观乌江农业推广实验区纪》，《农业周报》1936 年第 5 卷第 12 期，第 272 页。

206 《中央农业推广委员会及金陵大学农学院合办乌江农业推广会实验区》，《农业推广》1935 年第 8 期，第 27 页。

207 章之汶：《介绍乌江农业推广实验区》，《经世》1937 年第 1 卷第 9 期，第 24 页。

208 章之汶：《介绍乌江农业推广实验区》，第 27 页。

209 孙友农：《安徽和县乌江农业乡村事业概况》，《乡村建设实验》第 1 集，中华书局，1934 年，第 105 页；《中央农业推广委员会及金陵大学农学院合办乌江农业推广会实验区》，《农业推广》1935 年第 8 期，第 27 页。

类、芝麻、棉花、豆类、瓜果、蔬菜、手工、家庭副业、家畜、农具、教育品等。[210]1935 年 10 月 5 日，该区举行第二届展览会，征集区内农民产品展览，同时表演游艺，使农民于切磋观摩之余，兼可获得正常娱乐机会，并放映"农人之春"。[211]第三届展览会 1936 年 11 月 1 日至 3 日再次举行，吸引了附近民众广泛参与。

在农民训练上，该区的农民训练班 1932 年冬开始办理，为期一月，宗旨在灌输实用知识，改善农村生活及训练农村领袖，资格要粗识文字，年龄要 15 岁以上，30 岁以下，课程有党义、合作原理、法律、政治概论、算法、应用文、家政、史地、农村问题、自然、演说、园艺、农场簿记、体操、音乐等，修业期限一个月，上课时间为白天，共有学生 40 余人。[212]此后，此类训练都继续开办。1933 至 1934 年经受培训的农民领袖与合作训练有 228 人，1935 至 1936 年在夜校进行领袖与合作训练达到 1311 人。[213]

在教育改良上，该区教育组工作着手较迟，因当地教育落后，故对于区内公私小学，首先予以辅导。由该区主持之禹塘农村小学，则采取自给办法，一方面借庙产兴学，努力进行 30 亩田地的生产，以作常年经费；又由学童自办派报所，以其所得报酬，允作学校每月办公费用。在社会教育方面，该区社会有儿童四进团，目的在给当地儿童及青年以手脑身心之健全训练，1935 年曾招得团员 76 人，多为镇上失学儿童，但很多预定工作未能如期组织。[214]该区还购置小学文库及各种儿物若干部，组织儿童读书会，以作补充教学，每日借书儿童，平均在四十人以上。冬季时节开办民众夜校，予农民以相当教育，且可多与农民接触，深知其问题所在。[215]为减少区内文盲，该区农民夜校在 1931 年时，曾办 13 所，学生 150 人，科目有识字、应用文、常识等。[216]1935 年时，

210 朱轶士：《乌江农业推广实验区概况》，《农行月刊》1936 年第 3 卷第 7 期，第 58 页。

211 《乌江实验区明举行农展》，《南京日报》1935 年 10 月 4 日，第 6 版。

212 姜和、王倜：《乌江农业推广实验区印象记》，《教育与民众》1934 年第 5 卷第 7 期，第 1349 页。

213 章之汶：《介绍乌江农业推广实验区》，《经世》1937 年第 1 卷第 9 期，第 30 页。

214 马鸣琴：《乌江农业推广实验区工作报告》，《乡村建设实验》第 3 集，中华书局，1937 年，第 521 页。

215 章之汶：《介绍乌江农业推广实验区》，《经世》1937 年第 1 卷第 9 期，第 27-28 页。

216 姜和、王倜：《乌江农业推广实验区印象记》，《教育与民众》1934 年第 5 卷第 7 期，第 1349 页。

区内有民众学校 3 所，并举办塾师讲习会、农民领袖讲习会及巡回演讲团，内有农村小学 1 所。[217]针对乡村妇女愚昧现状，1931 年 1 月 13 日，举行母姐话谈会，到会妇女 30 余人，进行演讲鼓励各妇女应与小学时常联络并注重家庭教育，后举行游戏。[218]另在家政指导上，区内有女指导员 1 人，办理人事登记及指导家政工作。

在卫生改良方面，卫生组为农民预防疾病及诊疗，同时推行社会与学校之卫生运动。1934 年，与南京鼓楼医院合作，在该区创设乌江农民医院，除在区公所设一分诊所外，并于附近村庄分设医药服务处 24 所。其中，诊所 1931 至 1932 年受诊人数 1083 人，1933 至 1934 年为 9508 人，1935 至 1936 年增加到 4 个诊疗所，人数 65047 人。[219]卫生组在解除农民疾病痛苦方面有住院治疗、游行治疗，门诊治疗；预防农民传染疾病有种痘、预防注射、灭蚊蝇、提倡街道清洁、饮水清洁；灌输农民卫生常识，有卫生演讲、卫生标语、幻灯、卫生画片；学校卫生方面有身体检查，卫生演讲及疾病治疗等工作。

在社会组织改良上，社会组以辅导农会组织为工作重心。农会以促使农民相互团结，谋农民本身利益发展为宗旨，由社组干事兼任农会指导，监督一切会务进行。该区组织的农会 1931 年 10 月成立，地域范围涉及 250 个村庄，会员初为 50 人，1933 年夏时有会员 586 人，加入原因多为避免官方压迫，减少苛捐杂税，会员中地主 5%，半地主 15%，自耕农 40%，半自耕农 25%，佃农 15%[220]，为该区事业中最有声有色的活动。该会旨在解除农民的疼苦，凡政府或土劣有压迫农民时，该会即代为申诉抗争，力图解除痛苦；减少农民负担，为合作完粮，农民分别向政府完粮，每亩须纳税洋 7 元，若由农会合作向政府完粮，每亩只须纳税洋 4.8 元；办理公益事业，有民众诊疗所、小学一所。[221]农会还办理区政事宜，如人事登记、户口调查、编练壮丁及修筑圩堤，到 1937 年初已发展到会员 1400 人。此外，该组还组织壮丁成立自卫手枪队，每夜轮

217 《中央农业推广委员会及金陵大学农学院合办乌江农业推广会实验区》，《农业推广》1935 年第 8 期，第 27 页。

218 孙友农：《再志乌江农业推广实验区进行状况》，《农林新报》1931 年第 8 卷第 4 期，第 62 页。

219 章之汶：《介绍乌江农业推广实验区》，《经世》1937 年第 1 卷第 9 期，第 28 页。

220 孙友农：《安徽和县乌江农业乡村事业概况》，《乡村建设实验》第 1 集，中华书局，1934 年，第 112-113 页。

221 姜和、王倘：《乌江农业推广实验区印象记》，《教育与民众》1934 年第 5 卷第 7 期，第 1351 页。

流放哨，维持社会治安。[222]但乌江农会问题在于其系农民团体而非自治组织，对于乡村事业并无法律可据，故农会地位仅为乡镇公所外之一协议团体，而非执行机关，若政府欲取缔，则农会必解散。[223]

实验区还重视调解纠纷。每年春冬两季，农民之纠纷踵起，其中以追租、追欠为最多，拐带、口舌、水利次之，老实农民大都赴该区请求调解或息讼。该区都尽量为之解纷，农民对其极为信任。另该区以办理农民运动为主旨，故对于土地陈报事项，乐于协助宣传，并与县政府合作，乃协助乌江联保 77、78、84 各保绘制垸形图。[224]此外，该区还记录农村大事记，每问题分事由、经过、结果、意见四项，极为详尽。

乌江实验区工作也得到国内机关的大力支持，如全国经济委员会棉业统制委员会曾资助实验区推广美棉，中央棉业改进所津贴棉籽繁殖地 5000 元，并拨经常费 1000 余元；中央农业实验所帮助实验区在乌江进行农家簿记与货物进出登记，并津贴农家簿记员与货物进出登记员薪金，每月 32 元；与和县县政府在政治方面完全合作，来复会借用房基建修筑医院用房 2 幢；鼓楼医院特派医生 1 名，指导卫生医药工作；与中央气象台合作测候工作；上海商业储蓄银行则在该区进行农村放贷工作。[225]实验区成立之初，民众不无怀疑，虽商同当地团体与各农村领袖等多方解释，怀疑造谣者仍复不少，故实验区 1931 年 2 月呈请中央农业推广委员会请内政、教育、实业部等令安徽、江苏两省政府分饬和县、江浦县政府予以协助，并请出示保护，以利农业推广工作进行，获得两省政府支持。[226]该区政治组还与县政府合作，政治组干事曾担任和县第二区区长，到 1934 年 11 月因金大改变方针而中止。时人对该实验区与政府合作也曾称："乡村建设运动，本不应含有政治色彩，惟在国事未上轨道之前，可以政治力量与乡建事业打成一片，使前者负非自破坏入手不可之工作，而后者得以从容建设，以收交互裨益之效。此项试验在乌江已有相当成功。"[227]

乌江实验区推广活动进行了精心的安排，并事先组织了社会调查，涉及该

222 章之汶：《介绍乌江农业推广实验区》，《经世》1937 年第 1 卷第 9 期，第 29 页。

223 蒋杰编：《乌江乡村建设研究》，南京朝报印刷所，1935 年，第 159 页，158 页。

224 朱轶士：《乌江农业推广实验区概况》，《农行月刊》1936 年第 3 卷第 7 期，第 58 页。

225 马鸣琴：《乌江农业推广实验区工作报告》，《乡村建设实验》第 3 集，中华书局，1937 年，第 521 页。

226 《饬令协助乌江农业推广实验区》，《江苏省政府公报》1931 年第 704 期，第 8 页。

227 蒋杰编：《乌江乡村建设研究》，第 363-364 页。

区之人口、土地、农业、商业、手工业、经济、教育、风俗习惯及农家生活，便于切实了解当地农民、农村及农业问题，其各项推广活动都对症下药，做到有的放矢。实验区当时首先了解探寻当地社会情况，组织社会调查，下乡问俗是工作人员的第一步：如探询地方风土习俗，以免举动失措，引起乡人们发生不好的印象；探询社会上各种恶势力黑暗的情事，以为着手时的准备；探询乌江工商业情形，以推测社会经济的一般情况。[228]实验区还因地制宜，注重联络农民感情，特别重视接近乡村领袖的作用，通过乡村领袖的示范引导来获取农民信任支持。因为"乡村领袖的见闻较足不出户的农民要广博，对事情的看法，自然深刻，因之也较易接受外来的意见，又唯其在乡村里常为众人所拥代，影响的作用较大，所以接近他们，是到乡村里的最好引线。"[229]对此，也有人士在参观实验区后提及："对于乡村领袖宜物色而任用之，因为乡村领袖对于我们可以作良好的向导，便于计划及进行一切，而且易得农民的信仰，使事业之效率增大。"[230]乌江实验区在开办过程中，即曾得到当地热心领袖范管臣的支持。

乌江实验区的推广活动设计还从当地农民最迫切的需要出发，因为只有了解农民心理，获得农民好感，农民才会响应支持，"盖介绍一种新事物在求发生多量之反应，此项反应之由来，即根据农民心理上之累积"[231]。正如金陵大学农学院院长章之汶根据乌江经验总结指出："农民于加入运销合作社并与银行办事处发生业务关系之后，则自觉急需阅读和写作因而衷心学习。倘若某一识字班孤立地举办于乡村而仅只为了扫除文盲，则鲜能成功。"[232]时人在参观后，还认为该实验区"依环境之变迁，农民之需要，而随时增删其事业之种类与范围，亦系适应潮流之良好实例；以极省之金钱，办理范围较大而切重实际之事业，可供其他乡建机关之参考。"[233]

228 许莹涟等编：《全国乡村建设运动概况》，山东乡村建设研究院出版股，1935 年，第 715 页。

229 罗子为：《介绍一个服务乡村的团体：乌江农业推广实验区（续）》，《乡村建设》1934 年第 3 卷第 29 期，第 10 页。

230 林绍忠：《乌江农业推广实验区参观记》，《群言》1934 年第 11 卷第 4 期，第 17 页。

231 蒋杰：《乌江农业推广实施访问》，《中央日报》1934 年 10 月 24 日，第 10 版。

232 章之汶著，吕学仪译：《迈进中的亚洲农村》，台湾商务印书馆，1976 年，第 332 页。

233 蒋杰编：《乌江乡村建设研究》，第 342 页。

乌江实验区的发展历程，经历由代办再到合办，最后达于自办。该区事业规划即按照此方向迈进，故各部均尽量招收当地知识份子充任练习生，以备将来实验区托付当地人自办。自 1936 年起，该区之经济组、卫生组、社会组等，均已先后完全经济自立。[234]实验区在经费有限的情况下，对实验区未来计划做了统筹布置。"各项事业进行时，力求经费之搏节，故易达以有限之人才，与少数之财力，获得一较大效果之鹄的；本身力有未逮之事业，设法与其他机关取得联络，以求工作效率之增加；该区以农民为对象，处处抱定乡建事业应由地方人士接办之意念，则来日或可避免钱了事了之通病。"[235]这也是实验区可以保持长期稳定运转的必由之路。

从当地对实验区的反应看，已有很多民众对该区工作表示了肯定。如 1934 年 9 月，曾有工作人员对乌江实验区的 49 名农民对实验区的观感进行调查，其中有 23 人称实验区极佳、17 人称良好，9 人称尚可；对于未来的希望，则是 33 人希望供给多量金钱，26 人希望供给多量种籽。[236]针对时人认为中国的乡村改进区和社教机关是"赔钱货"的说法，实验区主任邵仲香利用 1933 年乌江实验区的收支进行驳斥，认为该区投入 3000 元，收入却达到 13000 元，如改良爱字棉种收入 3700 元，改良 26 号小麦种收入 1200 元，植树造林收入 1 千元，合作社事业收入 4000 元，粮食抵押收入 2315 元，农产运销收入 753 元等。[237]可以说，实验区的种种推广活动也给当地民众带来了实际的效益，金大农学院教师周明懿曾称："今日乌江农民因受他们指导影响所得到的利益，单以经济来论，每年要在 3 万元以上"。[238]

当时实验区工作在开展过程中，也遇到颇多困难阻扰。如实验区人员曾感叹作乡村运动的困难，即：农民的怀疑心太大，而且顽固守旧；遭遇的敌人太大，自贪官污吏而至土豪劣绅，无时不想方设法破坏我们或阻挠我们的进行。[239]也有调查乌江实验区工作的人员对该区遇到的困难总结称：缺乏政府经费的支持；与当地行政机关合作困难，且其法令不一；乌江民众缺乏训练，劣绅

---

234 章之汶：《介绍乌江农业推广实验区》，《经世》1937 年第 1 卷第 9 期，第 32 页。

235 蒋杰编：《乌江乡村建设研究》，第 344 页。

236 蒋杰编：《乌江乡村建设研究》，159 页，164 页。

237 邵仲香：《乌江农业推广实验区是赔钱货？》，《农林新报》1934 年第 11 卷第 1 期，第 17 页。

238 若虚：《从乌江农业推广实验区归来》，《新闻报》1934 年 5 月 18 日，第 15 版。

239 林绍忠：《乌江农业推广实验区参观记》，《群言》1934 年第 11 卷第 4 期，第 17 页。

从事破坏，帮会势力阻碍建设等。[240]特别对农民观念守旧而影响推广问题，有参观实验区的时人称："我国农民，知识浅薄，性喜守旧，指导改良，殊非易事，加以当地土豪劣绅，更不愿青年加入农村工作，以减少其收括农民利益之机会，故常设法破坏。"[241]特别是对于当时农民对于农作物推广实验的不信任，金大农业推广班参观实验区后发表感想称：作农业推广，须视察农民心理，变化其推广方法，并避徒事空言。例如推广爱字棉，初用演讲的方法推广，见成绩不佳，后知农民的怀疑心太大，便改用结果示范的方法，以坚农民的信心，后来便很顺利了。[242]实验区人员也看到推广种籽的不易称："再牢守旧法的中国农民，要想使他们突然抛弃原来的种籽，而使用经过试验的种籽，直比登天还难；任你说的是如何好妙，他们是胸有成竹的不接受；除非他们亲眼看见过这新种籽的结实，才能理会相信。"[243]

当然乌江实验区的工作也存在一些不足。如蒋杰在调查后，曾对此进行了深入分析指出：实验区缺乏具体的长远计划，未能充分发动地方人士接办，而且区内用于教育事业之经费过少，因之其功能亦随之减低；所有工作均偏重男子方面，妇女及儿童工作颇形欠缺；实验区领导之农民组织，加入者每有不明其真谛所在，尤以牢守农会系帮助农民诉讼之观点最劣，此或因宣传效率尚未达到普遍地步之故。[244]加之该实验区由于经费、人员等不足，工作精力有限，对于当时农村中普遍存在的政治之腐败，土豪劣绅之剥削，盗贼之隐患，妇女青年之训练等问题，尚未顾及。[245]该实验区最大困难为经费无长期稳定的来源，多依靠金陵大学农学院艰难维持，即使"同和县政府合作后，区域范围加大，而经费不增，欲求速效，自感困难。"[246]此外，乌江地区经常发生的匪患、水灾等天灾人祸也对实验区活动造成了严重影响。

金陵大学农学院设立乌江实验区最初目的在于推广优良种棉，谋求农业

---

240 蒋杰：《乌江乡村工作人员经验谈》，《中央日报》1934 年 10 月 31 日，第 10 版。

241 蒋仁：《乌江农业实验区参观记》，《农林新报》1933 年第 10 卷第 3 期，第 60 页。

242 林绍忠：《乌江农业推广实验区参观记》，《群言》1934 年第 11 卷第 4 期，第 17 页。

243 罗子为：《介绍一个服务乡村的团体：乌江农业推广实验区（续）》，《乡村建设》1934 年第 3 卷第 29 期，第 8 页。

244 蒋杰编：《乌江乡村建设研究》，南京朝报印刷所，1935 年，第 344 页。

245 周明懿：《谈谈乌江农业推广事业》，《农林新报》1934 年第 11 卷第 30-31 合期，第 635 页。

246 《中央农业推广委员会及金陵大学农学院合办乌江农业推广会实验区》，《农业推广》1935 年第 8 期，第 28 页。

生产增加，后随之中央农业推广委员会的合作，开始了在实验区进行农村经济、教育、卫生、社会等方面的大规模改革，取得了不错的成效，成为1930年乡村建设运动中的代表性乡村实验区。而且该实验区利用金陵大学农学院的资源优势，充分运用了教学、科研、推广"三位一体"的农业教育模式，传播了西方现代的农业科学技术及知识，起到了沟通中西农业桥梁的作用。罗子为曾对此称："乌江实验区的性质，并不是一个单纯的新式农业机关，而是纯站在社会运动立场上来服务乡村而有志乡建事业者所结成的一乡运团体。它是一面将外界的新智识，新生产技术方法输进到内地乡村里来，而一面是将内地乡村里许多的实际问题搬到外界去，乡村是它的原料出产地。它便是这样一个沟通实际问题与研究机关的一座桥梁。"[247]乌江实验区在民国众多乡村实验区中有其特殊之处，其主要特点是一切事业之推广，"均由农会领导农民参加及支持，故各种乡村建设工作颇具成绩，对于农村领袖之训练及地方匪患之防范，尤具最大成效。"[248]时人参观后对该实验区给予高度评价，曾感叹称："救国之根本方法，宜先救济农民，现今各处之农村改进运动，固属良举，然宜用最经济之办法，从事改进。乌江实验区之过去种种，诚足为吾人法也。"[249]

### 4. 福建协和学院的乡村实验

当时福建协和学院对农村服务工作颇为重视。该校有农地、林场，特别还设有农场，分试验、实习两种，试验场专供谷种、蚕丝、鸡种、蜂种等农作物及畜种改良试验之用，实习场则供学生设计实习之用。[250]该校农村服务委员会于1934年成立，主其事者陈希教授以闽侯县之仙峰乡牛田、山兜、洋裏三村设立实验区，促进农民自动组织各种团体工作。实验区工作分教育、生计、卫生三股，由协大学生与当地人士合力进行。在造林实验方面，选择树苗培植实验，开展造林宣传工作；农业实验方面有谷种选择、农作业害虫研究、养鸡试验、养蜂试验、蚕丝改良之各种工作。该校农场栽种果蔬、花草等，从事农艺

247 罗子为：《介绍一个服务乡村的团体：乌江农业推广实验区》，《乡村建设》1934年第3卷第28期，第11页。

248 崔毓俊、辛润棠：《筹办安徽和县乌江农业实验农会农民福利社计划草案》，《农林新报》1946年第23卷第10-18期，第16页。

249 蒋仁：《乌江农业实验区参观记》，《农林新报》1933年第10卷第3期，第60页。

250 私立福建协和学院：《私立福建协和学院农学系、农村经济学系概况》，福州，1936年，第4页。

试验。此外，该校还组织科学推广队向附近乡村宣传，并从事指导农民，改良耕种及园艺各项工作。该委员会教育股则设立小学、民众学校、民众阅报所、妇女工学处、青年励志社及有关提倡爱国，有益身心之娱乐团，并组织灌输知识之科学讲演等。生产股如改良农事造林及农产副业，指导各种合作制度与乡村工业。卫生股如清洁运动，卫生讲演，指导儿童保养法，提倡体育运动，设诊疗所等。[251]

福州五里亭农村服务部原为福州协和中学举办，1935 年由福建省政府接办，后由福建教育厅、建设厅在同年 9 月委托福建协和学院主办。五里亭服务部以改良农产，提倡副业，推广社教，改善农民生活为宗旨，办理民众学校、女子保健训练、产婆训练、娱乐、养鸡、种麦改良猪种等各种工作。[252]该服务部设社教、生产两股，对农民教育、生活皆能兼顾。服务部之工作以改良农艺并推进社会教育为宗旨，由生产股，社会教育股负责施行。该部努力训练农民授予实际农艺常识，设养鸡场、猪场及谷种之展览，一方面用表证方法，使农民形成对于科学的信仰；一面把优良的猪种、鸡种及谷种推广到农家，另设立儿童养鸡工学团。社会教育股则提倡团体道德，设女子保健班、产妇训练班、四进团、儿童书馆、民众夜学校及小规模之民教育馆等，并公映电影，表演新剧，举行婴儿健康比赛，庆祝 4 月 4 日儿童节。该实验区经费的来源系福省建设厅拨款 250 元，教育厅拨款 100 元，工作人员努力以最少金钱取较大的效果。[253]福建协和学院 1936 年秋还成立农学及农业经济系，培养农村改进人员、农业技术人员、农业行政人员与推广人员等农业专门人才[254]，另还设有专门的农村服务训练课程。此外，该校学生还组织了农村改进同志会，多次到学校附近农村表演话剧及通俗演讲。

此外，在其他教会大学方面，岭南大学设有农学院，分畜牧学、园艺学、农艺学、植物病理及蚕丝学系，开办农场，培育畜产、蔬菜、果树、花卉及树苗，尤以牛乳产品为可观，在农艺上注重水稻、甘蔗及土壤研究，并注重改良广东蚕丝品种及相关人才。[255]该校农场中山分场则注重试植汕柑、洋柠檬及造林工作。该校还附设农事职业科，到1937 年时已开办 5 年，有学生 54 人，即

251 《协和大学近讯》，《中华基督教教育季刊》1937 年第 13 卷第 1 期，第 87 页。
252 徐宝谦：《基督教农村运动》，《中华基督教会年鉴》第 13 期，1936 年，第 95 页。
253 《福州五里亭农村服务部报告》，《中华归主》1937 年第 172 期，第 6 页。
254 《协和大学近讯》，《中华基督教教育季刊》1937 年第 13 卷第 1 期，第 87 页。
255 私立岭南大学编：《私立岭南大学一览》，广州，1932 年，第 75-76 页。

将毕业者 33 人。该科原为培养中等农业人才，以备实地经营及从事乡村建设工作，但之前毕业生多到农事机关工作，甚少到乡村经营农业，与设立初衷违背。故在 1937 年停招新生，转而开办各种农业补习班，训练乡村领袖人才。[256]成都华西大学农业组则集中进行奶牛、家禽、蔬菜、水果等动植物品种的改良推广，如开展饲养改良鸡种，生物系还在动物、植物两组外，添设农业组，规定必修课程[257]，并在 1934 年增设了专门的农业系进行人才培养。岭南大学、华西大学等在放假期间还皆有 4 星期至 6 星期之农业训练班及各种乡村服务，使参加工作的学生获益甚多。[258]

### 5. 教会中学的乡村实验活动

五年运动时期，在华教会中学也通过兴办农场，开设农业课程等形式参与乡村建设，其规模虽然不如教会大学的乡建活动，但仍因地制宜地开展了颇有特色的改良活动。现对重点中学乡村实验进行介绍：

教会学校从事农业实验根本目的之一，即为产生农业上之优良材料及适合方法，以此介绍与农民，使可应用于实际，而得以改良农民之经济状况。[259]如潍县广文中学开设了农业部，购买了校田 70 余亩作为农场，对于合作农场及每年展览会，皆办理完善，还参加金陵大学与康奈尔大学合作的谷物改良，包括小麦、玉米、大豆等作物，暑期学校则训练传道员与教员，使其明了乡村问题。[260]该校的农业部开设了农业和乡村社会学的课程学校，并派遣优秀毕业生到金陵大学学习农业课程。福州协和中学乡村事业上，设立乡村医务部，定于每日下午诊病施医，1930 年毕业班同学组织晚间民众学校，藉作乡村之宣传，并便乡民之求学。该校农场有 20 多亩，多栽种蔬菜，谷麦等，1930 年添设农林场，栽种美国葡萄、桃、石榴及白枣等。该校农事推广部选择美国种雏鸡优者，分送或售卖民间，以便传播。该校还有外国纯种鸡，本国优种猪，作改良与实验。[261]通县潞河中学也设农场，对于粟麦之选种精细研究，选得良

---

256 中华基督教会全国总会:《中华基督教会全国总会第四届总议会议录》, 青岛, 1937年，第 121 页。

257 《协和大学近讯》,《中华基督教教育季刊》1937 年第 13 卷第 1 期，第 87 页。

258 张福良:《农村教会》,《中华基督教会年鉴》第 12 期，1934 年，第 65 页。

259 穆懿尔:《铭贤学校农科工作概况报告》, 太谷, 1935 年，第 7 页。

260 周明懿:《五年来教会之乡村工作》,《中华基督教会年鉴》第 11 期，1931 年，(肆)第 132 页。

261 《私立福州协和中学校近讯》,《中华基督教教育季刊》1930 年第 6 卷第 3 期，第 101 页。

种，即用以推广，也供学生实习劳作。昌黎汇文中学的乡村建设也颇有规模，1931 年秋，昌黎教会农场被该校接管，改为综合试验场，果树、种畜、农作物和蔬菜等被列入研究范围。[262]该场使用新农药防治果树病虫害技术，对于果树之虫害详细研究，并用药剂喷杀，成效显著。1933 年，试验场还实行养鸡实验，亦着力试验改善农产，防止灾害，并由美运来果树种植。[263]该试验场还进行猪种改良与谷物改良，推广西方农作物。此外，开封浸会学校则进行谷物及家禽品种的改良推广，并进行化学肥料的实验。

当时山西铭贤学校的乡村建设比较出色，并成立了专门的农科。该校 1928 年 10 月筹设农科，分试验研究部、推广部、教授部三方面。在具体工作上，该校试验研究部有作物组，分粟之改良试验，小麦区域试验，绵羊改良试验，土壤组分锄地试验，肥料试验；推广部则有农产物品竞赛会，并有绵羊、来航鸡及甜菜推广，还有中外果树的园艺试验，进行果树病虫害防治。[264]教授部方面，农科为了培养农村领袖、乡村教师及试验场助理起见，1933 年秋实行农科工读计划，在高中三年内，教授学生农业上之基本学识，引起学生对于改进农业兴趣，习以农业之实用技术。[265]该校农科部门也不断变化，1933 年时，农科分农场管理、农业经济、作物育种、畜牧、森林及农业推广六部。[266]到 1936 年时，铭贤学校农业工作又分育种、畜牧、园艺、农艺、推广五组进行，其中育种、农艺两组，成立较早，研究的改良品种，已开始推广，如"来航公鸡在 1932 至 1934 年推广 122 只，分布于 175 户家庭，来航鸡卵推广 112 户共 1608 只。"[267]铭贤学校每年秋季还举行农产展览会，以便农民互相观摩比较，使农民得知选种及耕种方法之重要，以改良农业，增加生产。该校农科工作也得到政府肯定，山西省建设厅曾将铭贤实验的小麦在阳曲、辽县、长治等 7 县作为实验区推广，教育部亦曾专门拨款资助该校的农业实验，都可见其在当时的广泛影响。

---

262 Minutes of Meeting of the Finance Committee, January 6-8, 1931, p.6, *Missionary Files: Methodist Church*, 1912-1949, Wilmington, Del: Scholarly Resources Inc, 1999, Reel.69.

263 华北美以美会：《华北美以美会第 42 次年议会录》，天津，1934 年，第 410 页。

264 梅贻宝：《山西铭贤学校农工科概况报告》，《乡村建设实验》第 2 集，中华书局，1935 年，第 331 页。

265 穆懿尔、周松林：《农科五年来之工作概况及将来计划》，《铭贤周刊》1934 年第 4 卷第 16 期，第 66 页。

266 杨子春：《铭贤农科概况》，《铭贤周刊》1933 年第 3 卷第 33 期，第 219 页。

267 山西私立铭贤学校：《山西私立铭贤学校一览》，太谷，1935 年，第 45 页。

1935 年 8 月，铭贤学校贯家堡实验区选定太谷县以南，贯家堡附近 20 村为实验区，并成立办事处开展各种乡建实验。如在经济方面，针对农民生活生产困难，成立信用合作社，进行小本贷款；在改良农产方面，实验区利用铭贤农科资源，进行改良玉米种与羊种推广，来航鸡卵之介绍，猪瘟之治疗等，亦能引起一般农民之注意，并倡导动员农民植树。该区在卫生方面，则有设简单诊疗所，完全为义务治疗，有女护士一人，负责诊疗。另设立卫生训练班，除授药物常识及简易治疗外，偏重种痘方法，后为附近村庄施种牛痘。[268]实验区还推动卫生教育，先由贯家堡小学做起，每周除卫生常识演讲 2 次外，并注重男女学生之清洁习惯，为学生检查身体；娱乐方面，该区则设立民众图书馆、农民教育馆、民众俱乐部、音乐团及童子服务团。[269]

当时教会中学也有专门的农村训练课程或学习班，灌输新农业知识以应现代农村社会之需要，如通县潞河中学、福州协和中学、岳州湖滨中学、潍县广文中学、保定之同仁中学、即墨之信义中学等曾开办农村训练课程。特别是通县潞河中学开设农村服务科，为二年高中课程，其目的乃在造就农村教会服务区的领袖人才；保定同仁中学成立了农场，并小蔬菜园艺科，栽种蔬菜 30 余种，一切工作自掘地、播种、施肥、灌溉以至收成，统由师生合作。"1934年时有学生 56 名，其中女生 32 名参加，工作时间在每日下午课余。"[270]该校还为教会青年及学生专门开办了短期的宗教与农业训练班，除了学习宗教课程外，还讲授作物学、养鸡、养蜂、果树、无线电等农业知识，有 50 多人参加。[271]山西基督教农村服务联合会为改进农业，复兴农村，则与铭贤学校合办举办农事训练班，1932 年至 1934 年间，共培训 96 人[272]，学习内容涉及农村运动与教会关系、作物改良讨论、园艺改良讨论及农艺讨论等。此外，1937年，铭贤学校还成立铭贤乡村服务专科学校，专门培养乡村人才。

在此时期，由在河北的教会中学、大学学生为主体组成的河北基督教徒学生联合会（简称"河北联"）还开辟了数个乡村实验区。如 1931 年河北联

268 信德俭等编：《学以事人、真知力行：山西铭贤学校办学评述》，中国社会出版社，2010 年，第 258-259 页。

269 《铭贤学校太谷农村服务实验区工作梗概》，《乡村建设实验》第 3 集，中华书局，1937 年，第 530 页。

270 河北省教育厅编印：《教育部视察员视察河北省教育报告》，保定，1934 年，20 页。

271 姚爱群：《回忆同仁宗教训练班》，《保定百年一中校史资料汇编》，香港天马图书有限公司，2006 年，第 194 页。

272 山西私立铭贤学校：《山西私立铭贤学校一览》，太谷，1935 年，第 45 页。

决议设立河北省北平区联乡村生活改进社乡村实验区，位于通县张家湾镇，以训练学生，改进乡村服务为目标。该工作分五年计划，分暑期乡村服务员训练学校及实验区两项，还调查编成《张家湾调查报告书》。[273]1933 年 8 月，全国基督徒学生团契大会决议成立乡村改进事业委员会，以"乡村改造"为学运试验事工中心，委托河北联成立"中国基督徒学生运动河北联乡村改进实验区"。故此，1934 年，河北联乡村改进实验区工作将北平的北安河村定为实验区，从事乡村改进的工作，基督徒学生则前往该区进行实习。该实验区工作期限为 1934 年 2 月至 8 月，工作人员在调查该村现状后，开展具体工作涉及教育、卫生、娱乐、儿童事业、农业改造及自治等方面。[274]但实验区工作仅为期半年，取得的成效也十分有限。之后在 1934 年 10 月，河北联乡村改进实验区又成立萧家村实验区，主要从事调查、教育、卫生及农事改造等工作。因农村失学儿童及文盲众多，故实验区在教育方面工作有教育阅报、演讲会、儿童四进会、农村短期学校及改良私塾等，以改进乡村教育；该区卫生工作则有提倡刷牙、家庭清洁、实行种牛痘及组织卫生演讲会；农事改造方面则有办理巡回学校，举办农产展览会，成立信用合作社及学习养蜂。[275]实验区还注重农民娱乐，有游艺会、音乐会、放电影等，还设置无线电，以调和民众的精神生活。该区工作因计划得当，受到农民欢迎与当地领袖的合作，故遇到的障碍很少，并注重培养当地义务人才，指导当地人士合力进行乡村实验。[276]河北联的乡村服务除致力于乡村改良外，同时也注意宗教的传播，定期开展各种宗教活动。

### 6. 神学院的乡村实验

五年运动时期，部分神学院不再单纯传授宗教课程，改变工作计划，去乡间服务。如美国北长老会开办的山东峄县自助修道院于 1934 年招生 10 名，皆为热心基督徒，要求初级小学及以上毕业，以农场为校址，种地 200 多亩，养殖家禽，另有桃园、梨园及菜园。学生农忙作工，农闲读书。[277]山东德临叶氏

---

273 于德纲《河北联乡村事业张家湾报告书（续）》，《葡萄树》1932 年第 4 卷第 2 期，第 9 页。

274 魏永清：《河北联乡村改进实验区工作计划草案》，《葡萄树》1934 年第 6 卷第 1 期，第 44 页。

275 张丕承：《河北联近况》，《中国学运》1935 年第 1 卷第 2 期，第 74 页。

276 《到农村去：中国学运河北联乡村改进实验区萧家村实验区鸟瞰》，《中国学运》1935 年第 2 卷第 1 期，第 24 页。

277 刘广志：《由清水河到峄县》，《真理与生命》1934 年第 8 卷第 6 期，第 310 页。

学道院除了布道外，还提倡改良农村及平教事工。该院的农村事业有农作物改良、农村游行大会、农民节、铲除病虫害及猪、鸡种改良等；卫生事业则有公共卫生及家庭、个人卫生讲演、举办义务领袖训练班，午后与妇女们谈论家庭间应改良的一切事宜及基督化家庭的事宜。[278]山西汾阳崇道神学院规定学生除宗教科目学习外，还学习手工、植棉学、造林学及卫生学等知识，该校设有农场，供学生实习；该校还在石塔村设立生活服务区，学生前去乡村服务，开展活动涉及平民学校、妇女会、卫生事务所、巡回书库及农作物改良等活动。[279]该服务区卫生工作则有乡村保健箱，主旨是提倡卫生，目的是防免疫病，但遇着了能治的病症，便及时诊治，而能力所不及的，则介绍其至医院疗治。同时给他说明病理，至少能帮助他不受庸医的光顾及求卜许愿的欺骗。另有装满各种适于农友参考的图书，每周日与保健箱同时出发，到固定服务地点。[280]

美国美以美会开办的北平汇文神学院，也于 1933 年秋设立昌平乡村工作实验区，其宗旨在使学生于卒业之前，对于乡村教会获得相当之认识及经验，避免学生脱离农村，故学生须到该区实习　年，始能卒业，实验工作有宗教教育、布道、平教合作社、种痘等。[281]实验区以昌平的 40 个村为实施范围，设有干事五人，主任一人，工友一人，全年经费 1000 元。在农事改良方面，实验区提倡炭酸铜粉，专治谷类黑穗病，并提倡废地造林、养鱼等，提高农民副业收入。实验区尤其提倡垦荒造林，到 1934 年已有 4 村施行，种树八万棵。[282]因当时农民贫困，生产缺乏资金，实验区注重生计教育。为解决农民资金问题，实验区"在马池口村设立信用合作社 1 处，社员 25 人；太平庄亦设立信用社，社员 24 人。"[283]

金陵神学院 1932 年还在南京附近江宁县的淳化镇设立乡村实验区[284]，毕

---

278 《德临叶氏学道院 1934 年报告书》，《教会战后医院报告及公理会文件》，天津市档案馆藏，档案号：401206800-J0252-1-003019。

279 《汾阳崇道学院 1935 年报告书》，《教会战后医院报告及公理会文件》，天津市档案馆藏，档案号：401206800-J0252-1-003019。

280 宋廷弼：《汾阳崇道神学院概况》，《兴华周刊》1936 年第 33 卷第 48 期，第 33 页。

281 徐宝谦：《基督教农村运动》，《中华基督教会年鉴》第 13 期，1936 年，第 93 页。

282 《河北昌平县汇文神学院乡村实验区》，《农业推广》1936 年第 12 期，第 72-73 页。

283 田立功：《北平汇文神学院昌平县乡村工作实验区概况》，《真理与生命》1934 年第 8 卷第 6 期，第 285 页。

284 关于本实验区详情，可参见刘家峰：《中国基督教乡村建设运动（1907-1950）》（天津人民出版社，2008 年），第 143-159 页，本文不再详述。

范宇负责指导，朱敬一、杨占一为专职工作人员。实验区工作设有农场进行各种农作物、园艺、畜牧的推广实验；1933 年及 1936 年，还曾举行 2 次农产展览会；设立多处合作社，与银行合作进行放款业务；发起成立淳化社会事业促进会，对遭受旱灾的农民进行救济，兴修水利工程；在卫生方面设立淳化卫生事业促进会，并成立诊疗所，还进行牛痘接种与环境卫生工作；1933 年冬，该区还发起耕读互助团，会员为 16 岁以上农民且识字 1000 字以上，在农闲时间举行 4 个月的读书学习，设立初、高级及领袖 3 组，在内容上将民众教育与宗教教育打成一片，由传道人定期进行指导，先后推广到 12 个村庄。[285]该实验区在教育方面还设立青年领袖训练班与妇女识字班；在宗教方面则进行主日学、崇拜、特别礼拜等活动。实验区每年冬季举行短期训练班，培养本地教会平信徒领袖。金陵神学院学生常到该镇实习训练，特别是该院乡村教会科的学生在第三年到金大农林学院专修科学习一年，同年夏天须在淳化镇实习，第四年返回神学院。[286]金陵神学院希望实习的学生在该地典型的乡村环境中，"可学到改进农业的实际方法并参与以教会为中心的多种计划——民众教育、卫生改良、青年俱乐部、合作社、妇幼特别服务以及各种宗教活动。"[287]五年运动时期，部分神学院致力于乡村建设的努力，也改变了神学院学生脱离实际的弊病，增强了学生适应农村社会需要能力，也能更好地在乡村传教。

7. 小结

五年运动时期，各教会学校建立的乡村实验区，虽然活动区域有限，但其在动荡的社会环境下，针对民国乡村社会存在的诸多弊病，通过适当的调查规划，仍开展了卓有成效的乡村建设活动，在一定程度上改善了乡村面貌，提高了乡民的经济及精神生活水平。特别是齐鲁大学、燕京大学、金陵大学、铭贤学校等教会学校的乡村实验区，"一面可为实验和表演建设乡村建设事业的学术方法，而一面可以训练乡村事业领袖"[288]，可以利用其雄厚的学术、师生及国外各种资源为乡村实验服务，这是教会实验区所无法比拟的。如在农业改良方面，齐鲁、燕京堆肥研究计划，防治粪传染，增加肥料之数量，实验效果

---

285 朱敬一：《一个实验的乡村教会》，上海广学会，1940 年，第 202-210 页。

286 师覃理：《神学》，《中华基督教会年鉴》第 12 期，1934 年，第 103 页。

287 毕范宇：《金陵神学院史（1911-1961）》，《基督教学术》第 1 辑，上海古籍出版社，2002 年，第 212 页。

288 侯子闻：《基督教会的乡村运动》，《乡村建设旬刊》1933 年第 2 卷第 17-18 期合刊，第 46 页。

远高于中国本土品种，故也被教会外的乡村实验所推广。再如铭贤校农科推销之来航鸡，及美利奴羊之繁殖推广，临近各县，争先恐后，来校购备，农家获益，实非浅鲜。[289]当然教会学校的乡村实验区虽然不是以教会为中心进行实验，但也都重视宗教活动，通过改良活动来吸引农民入教，这也是在建设所谓的"乡村牧区"，在实际成效上却不尽人意。

当时中国农村社会积贫积弱的面貌由来已久，教会学校的乡村实验虽然在乡村建设方面作出了积极探索，但同其他实验区相同，仍不能挽救乡村社会衰败的境况。特别是由于农民的守旧，社会制度等原因，基督教的乡村建设"在社会关系不变的情况下，尽力作改良工作，不改变财产关系、剥削关系及殖民地的关系"[290]，其活动不能从根本上改变乡村落后境地。金大教师曾对此称："徒然增加农人棉花之收量，纵能令其收益稍裕，其受官厅土劣流氓盗贼之剥削，及愚、散、病之害处，其损失且数倍于收益矣。如不同时进行乡村建设之整个工作，祇斤斤于生产一途，决不能获得良好效果。"[291]

## （四）结语

1930 年代为全国乡村建设运动的高峰期，诸多乡建活动目的在于"用一种新的知识和力量，灌输到农民里边，使之在农民的生活上直接发生影响，改良他们的恶劣环境，提高他们的生活水准，将农民们从行将崩溃的危境中挽救出来，要他们渐渐走上一种合理的较优的人的生活路上"[292]，这也同时是基督教乡村建设运动所追求的目的。五年运动时期，基督教的乡村建设活动逐步适应乡村需要，并与地方政府、各地民众（包括非教徒）密切合作，也在一定程度上改变了乡村落后面貌，提高了当地民众的文化与生活水平，让乡村民众得以接触到现代农业及家庭卫生知识，对当时中国社会移风易俗，改变落后的社会习惯和个人生活习惯也起了积极的促进作用。教会的识字运动，对农民进步大有便利，提高了农民文化水平，也得到农民认可。故当时教会到农村教妇女识字，婆婆常说："先生们从远路来，看面子也得给你们念念。"[293]同时平教运动，注重男女合作，不但使男信徒对于乡村思想提高，对于妇女地位也同时

---

289 涛：《山西铭贤学校》，《读书中学》1933 年第 1 卷第 2 期，第 245 页。

290 千家驹、李紫翔编：《中国乡村建设运动批评》，新知书店，1936 年，第 42 页。

291 周明懿：《谈谈乌江农业推广事业》，《农林新报》1934 年第 11 卷第 30-31 合期，第 635 页。

292 章伯雨：《乌江乡村建设研究》，《中央日报》1935 年 5 月 30 日，第 3 张第 2 版。

293 王同：《津东秋令会之印象》，《消息》1934 年第 7 卷第 10 期，第 16 页。

提高。基督教通过乡村建设，也实现了从城市教会为中心向以乡村教会为中心的工作转移，从而对中国社会的认识更加深入。他们看到了乡村改良从乡村经济入手，盖农民之经济问题，如不解决，则经费无着，其他各种之乡村改良事业，皆不能举行。[294]

因当时无论政府还是民间团体的乡建活动与基督教乡村建设在目标上有颇多相似之处，基督教乡村建设多利用西方最新农业技术推进中国农村改良，这也有助于基督教融入中国政府及民间团体的乡村建设，并进行了多方的优势互补与密切合作。如当时各地教会与华洋义赈会[295]有密切合作，该会的工作人员很多出自教会；该会在各地的合作事业，如合作社等，也往往通过资助教会形式在农村实现。因华洋义赈会经费充足，也常赞助教会在各地的乡村工作，如曾为齐鲁大学医院和济宁的教会医院，提供5万元，用以在山东开展公共卫生事业。[296]再如国民政府卫生署1937年春曾准备牛痘苗药管4000打，专备乡村种痘防疫施针之用，后请传教士牧恩波夫人与数省新生活运动委员会商妥，取得当地教会医院学校，及乡间礼拜堂之合作，分配疫苗，推进该项种痘运动，人民之种痘苗者到1937年4月已有6万余人。[297]

但基督教乡村建设也遇到颇多困难。如教会缺乏足够的乡建人才，当时中国精英阶层不愿到乡村去，接受乡村训练或有乡村工作经历的中国专业人才太少[298]，这也使得很多乡村建设实验区因人才接济不充足，导致许多改良计划无力开展。而且当时基督教乡村建设与其他乡建情况类似，各宗派的乡建活动并不统一，甚至各自为政，存在着"太零碎，轻易在人才、经济、计划、事工各方面，无适当之标准及持久之毅力……其能维持数年之久，却是敷衍局面，无焕发奋进之气。"[299]当然作为基督教的乡村建设，自然也带有传播宗教的功利动机，故当时基督教在乡村建设过程中，也十分重视对农民宣传福音，试图打开农村福音空间。但是基督教在农村改良中贡献卓越，因民众对基督教的敌

---

294 中华全国基督教协进会：《基督化经济关系全国大会报告书》，上海，1927年，第74页。

295 华洋义赈会于1921年在上海成立，为国际性救济组织，主要在华从事以工代赈，并在乡村提倡合作事业。

296 Dwight W.Edwards, "Recent Experience and Future Plans for Rural Reconstruction by the China International Famine Relief Commission", *The Chinese Recorder*, December 1935, pp.758-759.

297 《基督教协进会年会，蒋夫人演辞》，《申报》1937年5月7日，第9版。

298 Daniel H.Bays, *A New History of Christianity in China*, Wiley-Blackwell, 2012, p.126.

299 徐宝谦：《基督教农村运动》，《中华基督教会年鉴》第13期，1936年，第97页。

视、文化冲突等深层次原因其，在宗教传播上却收效甚微。

1930 年代的基督教团体虽然在乡村建设方面作出了积极探索，但其部分实验盲目照搬西方乡村建设模式，部分改良活动脱离了中国乡村实际，并未切合乡村的最紧迫需要，故也得不到乡民的真正支持与配合。当时农村最紧要的是贫困问题，在农民温饱问题得不到解决情况下，他们还无暇顾及教育、卫生及家庭生活等更高层面的提高。更为重要的是，基督教在华乡村工作开展中也遇到了民智不开，迷信太深，风俗不良，民情太坏等诸多困难，特别是基督教乡村建设的种种经济、教育及卫生活动也对当地乡村士绅产生威胁，对改善乡村权力和政治关系产生潜在的冲击，也导致部分士绅对改良活动干扰破坏。[300]加之缺少人力及财力，又逢频发的战乱，来华传教士及教会领袖并未认识到中国乡村社会的根结所在，只寄望于通过简单的改良而不变革社会体制情况下，弊病无法从根本上改变中国农村的面貌，这也是其他乡村实验区面临的共同困境。

## 二、基督教的识字运动

### （一）识字运动的发起

因 1920 年代的中国民众受教育条件有限，文盲颇多，甚至有些农村民众文盲率达到 95%。特别是教会中部分信徒也不识字，如据 1922 年《中华归主》调查，男信徒文盲率为 40%，女信徒文盲率为 60%。[301]信徒中的文盲也直接影响到他们读经和阅读其他宗教读物。当是妇女不识字者更多，也影响了教会事业开展，"提倡妇女事业或改良家庭以及布道救人种种运动，十之八九，因半数之妇女不能识字，以致进行迟滞，不得美满效果。"[302]当时教会人士认为，中国教会进步之一最大阻碍为信徒文盲，文盲不除，教会终无迅速长成之希望。[303]还有教会人士指出："我们以为民众不识字是中国文化落后的一大原因，现在的识字运动却是往农村工作的一个入手办法，可以引导改良农村生活。"[304]从教会发展而言，也有必要推动信徒识字，特别是当时广大乡村的教会，脱离社会生活，"成年的挂着基督教的招牌，人家少有

300 Daniel H.Bays, *A New History of Christianity in China*, Wiley-Blackwell, 2012, p.126.
301 Fu Liang Chang, *The Christian Country Life Movement*, Shanghai, 1930, p.42.
302 管萃真：《基督化家庭研究会的办法》，《南钟》1930 年第 3 卷第 4 期，第 19 页。
303 《五年运动报告书》，《中华全国基督教协进会第十届大会报告》，上海，1935 年，第 48 页。
304 诚静怡：《第九届大会随感录》，《中华全国基督教协进会第九届大会报告》，上海，1933 年，第 3 页。

知道，里面是卖什么药的。再一方面，教会为谋求自存计，为巩固内部计，亦当实行平教运动。"[305]

除了为基督徒考虑外，教会还注意到普通民众的识字问题。因当时民众文盲率较高，文化水平低下，也使他们盲目随从反对基督教，而通过提高他们的教育程度，也利于其接受基督教。民众识字直接影响到他们对于国家、社会的态度及行动，对于识字运动重要性，当时有教会人士指出："一个不识字的人，不但他本身要感受许多痛苦，同时国与社会也受绝大的影响。尤其是在我国的革命过程中，有许多的民众，因为不识字的关系，常置国事于不顾，放弃革命的责任。与国家和社会改革的前途，有很大的影响。我们处于者革命的潮流中，识字运动真是急要的事工，亦即是现在教会提倡识字运动的缘起了。"[306]同时，因晏阳初组织的中华平民教育促进会开展的识字运动风声水起，而南京国民政府此时也倡导建立民众教育馆，提倡各地扫盲，这也刺激了教会识字运动的兴起。在此形势下，识字运动成为五年运动规定的六大事工之一，各教会特别重视识字运动的开展，其基本的目的，"固然是要使许多教友五年运动第一件要紧的工作，是设法使教内信众，更切实的认识基督教，树立信众宗教生活进步的基础。"[307]协进会干事张福良也指出："一个识字的并可以阅读圣经的教会应当成为五年运动的首要目标"[308]。

为了推动识字运动进行，当时基督教协进会进行信徒识字之提倡，推行民众教育，使教内全体信徒均能识字，藉读经以求灵性之自养，增进常识以养成公民之资格[309]，并提倡家庭识字运动，鼓励每家之识字者教导不识字者。协进会1930年10月鉴于识字运动重要，向各会员团体建议，此后对于一切文盲慕道友，在45岁以下须先授以识字读经之机会，然后方能入教。其后华北公理会、中华基督教会总会等先后予以考虑，认为可行。[310]1931年4月，基督教协进会第八届大会还通过决议称："本会建议教友识字运动应以五年运动期

305 王梓仲：《平民教育与教会》，《鲁铎》1930年第2卷第2号，第7页。
306 孙子祥：《为什么要举行识字运动》，《华北公理会月刊》1930年第4卷第5期，第21页。
307 中华全国基督教协进会编：《基督教与平民教育运动》，上海，1930年，第11页，上海市档案馆藏，档案号：U123-0-156-1。
308 F.L.Chang, "Religious Education and the Rural Church", *The Chinese Recorder*, January 1930, p.22.
309 《中华全国基督教协进会执行委员会决议之"五运"六大要点》，《总会公报》1930年第2卷第3期，第407页。
310 记者：《识字运动调查与建议》，《中华基督教会年鉴》第12期，1934年，第211页。

满时，使全体教友均能字读经为目的；本会认为汉字注音号及罗马拼音皆为识字运动之工具，然在实际上碍难同时并重，本会尽力提倡汉字千字课；将现有之农民读物编成目录分送各地教会；并请各地教会设法创办一农民文库，以资借阅。"[311]当时协进会设有专门的识字运动委员会，干事孙恩三专门负责识字运动在全国的开展，而华北公理会传教士胡本德因在保定办理平教成绩出色，也于1930年被借调到协进会帮助乡村识字运动的推进。[312]

为推进识字运动，1930年4月28日至5月10日，基督教协进会还在河北定县公理会福音堂召开全国基督教识字运动研究会，研究识字班及平民教育问题，来自11省的9个宗派的90多名代表参加。[313]本次会议希望于最短期间，能令全国信徒识字读经，并利用这项工作，作改造社会，拯救同胞的方法。会议第一礼拜注重识字运动本身之研究；第二礼拜注重识字运动之善后工作，尤侧重社会调查调查之方法，并对识字运动举行作出了具体规定，也为华北各教会所推行。[314]会议主要研讨基督教识字运动与平民教育开展问题，参观了定县平民教育总会及保定公理会平教工作。此次会议决定："在对内方面，各教会在开学道班时，当极力提倡识字；各主日学内当为不识字者开一识字班；在基督徒的家庭内应法使各人识字；各教会应多设立儿童圣经班；对外方面：每一教堂当设平民学校；教会所属各小学当附设平民校；教会所属各医院内当为工友及病人附设识字班；各教会当同外界多有联络以便推行识字运动。"[315]此次会议后，各地教会还举行多次识字运动的讨论会或灵修会。如1930年9月27日至10月1日，华中区教会识字运动研究会在汉口举行；同年10月15日至19日，岭东区识字运动研究会在广东潮州举行。此外，华北公理会在通县举行的领袖暑期学校；山西友爱会在寿阳举办的领袖夏令会；华北公理会在汾州、太谷举办的领袖夏令会；中华基督教会在青州举办的领袖夏令会[316]，都围绕推进识字运动展开。

311 《关于乡村教会之决议案》，《中华归主》1931年第117期，第13页。

312 Kenyon L.Butterfield, *The Rural Mission of the Church in Easter Asia*, New York: International Missionary Council, 1931, p.43.

313 C.Y.Cheng, "An Interpretation of the Five-Year Movement in China", The *International Review of Missions*, Vol.20, No.1, January 1931, p.182.

314 《定县识字运动研究会重要议案》，《中华归主》1930年第109期，第4页。

315 《定县识字运动研究会重要议决案》，第4页。

316 张福良：《民国十九年的识字运动》，《中华基督教会年鉴》第11期，1931年，（肆）第88页。

1933 年 4 月 7 日至 20 日，基督教协进会又在定县举行第二次全国识字运动及乡村工作研究会，来自全国各地教会 160 多人参加讨论，并报告各地识字运动的经验。此次大会对于平民教育则做出下列建议："请全国各教会将平民教育列教会重要事工，指定相当人才经济，供发展平教事工之用；关于初级平民学校以后的继续教育，希望办理初级平校已有相当成绩之各教会，今后试行巡回训练学校；对于初级平校利用注音符号辅助字之工具，根据各方面实验结果颇佳，希望各教会办理初级平教时试行采用。"[317]本次会议也为基督教识字运动的开展提供了指导方策，推动了全国各地识字运动的进行。同年 5 月，基督教协进会第九届大会举行时，还通过乡村事业决议案，规定："平民教育原为宗教教育之良好基础，又为服务工作之入手办法，本会谨向各会员建议此后应将识字运动作为重要事工之一，并指拨相当人才经济切实积极办理。"[318]

教会从事识字运动目的，不仅是要减少文盲，或是使全体信徒识字，而是在识字之后，要使识字者多有阅读的机会，并养成其阅读的习惯，从而使他们理解基督教义。因此，协进会还编制基督教与他种读物和材料，认为"使农民明了个人及乡村公民道德等问题，是现今及最近教会亟需进行的目标。"[319]当时协进会请其他基督教文字机关刊印相关认字材料，以资应用。1931 年，该会第八届大会还决定："特为农村教友家庭，设法编辑极简单浅白的家庭灵修材料；向各教会建议设立巡回文库，以鼓励信徒家庭阅读有益之书报；请本会青年委员会，与其他有青年工作的基督教机关合作，出版关于男女关系及两性问题的书籍，以便创造基督化的道德标准。"[320]在识字运动的图书、教材上，协进会也进行了精心策划。如五年运动与教友识字运动丛书之一《基督教与平民教育运动》于 1930 年出版，除了概括基督教与平民教育的历史外，重点对保定公理会、昌黎美以美会平民教育进行了介绍；1933 年，丛书之二《平民学校实施办法》出版，介绍了平民学习办法大纲、千字课程教授法，幻灯使用法，附录了平民学校表册。各处教会所用课本有《农民千字课》青年协会书局

---

317 记者：《识字运动调查与建议》，《中华基督教会年鉴》第 12 期，1934 年，第 214 页。

318 《乡村事业决议案》，《中华全国基督教协进会第九届大会报告》，上海，1933 年，第 15 页。

319 *The Eighth Meeting of the National Christian Council of China*, Hangchow, April 10-17, 1931, p.45.

320 《关于基督化家庭之决议案》，《中华全国基督教协进会第八届大会报告》，上海，1931 年，第 24 页。

编《平民千字课》《六百字编》《由浅入深》《慕道经言问答》《主日学课》及画片，《国语教科书》《市民千字课》《民众千字课》《福音千字课》（汉口圣教书会）、世界书局之《平民千字课》。[321]因各教会识字人数日渐增加，识字后所需读物，尤其是宗教读物已成迫切问题，故当时广学会出版的宗教课本及金陵神学院宗教教育科编辑部所出版之农民宗教课本，尤能应付各方之需，另对于课外读物之编辑，广学会出有《平民月刊》一种。[322]

### （二）识字运动的开展

早在五年运动发动之前，保定公理会、昌黎美以美会等部分教会即在当地开办平民学校，教授民众识字，而在五年运动时期，识字运动的开展范围进一步扩大，成为各教会推行的共同运动。各教会为进行识字运动，纷纷在各地推行平民教育，设平民教育股，开办识字班及各类平民学校，讲授千字课，并组织有平民学校教员训练班，以提高教徒及非信徒的文化素质，培养教会领袖人才，同时藉此吸引非信徒入教。基督教识字运动初衷是为了识读《圣经》需要，正如当时教会人士所指出的："识字是寻求真理的一种工具……读完了千字课，再读福音书就容易多了。"[323]当时各教会多通过开办识字班或平民学校等形式开展了识字运动，下面分教会介绍之：

### 1. 男、女青年会的识字教育

基督教男女青年会均致力于识字运动，主要通过开办平民学校的形式进行。如1930年，上海青年会为上海的失业少年男女设立了7处民众学校，教授千字课、注音符号及公民常识，招收了男生151人，女生81人。[324]1931年，济南青年会开办10数处平民学校，并组织"教三运动"，即组织有力义务团体，每人立志教授3人，于规定期限内认识千字，逐渐推广其效力。[325]烟台青年会自1923年开始办理平民千字班，到1934年，烟台青年会平民千字班呈准

---

321 中华全国基督教协进会：《全国基督教识字运动研究会报告书》，上海，1930年，第24页，上海市档案馆藏，档案号：U123-0-156-3。

322 记者：《识字运动调查与建议》，《中华基督教会年鉴》第12期，1934年，第214页。

323 黎天锡：《识字与教会的将来》，《田家半月报》1934年第1卷第6期，第8页。

324 上海基督教青年会：《上海基督教青年会1930年度会务报告》，上海，1930年，第25-26页。

325 《本会二十年度之工作概略》，《济南基督教青年会第16届征友特刊》，济南，1932年，第6页。

登记，前后共计初高级男女肄业生 11143 人，毕业者 5317 人。[326]山西太原青年会 1930 年则成立乡村平民教育研究班，每次莅会研究者，均不下 30 余人。[327]1933 至 1934 年度，广东的 11 个学校青年会开设平民学校 9 所，农工夜校 12 所，共有男女学生 1524 人，受薪教员 37 人，义务教员 262 人。[328]再如 1934 年 10 月，芜湖青年会开办了 3 处贫儿识字班，男女学生有 70 余人，每日下午由该会少年团教授识字，并有音乐、常识等课程。[329]青年会开办的平民学校，多是免收学费，教师也多是义务人员担任。而且青年会的平民学校还注重识字之后的继续教育，该会所编的平民千字课为平民教育的第一步，对于毕业后的学生则编有高级课本以备应用。[330]

民国时期的妇女大多居于乡间，乡村妇女更为缺少平民教育，妇女中文盲极多。但是社会上对于乡村妇女们的注意，一向不及对于城市妇女为甚。"乡村妇女因识字少，知识方面，非常落后，如集市期，妇女仍不敢去赶集，"[331]故需要加强通俗教育，而女青年会也在各地设立各种平民学校或日校，教授妇女千字课。女青年会开设的平民学校又分日校、夜校两种，分设初、高两级，都根据妇女需求设立。如天津女青年会夜校课堂教育分初级，高级两种，初级授以千字课，以能识字为目标，期限为 4 至 6 个月。高级班则授以常识、地理、历史、算术、公民等，以灌输普通常识，期限一年，"1932 年 9 月至 1933 年 9 月，夜校初级班学生 190 人，高级班学生 10 人，总 200 人。"[332]在山东地区，1928 年，女青年会在烟台福山创办乡村事业，成立民众教育委员会，以教授平民千字课为基础，创办民众学校。这种平民学校的设备都由本地的委员会所筹划，女青年会只供给里面的教员，至于学生的年龄仅限于 12 岁到 40 岁。[333]福山平民学校在组织上设立本地委员会和教员会，研究

---

326 烟台中华基督教女青年会：《烟台中华基督教青年会三十周年纪念册》，烟台，1933 年，上海市档案馆藏，档案号：U120-0-240。

327 《乡村平民教育研究班》，《太原青年》1930 年第 16 卷第 4 期，第 6 页。

328 广州基督教青年会编：《中国基督教青年会事工实践》，宗教文化出版社，2019 年，第 460 页。

329 《芜湖：举办贫儿识字班》，《同工》1934 年第 136 期，第 51 页。

330 《中华基督教青年会全国协会工作报告》，上海，1931 年，第 30 页。

331 李少玲：《到昌黎后的观感》，《真理与生命》1935 年第 9 卷第 2 期，第 87 页。

332 邓裕志：《女青年会的劳工教育》，《教育与民众》1934 年第 5 卷第 6 期，第 1107 页。

333 Paul R.Abbott, "Popular Education for Woman", *Educational Review*, Vol.21, No.3, July, 1929, p.312.

讨论并解决教育上种种问题。该地民众学校 1930 年 4 月时有初级班 25 班，高级班 15 班，短期教师训练班 2 班，卒业同学班 5 组和研究班 4 班。[334]到 1931 年，"已举办 4 期，共计 13 校，分属 13 村，学生总数，初级班计 340 人，高级班计 65 人，训练班计 25 人，研究班计 33 人。"[335]平民学校在教授民众识字外，还讲授家庭、育儿及卫生等方面的知识。烟台女青年会自 1923 年开始亦力办平民学校，"到 1933 年春，烟台女青年会有平民学校 3 班，高级 1 班，初级 2 班，学生百余人，并设劳工特别研究班，研究工人教育及公民常识。"[336]在学生年龄上，该会平民学校要求 12 岁至 45 岁之间，不收学费，并与以书籍、石板及其他应用文具。[337]该处课程采用江苏省立学院民众教育课本，外加唱歌游戏，以助精神之娱乐。学员毕业后，简单书信、账目，皆可自理，并有平民校友会组织。[338]再如无锡女青年会 1932 年开办了夜校，新旧学生共 88 人，日常到校者仅 40 余人，大半系纱厂工人，分为初级、高级乙班及高级甲三级，初级共分 4 班，采用民众教育学院工人实验区所编的妇女读本，高级乙班读女子新尺牍及民众算术，高级甲班则读工人新教材、算术及民众历史等，每星期仍读 5 天，每晚授课期间 1.5 小时。[339]当时平民高级学校毕业的女生，经有力深造，儿入正式学校者，颇不乏人，但因家境困难，不能升学者，亦为数不少。

为了满足平民学校的教师需求，男女青年会还注重培养师资，开办各种教师训练班。该训练班专为训练一般师资人才而设，受训练者多系平民学校高级卒业生，半为授课，半为实习。如北平女青年会与燕京大学合办的暑期学校特设乡村妇女教育师范班。课本方面有《千字课》，还提供注重有益乡村生活的材料，如卫生挂图、农业的科学常识，管理儿童和家政的常识等[340]，并组织俱乐部以及其他集会，灌输她们以基本的公民知识。为培训民校教师，1931 年 3

---

334 中华全国基督教协进会：《全国基督教识字运动研究会报告书》，第 20 页。

335 女青年协会编辑部：《两年来之基督教女青年会事业》，《中华基督教会年鉴》第 11 期，1931 年，（肆）第 81 页。

336 《烟台市会事工大纲》，《女青年月刊》1933 年第 12 卷第 5 期，第 98 页。

337 烟台中华基督教青年会：《烟台中华基督教青年会三十周年纪念册》，烟台，1933 年，上海市档案馆藏，档案号 U120-0-240。

338 烟台中华基督教女青年会：《烟台中华基督教女青年会会务特刊》，烟台，1935 年 10 月，第 10 页。

339 《无锡：夜校》，《中华基督教女青年会会务鸟瞰》1932 年第 7 期，第 29 页。

340 丁淑静：《一年来全国女青年会概况》，《中华基督教会年鉴》第 10 期，1928 年，第 29 页。

月，烟台福山乡村区女青年会在东关设教员训练班，每天除读书 4 小时外，复实习教学法 3 小时，所学的课程为算学、音乐、手工、作文及教学法等。实习项目，除初高两级民众班所应读之书籍外，并练习教授初级小学一年级的课程。[341]同时，平民学校学生在高级班毕业后，又成为初级班的教师，教授初学者，保证了学校的持续运转[342]。在识字班所用课本方面，其中女生多采用江苏省立教育学院出版的《初级妇女读本》与《高级民众读本》，男生采用多青年协会出版的《千字课》。

男女青年会开设的平民学校，除教授识字外，还经常举行各种活动，以丰富学员的业余生活。如保定青年会开设的平民学校于 1933 年成立平民学校联合会，举行如演说竞赛会、观摩会、展览会等，每年还出版平联特刊。平民学校毕业同学还组织平民校友会，以发展自治能力、合作的精神为目的。男女青年会平民学校还成立了"自修班"，专为平民学校高级卒业生欲深究某种学识而设立，除逐日自修外，每星期共同讨论一次。女青年会在平民学校的团契组织方面，则先设立"交谊会"，联络各村同学互相交往，以破除乡间女子闭居深闺之俗，继则组织正式集会——同学会，为乡村妇女服务。当然平民学校也注意宗教传播，当时设立的研经班即是为那些信仰基督教的或计划认识基督教的成员开设，是否参加完全出去自愿。乡村干事只是"力辟迷信，导引至于'上帝是爱'之道，'爱人如己'之行为，并未趋于任何礼拜仪式的实施"。[343]但到五年运动末期，青年会兴办平民教育积极性减弱，因"外间平教甚烈，青年会以为此后不必再去提倡，免得与人竞争；且大规模的继续提倡，需费甚多，非青年会的财力所能胜任的"[344]，故导致该会平教规模及人数减少。

### 2. 英国浸礼会与识字运动

英国浸礼会来华后，在当地民众尤其教徒当中开展识字班及平民学校，帮助他们识字读书，以便吸引民众入教。针对中国妇女文盲现象更为严重的局

---

341 《福山乡村区》，《会务鸟瞰》1931 年 6 月，第 22 页。

342 Lulu K.Haass, "Young Woman's Christian Association", *China Christian Year Book*, Shanghai: Christian Literature Society, 1935, p.174.

343 《你们为什么不早到乡间来》，第 18-23 页，上海市档案馆藏，档案号：U12-0-16；《五年简述（1928-1933）》，第 30-31 页，上海市档案馆藏，档案号：U121-0-9。

344 教育调查团编：《青年会教育事业调查报告》，中华基督教青年会全国协会，1936 年，第 28 页。

面，浸礼会除了开办女学外，还开设妇人学校，主要招收成年(已婚)妇女进行教育，以《圣经》内容为基础教授妇女认字，同时教以国文、算术等知识。南京国民政府要求教会学校立案后，1928 年冬，"对于立案问题，差会态度与政府政策相去甚远，于是决议改组，改中学教育为职业教育，改小学教育为民众教育。"[345]1929 年春，教会派遣 5 人赴保定、定县、南京等地实地考察平民教育，后中四区联会决定利用教育经费开展平民教育事业，于 1930 年建立了领导机构——山东大会中区联会平民教育部，针对乡村贫、穷、弱、私的现状，开展文艺、生计、健康、宗教四方面的教育。

平民教育部由齐鲁大学神学教授张伯怀为总干事，朱晨声为文艺教育干事，高志立为生计教育干事，张文敷为健康教育干事，杨冠五为宗教教育干事，"企于三年内使全体教友皆能识字，读经，并增进国民常识与生计，健康道德之生活。"[346]为此，张伯怀带领 4 名干事先后参观了陶知行主办的南京晓庄师范，还有晏阳初在定县发起的"中华平民教育促进会"所办的平民教育活动情况。他们参观后，在山东以农村教堂为基地，在宣传调查、征求教徒意见基础上，开办"平民信徒识字班"。为了培养识字班师资，浸礼会每年在秋季的乡村主日礼拜时征集义务教员，并于 1930 年底专门组织了师资培训班，"在青州、周村、北镇组织 3 处男训练班，在周村明道神学院组织 1 处女培训班，共培养 142 名男教师、46 名女教师。"[347]培训班共计功课 10 余门，每门功课都印有现成讲义，方便学员家中自学及传授他人。后培训班每年都有举行，如 1932 年 10 月 17 日至 11 月 5 日，山东中华基督教会中四区平民教育部为先后在青州、周村、北镇举行平教师资训练班，以促进平教工作开展，三处共到义务师资 96 人，每处开班 6 天，课程有平校组织、平校概论、千字课、平民卫生、教学法等。[348]

在当时英国浸礼会的青州、周村、邹平、北镇四大区都设立了平教中心区，除开办平民学校、妇女班外，"备有力所能及的最简单医药及浅近代书报，救

---

345 张伯怀：《山东青州中华基督教会的平教工作》，《金陵神学志》1934 年第 16 卷第 3-4 期合刊，第 35 页。

346 《山东中华基督教会中区平民教育部近闻》，《中华归主》1930 年第 121 期，第 10 页。

347 张伯怀：《山东大会中四区平民教育部报告书》，《总会公报》1931 年第 3 卷第 2 期，第 644 页。

348 张乐道：《平教师资的训练》，《兴华》1933 年第 30 卷第 15 期，第 13 页。

济农民的疼病及知识荒"。[349]因当时中四区联会培训了大量教师，准备工作充分，平民教育成绩喜人。1931 年时，该会已开办了 150 处识字班。[350]但是识字班的学员却常因多种原因中途退学，最后完成学业者与顺利取得证书者的人数不多。如 1931 年时，"该会识字班最初招收了 2155 名学员，但坚持完成 4 月学习者仅有 1010 人，而其中又有 672 人通过考试，取得毕业证书。"[351]此类识字班此后每年开办，中四区的平教运动也成为基督教在华识字运动开展的典型。时人曾评价称："该会教友识字运动之进行办法，在全国教会中最为积极，所有人力、财力完全集中提倡识字运动……该会所拟识字运动计划，极为详要。"[352]为达到教学效果，浸礼会还派专员定期视察各地办学状况，并举行学员毕业会考。该区识字班"自开办到 1933 年，入校学员已达 5074 人，毕业 1300 人。"[353]1934 年，该平教区因经费紧张停办，山东平教区虽然只持续四年，但成绩斐然，尤其培养了大批平教人才，据其报告在开办四年中："受训练的教员已达 473 人，毕业生已有 2187 人，曾入校读书者不下 6772 人。"[354]此平教区停办后，仍继续开办夜校，在 1936 年，"有男校 95 处，女校 15 处，男女学员 2000 余名，对乡村教会帮助甚大"[355]。当然该会平民学校也注意传教，如介绍及编制适宜于平民的宗教读物，于识字班中举行宗教演讲，或于识字班中举行查经会、主日会。[356]

在陕西传教区，受当时乡村建设热潮影响，1934 年，浸礼会传教士包赉恩及牧师朱晨声、王道生、张文化等人，倡导在三原及渭北各地教会中还办起了平民识字班。开办之前，"在三原县召集全区教会领袖，开以特别会议，讨

---

349 张乐道：《山东大会中四区平民教育的最近一点报告》，《总会公报》1931 年第 3 卷第 10 期，第 926 页。

350 C.Y.Cheng, "The Church in China's Rebrith", *The Chinese Student*, Vol.23, No.2, November 1931, p.1.

351 *One Hundred and Forty Annual Report of the Baptists Missionary Society*, London: The Mission House, 1932, p.17.

352 张福良：《民国十九年的识字运动》，《中华基督教会年鉴》第 11 期，1931 年，（肆）第 89 页。

353 Hugh W.Hubbard,"Mass Education", *The China Christian Year Book*: 1932-33, Shanghai: Christian Literature Society, 1934, p.289.

354 《青州平民教育部停办宣言》，《信义报》1934 年第 22 卷第 38 期，第 356 页。

355 《山东中华基督教浸礼宗教会情况》，《真光杂志》1936 年第 35 卷第 8 号，第 53 页。

356 《平民教育在山东大会中四区放射的一点曙光》，《总会公报》1931 年第 3 卷第 2 期，第 646 页。

论并通过所拟工作计划。在各堂会求识字教师人才，并在短期学校授以特殊训练。识字班开办后，他们自身则担任督学工作。"[357]教师训练班在三原福音村举行，共计 1 周，教授开班，教学，传授宗教的方法。"受训练的有 55 人，来自 30 处不同的地方。"[358]义务教师利用冬闲和夜晚时间授课，教学内容是：平民千字课、农民宗教读本、诗歌、珠算、卫生等。识字班的设立遵循三个标准："学友较多者；不识字教友较多者；壮年教友较多者。"[359]识字班利用当地公所、庙宇、会堂、住宅等作为校舍，培养对象是教会青年，学习用品自备，参班学习的青年非常踊跃，一处教会多至数十人。"全课每日教 2 小时，四个月完成，报名者达 1100 多人。"[360]学习结束后，需要进行考试；有时各校还联合举办运动会，开展文体活动。1934 年，浸礼会在陕西已开办有 30 处平民识字班。[361]学员高级卒业后，得入医术传习班、农业讲习会或主日学训练班等，以资实习。到 1934 年底，陕西大会的平民教育工作，受平教者 1087 人，有 497 人已经毕业。[362]浸礼会在各地识字班及平民学校的开办，帮助许多民众不但脱了盲，而且掌握了基督教基础知识，为教会培养了众多义工，促进了宗教工作的开展。据 1934 年底报告，当时陕西有 683 人加入教会，866 人成为问道者。[363]

3. 美国美以美会与华北识字工作

美国美以美会在华北地区的早期识字工作，主要是由美国女传教士海珥玛在昌黎地区的妇女中推动。当时昌黎美以美会发现各教堂都有许多不识字的信徒，不会读《圣经》，致碍教会发展，故早在 1925 年发起妇女平民教育运动，开办妇女识字班，后每年都坚持开办，并在五年运动时期继续推行。由于民风未开，普通民众对平教学校带有怀疑态度，初期平民学校学员也多是教徒。后随着政府提倡妇女教育及解放，民众对妇女态度改变，识字工作也日渐

357 韦格尔编：《培养教会工作人员的研究》，上海广学会，1935 年，第 116 页。

358 《陕西大会的两个大举》，《总会公报》1934 年第 1 期，第 5 页。

359 《中华基督教会陕西大会的宗教教育部半年计划》，《宗教教育团契》1933 年第 3 期，第 44 页。

360 《陕西大会的两个大举》，《总会公报》1934 年第 1 期，第 5 页。

361 《中华基督教会陕西大会的宗教教育工作》，《宗教教育团契》1934 年第 4 期，第 13 页。

362 《华北五运促进会消息》，《中华归主》1935 年第 151 期，第 18 页。

363 Ronald Rees,*China Faces the Storm: the Christian Church in China Today*, London: The Carey Press, 1937, p.125.

受到欢迎，妇女入学者渐多。昌黎地区的平民学校学生人数多寡不计，只要有向学热忱，即二、三人亦成一校，使乡民求智识兴趣为之提高。在模式上，以本地领袖办理本地教育，无隔阂之弊端；用本地的经济来办本地的学校，无筹款之难。[364]特别是当时识字班纯粹用家庭式，都在挑选的学员家中举行，教学所需桌椅等用具，普通家庭都可通过家中生活用品实现所用，适合当地智识与经济之条件，便于推广。[365]

从美国美以美会举办识字班的参加人数看，也是逐年增多，据海尔玛1934年报告昌黎识字班情况："第一年识字班总计有100多个人，后来递年都增加2000多人。到了末了一年，虽然昌黎有战事发生，识字班人数增加反突过2000数目。在九年中，识字班人数计达到9339人之多，其中约有2/3是妇女。"[366]妇女识字班当时教授的科目有三种，千字课是每天必授的科目，另有每周两次的宗教教育及家庭卫生教育，课本则用平民教育促进总会所出的《农民千字课》。在开学时间上，一般以农闲时的每年10月至翌年3月为学习时间；学期满后，组织考试，合格者发给毕业证书，并专门开毕业会。[367]该会还为千字课毕业生和受过少许教育的妇女开设高级班，使用青年协会的平民读物和《平民月刊》及《福幼报》作为教材。每年识字班的入学人数虽多，但坚持学完课程毕业者却甚少，时常有学生因各种原因退学。而且该会识字班的宗教教育并不是强迫的，有人不愿接受，决不勉强，但大多数就学的妇女对于福音表示欢迎。当时教会主要通过教授唱诗的方式来布道，有的地方还在晚间设有查经班，欢迎妇女平民学校学生加入听讲。[368]

因资金缺乏，教会也注重征求义务教员，召集平民学校学生，征集平民学校的地点和校舍及愿意资助平民学校者。平民学校教员教授用的书籍和图书，由平教委员会购备，学生用书多自费购买。在美以美会开办平民学校前期充任教员者只有牧师，女传道和教会学校的教员，后毕业后之学生，即可作教员，而牧师及女传道员则多处于指导或督促的地位，故推广甚速。当时的平教教

364 谢凤鸣：《昌黎教会工作简述》，《燕大宗教学院实验村计划草案及乡村教会工作之文章》，北京大学档案馆藏：私立燕京大学档案，档案号：YJ1936010。

365 Irma Highbaugh, "Supplementary Education in Changli and Neighboring Villages", *The Educational Review*, Vol.28, No.4, October 1936, p.282.

366 海珥玛：《河北昌黎美以美会的平教工作》，《金陵神学志》1934年第16卷第3-4期合刊，第32页。

367 中华全国基督教协进会编：《基督教与平民教育运动》，第25-26页。

368 中华全国基督教协进会编：《基督教与平民教育运动》，第27页。

员，有平民学校毕业者，少有受过高中教育者，最多数是初等小学毕业程度，由识字班而来的领袖日益增多，故教会又为他们开训练会及各教区的宗教教育训练会，教授平教知识。此外，由各乡村教会牧师召开教友讨论会，研究教学方法，及鼓励教友担任义务教员。[369]当时美以美会在昌黎开办的贵贞女子初中也负责训练平教学校的女子教师，由女传教士戴耶（Clara P.Dyer）与两名中国助手负责训练，教学组织极其完备周密。[370]1936 年，昌黎汇文中学还利用寒假，邀集在昌黎、滦县、乐亭农村任教的毕业生，返校参加短期进修班，同时以学校为中心，成立城乡教育联合网，借以巩固、发展农村教育。当时教师大多是义务任教，受薪者占少数，据昌黎传教区 1934 年报告，"4 年来平校教员有 582 人，其中男教员 251 人，女 331 人，其中义务教员 487，受薪者为 95 人。"[371]义务教员的设立，也促进了妇女灵性生活的进步。"许多女信徒因为当义务教师，自己在知识上不能不求进步因为在教外人中间服务，自己不能不力求生活基督化，以为非基督徒的模范。"[372]

当时美以美会在河北滦县安各庄村的民众教育较为典型，成为河北民众教育示范区。该会牧师田立功于 1929 年到安各庄布道，因失学儿童甚多，故整理男女学校，协助教读，到各教友家劝令子女入学，"年终有男生 36 人，女生 12 人。"[373]他还于 1929 年始开设平民学校，教授千字课。第一期平民学校有两班，男女教员为附属男女高小毕业生，均为义务人员，以后每年冬季都开小平民学校。"到 1932 年 4 月止，在 3 年时间，已在 18 村庄开办有 56 班平民学校，有男女学生 768 人。"[374]安各庄因为平民识字工作与宗教教育的努力，信徒数目骤增，经费因之充裕而自立，平教学生、信徒数目及自养捐款一同增加。[375]该处平民学校的开办，因效果显著，也引起了地方政府

369 《农村建设讨论会记录》，《农村建设讨论会报告书》，上海广学会，1934 年，第 20 页。

370 "The Church and Rural Building", *The Chinese Recorder*, August 1932, p.519.

371 《近数年来中华基督教平教工作统计表》，《中华基督教年鉴》第 12 期，1934 年，第 213 页。

372 中华全国基督教协进会编：《基督教与平民教育运动》，第 29 页。

373 田立功：《乡村教会经验谈》，《金陵神学志》1932 年第 14 卷第 7-8 期合刊，第 58 页。

374 田立功：《乡村教会经验谈》，《金陵神学志》1932 年第 14 卷第 7-8 期合刊，第 58 页。

375 田立功：《一个乡村教会工作的实验》，《中华归主》1930 年第 128 期，第 4 页。

的重视与支持。如河北省教育厅视察员称安各庄为河北民众教育模范区，在对该会所办平民学校大为嘉奖后，即令滦县教育局每年津贴每一所平民学校经费 10 元，学生担负亦可因此稍轻。[376]政府教育当局对该会努力平民教育极表赞美，且并不干涉平民学校对学生的宗教工作。

鉴于平民教育重要性，华北美以美会当时规定每教区至少须开办平民教育一班，又相继在华北各教区开有类似平民学校，提倡识字教育。1930 年时，美以美会在滦县、遵化、山海关三教区共 70 余处平民学校，学生千余人，有视察专员协同布道员共同指导，经费则由热心乡村教育者资助。[377]昌平实验区的乡村教育部也设有平民学校、平民问字处，平民书信处，专门为乡民服务。1934 年，"男女平民学校 8 处，学生 158 人。"[378]当时的平民学校分初级班、高级班两种。初级班以 4 月为期满，每日 2 小时，卒业考试及格者，发给平教总会之证书，再升入高级班。此外，北平传教区还专为文盲率较高的妇女开办识字班，"1934 时，该区已开办 60 班妇女识字班，学生 1500 人，毕业者有 500 人，教师有 25 人。"[379]为培训平民学校师资，教会还为平民学校义务教员每年至少开传习会一次，训练他们在教学上和服务上，以基督的精神去帮助社会。[380]

美以美会平民学校的开办，在短时期内将目不识丁的民众的读字能力大为提高，在成效上颇有成效。特别是自一批学生毕业后，毕业生就转为教员，教授第二批千字课班的学员，也保证了学校师资的供应。当时平民学校大部分学员为非信徒，如 1931 年昌黎平教学校中的学员中有男女基督徒有 221 人，而非信徒学员则有 1865 人。[381]故该会的平教运动又同时开展宗教教育，在传教上的效果比较突出，因平民学校而加入教会之妇女为数亦多。如据 1931 年报告，在前一年毕业的 1873 名平民学校学生中，已有 303 名学生成为慕道友

---

376 余牧人：《我所参观的几个华北乡村教会》，《金陵神学志》1932 年第 14 卷第 7-8 期合刊，第 74 页。

377 中华全国基督教协进会：《全国基督教识字运动研究会报告书》，第 19 页。

378 田立功：《北平汇文神学院昌平县乡村工作实验区概况》，《真理与生命》1934 年第 8 卷第 6 期，第 286 页。

379 《近数年来中华基督教平教工作统计表》，《中华基督教会年鉴》第 12 期，1934 年，第 213 页。

380 中华全国基督教协进会：《全国基督教识字运动研究会报告书》，第 19 页。

381 *Report North China Woman's Conference of the Methodist Episcopal Church*, Peiping, 1932, p.46.

或受洗。[382]从办学效果上看，据昌黎传教区 1934 年报告："有 20 个堂会于 3 年中，目不识丁的教友，已有 50%变为识字的教友，其余 50%不识字的教友，鉴于平教的成功，亦源源加入教会识字班，文盲的问题于此竟迎刃而解。"[383]而且当时美以美会女布道会认识到教授妇女识字，也是构建基督化家庭的基本条件，故当时各个乡村识字班都在基督徒家庭内举行[384]，从而利于识字运动与基督化家庭运动的合作开展。

### 4. 华北公理会的识字运动

当时华北公理会各区会积极推行识字运动，在全国教会中也比较突出，尤以保定公理会的平民教育工作为学习典型。保定公理会办理平民教育的动机，是因为他们感到了两方面的需要，"第一方面，是教友大半不识字，不能自己研究，所以进教之后，灵性生活的进步，反而非常迟滞；第二方面，是教会对于一般的民众，没有相当的服务工作，因之基督教的博爱精神，只成了纸上谈兵，与社会的疾苦，天国的建设，都漠不相干。他们的领袖，认为以救国为己任，而且以此自豪的基督教会，对于教友本身及其社会的深切需要，总应有所建树，因此发起了他们认为中国社会最需要的平民教育工作。"[385]

保定区的平民教育工作早在 1924 年由传教士胡本德开始组织，工作是先由领袖到村庄说明平民教育重要性，后开平民教育运动大会，进行宣讲后开办平民学校，借用中小学校址，在五年运动时期继续开办。该会对于开办平民学校的规定则有："凡各乡村有学生 20 人者，即允开办，其地点或在教会，或借庙宇，或借公共房屋不等。学生年龄以 10 岁以上，百岁以下为限。经费由教会每班津贴 6 元，其不足之数，则募捐补助之。学生自备课本，教师则是义务充任。晚间农暇之时学习，6 个月毕业。"[386]在教学上，教员先唱诗歌，振作其精神，然后开卷教授。每晚布道士，在会堂讲道，学生亦可自由来听，所以每晚即有数千人听道。[387]传道人还视察平民学校，举办平民教育讲习会，而毕业

382 Thirty-Ninth Session of the North China Annual Conference of the Methodist Episcopal Church, August 24-31, 1931, Peking, p.150.

383 海珥玛：《河北昌黎美以美会的平教工作》，《金陵神学志》1934 年第 16 卷第 3-4 期合刊，第 33 页。

384 Mary Isham, *Valorous Ventures: A Record of Sixty and Six Years of the Woman's Foreign Missionary Society Methodist Episcopal Church, Boston*, 1936, p.211.

385 中华全国基督教协进会编：《基督教与平民教育运动》，第 12 页。

386 胡本德：《保定公理会平民教育工作》，《兴华》1929 年第 26 卷第 50 期，第 30 页。

387 张横秋：《今日乡村教会的观察》，中华全国基督教协进会，1926 年，第 14 页。

考试分为识字考试与写字考试，都至少须各试 20 字，以 80 分为及格。[388]学完则开毕业会，颁发证书，毕业后组织高级班。随着工作的完善，保定识字班的数量及范围也不断扩展。"1934 年时，该会在 118 个村子开办 236 个识字班，有 3535 名学生。"[389]当时保定教会还为平民学校学生组织多种联谊活动，于 1933 年 5 月成立了保定各校附设平民学校联合会，推进乡村平民教育工作，活动有室外表演会、平民学校学生演说竞赛会及平民学校教职员联合会等。保定公理会正式授课时，因与地方官绅和教外的小学校合作，只教千字课，不施宗教教育。"以礼拜堂为校址的学校常在正式授课时间之后，教授圣经故事和唱诗。"[390]保定公理会的平教效果显著，不仅减少了当地民众的文盲，而且增加了教会的信徒数量。特别是这些因平教而入教的信徒，不仅能识字读经，而且对教义有了一定了解，信徒品性优越，故此举也成为全国教会效仿典型。

山东临清公理会的平教工作自 1932 年开始，本年计成立初级识字班 37 班，学生 1100 余名，能得毕业证书者，计有 500 余名，而教师皆是义务教员。[391]翌年，该会又成立高级识字班，"实行一年来，学生 1300 余人，分 42 班教授，占 35 个地方。"[392]因学生多中途退出，故每次考试，学生人数均比之前减少。"识字班能够完成 4 个月者共计有 30 人，学生读毕课本并且准许毕业者约 400 人。"[393]1935 年，临清教会又推行注音字的练习，先学注音字而后学汉字，其比专学汉字其效率更速而且大。尤其对于记忆力衰落的民众，虽无暇或无力学汉字，但能在最短的时间，学此较易的注音字。"所以，近一年来用注音字读圣经者，骤增百余人。计 1936 年成立注音班 11 班，学生 133 名。高级识字班 6 班学生 83 名。初级识字班 17 班，学生 397 名。"[394]后随着抗战的全面爆发，临清识字班被迫中止。

太谷公理会也在多地创办平民学校，教导农民识字，另晚间还有专门礼

388 中华全国基督教协进会编：《基督教与平民教育运动》，第 17 页。

389 *The Annual Report of the American Board of Commissioners for Foreign Missions*, Boston: Congregational House, 1935, p.14.

390 中华全国基督教协进会编：《基督教与平民教育运动》，第 19 页。

391 临清基督教公理会：《临清基督教公理会五十周年小史》，临清，1936 年，第 19-20 页。

392 《山东临清识字运动之进展》，《中华归主》1933 年第 134 期，第 7 页。

393 吉培德：《山东临清公理会的平教工作》，《金陵神学志》1934 年第 16 卷第 3-4 合期，第 42 页。

394 临清基督教公理会：《临清基督教公理会五十周年纪念小史》，临清，1936 年，第 19-20 页。

拜。如该会在祁县长头村成立了平民妇女学校，1935 年时有 29 名妇女参加。因初开办，"对于宗教道理暂为不提，只讲十字课，但是每周要守安息日，学生亦带他们的母亲来到学校，就机会将故典说圣道。"[395]山西汾阳公理会平民学校则分长、短两期，长期平民学校多半是儿童参加，又分男、女两校，而短期平民学校开办时间为一月或两月，多半是青年及壮年参加，在平民学校课程上则教授识字，并有生计、公民课程。[396]此外，天津公理会 1930 年春开办识字班，开办时间四个月，学生则有 770 人，教员 11 人，经费由信徒赞助，年龄要求 12 至 45 岁，对已读书在 3 年以上者不收，所用课本为青年协会之《平民千字课》，世界书局之《民众千字课》。[397]当时受了传统道德约束，妇女识字工作开展较难，如北平公理会因女义务员不易请到，但男教员授课，妇女不肯就学，故妇女学校难成立。[398]

### 5. 英国伦敦会的快字运动

英国伦敦会的河北萧张与沧县两区会则在此时期推行快字运动。快字乃是 70 个字母，由注音字之拼音而成，即是有音无义之字，没有 3 个字母拼字的困难。教会还用快字编写唱诗介绍《圣经》小册子，并用这种小册子成为教授快字的课本。为弥补学完不用即忘的弊病，该会还出版一个小月报，以汉字为主体，旁边加上快字，可以相互学习两种文字。[399]教会利用此法教平民识字读经，收到很好的效果。他们用这种快字，印了几十种读物，平民很容易学习。"但是注音字母之教授，颇为简易，但最大之困难，难引起智识界的兴趣。"[400]

当时英国伦敦会设有一所印字馆，专印快字书籍单张、《圣经》、唱歌及宣讲单。凡信徒都识得快字，简言之，他们布道时的一大工作即教识快字，由快字之识认入手，使其明白道理。"在很短的时间，教友便能读能写了，教友无论男女老幼均能识字读经。初时仅读快字，到后因普通字与快字并印，连普通字都认识了。"[401]每年春天农暇时节，萧张区会开妇女识字班，四乡妇女来读，教会只供给房屋柴火。"七八日就可将快字认识，半月以后便能读圣经。其余

395 《长头村平民千字的设备与经过》，《谷声季刊》1935 年第 40 期，第 16 页。
396 成均菴：《五年运动建议案》，《兴华》1930 年第 27 卷第 41 期，第 9 页.
397 中华全国基督教协进会：《全国基督教识字运动研究会报告书》，第 23 页。
398 中华全国基督教协进会：《全国基督教识字运动研究会报告书》，第 20 页。
399 张横秋：《今日乡村教会的观察》，中华全国基督教协进会，1926 年，第 14 页。
400 中华全国基督教协进会：《全国基督教识字运动研究会报告书》，第 19 页。
401 《萧张快字运动》，《消息汇刊》1936 年第 3 期，第 22 页。

各堂教牧亦有随时随地教授，或每逢春秋二季在各地举行教友学道班一二礼拜不等。"[402]从当时的具体效果看，1931 年萧张区会报告信徒 85%能读《圣经》，且有因快字而能读汉字《圣经》的。[403]沧县区会推行快字的效果也颇佳，1933 年报告"因快字而能读汉字《圣经》的，青年人大约皆能，信徒有 90%，能读圣经，能祷告。"[404]

### 6. 美国北长老会在华北的平民教育

美国北长老会在华北的教区涉及河北、北平、山东等多地，也在活动地区开办平民学校。如顺德区会 1931 年组织 26 处民众学校，招收学生 430 人，大多为夜班形式，花费由基督徒捐献。学校课程有农民千字课、福音问答、注音字、音乐等，教会则每年为每个学校提供 4 元经费以补充煤油等花费。[405]该会河北邢台传教区也开办平民学校，到 1930 年成立 17 处，学生共 324 人，课程有千字课、真道问答、百家姓、注音字母及珠算等[406]，可见平民学校在教学内容方面既教授识字，又在传播宗教与社会知识。到 1932 年，邢台教会开办的平民学校达到 20 处，学生 249 人，学员年龄要求在 11 岁至 60 岁之间，开办时间为每年春冬两季不过 6 个月。[407]平民学校的开办不仅提高教徒及慕道者的文化水平，"而且还是提供基督服务的绝佳机会，由他们向邻近的非基督徒宣扬基督博爱，正在打开福音大门。"[408]

保定长老会则推行政府颁布的国音符号运动，藉以使信徒能读能写，增加查经能力，获得一般常识。该运动方法是借助开办学道班、平民学校或家庭布道之便，授信徒以注音字母，然后供给适宜的书籍，使其逐渐自修，直到能自行阅读书籍，还利用图画帮助农民学习，提高学习效率。该会还编有《圣经单字歌》一册，将圣经中所有单字，依韵编成歌，旁面加以注音。[409]在山东各地

---

402 《萧张区会工作纪详》，《兴华周刊》1936 年第 33 卷第 6 期，第 28 页。

403 陈国诏：《华北伦敦会》，《中华基督教会年鉴》第 11 期，1931 年，（贰）第 29 页。

404 中华基督教会全国总会：《中华基督教会全国总会第三届常会议录》，厦门，1933 年，第 112 页。

405 *Minutes of the Annual Meeting of the North China Mission of the Presbyterian Church in the U.S.A*, held at Peiping, 1931, p.26.

406 中华全国基督教协进会：《全国基督教识字运动研究会报告书》，第 22 页。

407 董徒生：《河北邢台教区开办平校》，《总会公报》1932 年第 4 卷第 3 期，第 1088 页。

408 *Minutes of the Annual Meeting of the North China Mission of the Presbyterian Church in the U.S.A.*: held at Peiping, 1931, p.26.

409 《保定国音符号运动》，《消息汇刊》1936 年第 3 期，第 33-34 页。

的美国北长老会也开办识字班，如烟台长老会 1931 年，有 13 名女布道员在近 50 村庄开办识字班，教授妇女千字课。由于教师即是布道员，故在教授时也在传授宗教教义，部分女孩也对基督教发生兴趣，有的还进入爱道圣经学校学习，并加入教会；[410]济南长老会 1935 至 1936 年也兴办平民学校，有来自 18 个村庄的 272 名学生参加，年龄 14 至 25 岁不等，而教师都是由教徒担任；[411]滕县长老会开办的平民学校，每年为期 3 个月，教师全部为义务人员，"1935 年时，有学校 92 处，设立在 40 个不同村镇中，学生有 1216 名，而县政府也对学校也部分补贴。"[412]美国北长老会平民学校的教师也多是义务人员，学员也是免交学费，自备学习用品，差会给予少量补贴。

### 7. 福建教会的平民教育工作

福建作为民国时期基督教活动范围较广的省份，教会在平民教育上也是活动颇多。如 1930 年福建涵江区会开设平民学校，招收凡不识字之男、女平民，年龄在 12 岁以上，50 岁以下者入学，课授平民千字课、唱歌、游戏珠算、常识等科。此外，学校附设童子会、幼儿园，由教会人士出任义务教员。来学习的男女平民有 20 余人，连童子会、幼儿园合共有 70 人，试办 40 日。该班为期甚短促，而来学者却很有趣，学者留心勤读，而教授者自诲人不倦，所以有读完三册的、二册的，最少的也读完一册，皆能受考及格；在停办后，各平民在家中继续自修。[413]1933 年，闽南基督教会本基督服务牺牲之精神，顺社会时势之需要，实现救国救民的宗旨，设立平民教育促进会，将闽南各教区划分为 18 区，每区设干事一人，专们负责该事务。[414]该促进会设立平民学校，根据宗教精神灌输平民生活所必须的普通智识与技能为宗旨，招收 12 至 50 岁的失学平民，初级班课程有农民千字课、习字、珠算、唱歌、常识。高级班有高级农民千字课，平民宗教课本、习字、算学、唱歌、常识，利用农暇举行，每班开办 4 个月。[415]

---

410 Anita E.Carter, *Historical Sketch of the Chefoo Station, 1862-1937*, Chefoo: James McMullan & Co.Ltd, 1937, p.29

411 *Tsinan Station Report,1935-1936*，山东省档案馆藏，私立齐鲁大学档案，档案号：J109-01-271。

412 连警斋编：《郭显德牧师行传全集》，第 637 页。

413 林佳声：《涵江牧区五运工作概况》，《兴华》1930 年第 27 卷 47 期，第 9 页。

414 《闽南基督教平民教育促进会宣言》，《金声月刊》1933 年第 3 卷第 7-8 期，第 53 页。

415 《闽南基督教平民学校简章》，《金声月刊》1933 年第 3 卷第 7-8 期，第 54 页。

厦门鼓浪屿中华基督教会特别注意妇女平民教育。因鼓浪屿本地多失学之成年妇女与少女，当时教会应付失学妇女教育之办法，为利用罗马字母拼音字，但她们只能限于阅读罗马字母拼音之刊物，而有不能阅读通用全国之汉字刊物及书籍等之痛苦。故该会于五年运动之始计划开办妇女民众学校，用千字本课本，并用国语来教授。该会认为在学生方面应收些须费用，使学生重读书机会，故每位学生每学期交 2 元以供学校桌椅等经费之用。到 1935 年，计有高级毕业生 700 余人，前后担任平教教育员者有 20 余位。[416]该会平民学校有双重之目的，一是使他们能认字增他们求知能力；二是灌输宗教知识，利用平民学校实施宗教育于妇女，藉改良她们个人及其家庭之生活状况，使其趋于基督化。为了加强宗教传播，该会办法是在每堂平教功课之前用 20 分钟时间教他们学习宗教诗歌，或他种唱歌，并讲论宗教，其中星期一由该堂牧师担任，星期三、五两日由平教员轮流担任；教员方面则组织了一个平教教员团契，每周三一起查经研究宗教，讨论教员之困难及解决方法，并注重祈祷。该会的主日学特别注意在平校读书之学生的加入，实际上该会平校学生中的 4/5 都加入了主日学，且在 1934 年 8 月至 1935 年 6 月，受主日学影响而立志做基督教徒，并受洗礼加入教会有 12 位。[417]

### 8. 其他教会的识字运动

除了以上主要的差会开展识字运动外，还有一些教会有小规模的识字教育活动。在北方地区，北平平景教会规定每月每逢三、八、五、十的集日，信徒来堂者不得闲谈，必须共读《圣经》几节，以帮助识字。而妇女则是彼此代教，"每次须识得数十字，或《圣经》几节，以前不识字十之八九，今则不过十之一二矣。"[418]天津循道会的杨姓布道员曾在 1933 年上半年建立 7 处平民学校，有 124 名学生，年龄 14 至 40 岁不等，教师都是由义务人员担任，到最后有 23 名学生毕业，其中有 9 名学生毕业后帮助他继续开办平民学校。[419]中华基督教会河南大会则在农闲时间开设许多扫盲班，在农民中推行注音字母，

---

416 陈秋卿：《五运中鼓浪屿中华基督教会五运中妇女事业之成绩》，《中华归主》1935 年第 159 期，第 14 页。

417 参见陈秋卿：《五运中鼓浪屿中华基督教会五运中妇女事业之成绩》，第 15 页。

418 《各支会报告五运的进行》，《华北公理会月刊》1931 年第 5 卷第 10 期，第 14 页。

419 Mr Paul Yang's Report on Anti-illiterary Work & Student Work, p.1, *Wesleyan Methodist Missionary Society Archive*, Box, No.971, North China Chairman, 1933, No.468, Inter Documentation Co., 1981.

讲授千字课等，还有传教士则借机讲解注有拼音的圣经材料。[420]

在南方的一些教会也有零星的识字教育开展。如 1930 年春，上海五年运动委员会设立上海五运识字学校，宗旨以普及教育为宗旨，先以 2000 应用之字，教授不识字者入手，再用浅文小册或报纸灌输其他知识。校址则向教会学校及慈善机关免费借用，教员为义务而且有小学教员资格，经费则是向上海各教会募捐，书籍由学生自备。[421]安徽的教会则利用周日为训练识字之日，慕道友来堂崇拜时，抽出数小时授识字，于第二个周日时加以考试，以此各慕道友均能识字。而且若干地方家中及教堂多用为训练识字场所，故结果多成为读经教会。[422]江苏淮安教会每年初冬为乡村妇女办有妇女识字训练班，有中西女传道士负责，希望于最短期间，授以简单课本，促成女信徒得识普通常用之字。除教授课本外，还有讲道、解经、背诵简短圣经节句、学习灵歌等工作。1935 年初冬，报名者有 80 人，课程计两礼拜。[423]四川井研教会 1933 年时初办妇女识字班，分 3 班教授，来学者三四十人，两礼拜完毕，收效颇多。1934 年 3 月 2 日，该会又开设妇女半日识字班，4 个月毕业，前来报名者有 20 余人，到场听课者有 10 余人，科目有千字课、算术、习字、福音易读、卫生，分两班教授，全是目不识丁的民众，到当年 6 月有 6 人毕业。[424]循道公会浙江温州区会在识字运动上，曾办理主日平民学校，分男、女、识字与不识字等四班，采用青年协会出版之《平民千字课》课本，丁每周日下午正式礼拜后举行。信徒识字班则是该主日学校停办后，即续办此班，在周日下午 2 时至 3 时，由本日派定之牧师及识字平信徒分班教授。[425]该区还分别对牧师及布道员、平信徒及传道士进行训练、另有儿童宗教教育工作人员训练班、乡村妇女宗教训练班。

此外，当时教会学校也多成立平民学校来推进识字运动，为附近失学儿童及成人服务，教授他们识字。如浙江杭州之江文理学院附设的乡村平民夜校人

---

420 尚海丽：《中华基督教会河南大会本色化运动评析》，《殷都学刊》2007 年第 1 期，第 83 页。

421 《上海五运识字学校章程》，《中华归主》1930 年第 105 期，第 12-13 页。

422 《五年运动报告书》，《中华全国基督教协进会第十届大会报告》，上海，1935 年，第 48 页。

423 杨仓麦：《淮安教会妇女识字训练班之盛况》，《通问报》1935 年第 50 号，第 17 页。

424 李澄清：《四川井研县布道及识字运动研究报告》，《中华归主》1934 年第 148 期，第 16 页。

425 《循道公会浙江温州教区五运工作简报》，《中华归主》1934 第 150 期，第 12 页。

学学生日渐增多，已由 30 余人增加到 1933 年的 60 余人，所开课程由一科增加到 3 科，并将全体学生分成成人、儿童两班。学生训练除教以实际知识外，注重精神上陶练，鼓舞乡农大众之兴趣。[426]再如济南广智院与齐鲁大学合作，于 1927 年起将贫民夜校改为男、女民众学校，不收学费，教员多半为齐大学生。其中，男民众学校每日晚上 7 点至 9 点上课，女民众学校则是每日下午二点至三点半上课。[427]课程分初、高级两种，有千字课、算术、卫生、书信等，考试合格者方可毕业。截至到 1936 年，"民众学校已有 15 班毕业生，总数共 309 名，工友与小商贩居多数。"[428]在民众学校，宣讲基督教知识是必不可少的内容，千字课内容也是基本以《圣经》知识为主，学校初衷仍是帮助学员识字进而认读《圣经》，而且每周六晚上都有学员中的三四十人参加圣经班，不少因此加入了教会。[429]教会中学也组织学生成立平民学校，如遵化汇文中学 1932 年设立 39 处平民学校，有 1142 名学生。[430]太谷铭贤学校为扫除文盲，也在贯家堡地区采取了有针对的平教计划，其中 13 至 26 岁的文盲要参加每晚举行的识字班，当时有 5 班 73 名学生参加，而 26 至 45 岁的文盲则需要每天学习三四个字，乡村小学三四年级的学生每天放学后也被要求教授他们的母亲及姐妹识字。[431]相对于教会开办的识字班，教会学校因有师资的保证及教学经验，故其开办的平民学校更有成效，也能保持长期性。

五年运动时期，识字运动在各教会普遍举办。据基督教协进会 1934 年底在各地教会调查 1930 至 1934 各教会所举办之识字班情况，共收答案 462 份，有 349 份报告举办了 1934 班，共有 47764 名学生。在信徒识字增加率方面，有 87 堂报告增 10%以上，321 堂报告增加 20%以上，13 堂报告增加 30%以上，8 堂报告增加 40%以上。[432]并且识字班针对男女学生分别开设，聘请男女教员或义务教员教授。下表为 1933 年时，部分在华教会兴办识字班情况统计：

---

426 《杭州之江文理学院》，《中华基督教教育季刊》1933 年第 9 卷第 4 期，第 103-104 页。

427 外务省文化事业部：《欧米人ノ支那二于ケル主ナル文化事业》，昭和四年（1929 年），第 524 页。

428 《广智院民众学校举行毕业典礼》，《齐大旬刊》1936 年第 6 卷第 24 期，第 166 页。

429 *Christian Universities of China Bulletin*, No.13, February, 1936, p.11

430 Tsunhua Hui Wen Middle School Report for 1932, *Missionary Files: Methodist Church*, 1912-1949, Wilmington, Del: Scholarly Resources Inc, 1999, Reel.70.

431 Shou Ming Wu, "Rural Social Service Work of Oberin Shansi Memorial Schools", *The Educational Review*, Vol.28, No.4, October 1936, pp.290-291.

432 《五年运动工作调查结果》，《中华归主》1935 年第 152 期，第 16 页。

## 1933 年基督教会识字班情况统计表[433]

| 教会团体 | 男班数 | 女班数 | 男学生数 | 女学生数 | 男毕业生数 | 女毕业生数 | 男教员数 | 女教员数 | 义务教员数 | 受薪教员数 |
|---|---|---|---|---|---|---|---|---|---|---|
| 山东德州公理会 | 21 | -- | 195 | 61 | -- | -- | 15 | 4 | 19 | -- |
| 山东潍县长老会 | -- | 20 | -- | 380 | -- | -- | -- | 20 | -- | -- |
| 山东胶东区中华基督教会 | 18 | 2 | 350 | 30 | -- | -- | 19 | 1 | 20 | -- |
| 山西太谷基督教会 | 3 | 2 | 52 | 20 | 10 | 4 | 2 | -- | -- | 2 |
| 山东临清公理会 | -- | -- | -- | -- | -- | -- | -- | -- | 109 | -- |
| 山东中华基督教中四区 | 243 | 47 | 4675 | 799 | 985 | 329 | 275 | 47 | 275 | 47 |
| 河北滦县安各庄美以美会 | 42 | 36 | 930 | 715 | 930 | 715 | 60 | 33 | 92 | 1 |
| 河北昌黎美以美会（近四年统计） | 260 | 355 | 2195 | 5143 | -- | -- | 251 | 331 | 487 | 95 |
| 河北北平美以美会 | -- | 11 | 192 | 992 | -- | -- | -- | 29 | -- | 29 |
| 美以美会北平区公会 | -- | 60 | 1500 | 1500 | -- | 500 | -- | 25 | 4 | 21 |
| 河北保定公理会（近九年统计） | 1524 | 129 | 35049 | 2108 | -- | -- | -- | -- | -- | -- |

---

433 《近数年来中华基督教平教工作统计表》，《中华基督教会年鉴》第 12 期，1934年，第 213 页。

| | | | | | | | | | | |
|---|---|---|---|---|---|---|---|---|---|---|
| 江苏徐州长老会 | 130 | 30 | 2600 | 600 | 500 | 300 | 70 | 20 | 25 | 65 |
| 福建美以美会 | 70 | 40 | 600 | 400 | | | 90 | 40 | 130 | |
| 广东中华基督教会 | 1 | | 50 | 50 | 40 | 4 | -- | 6 | 4 | 2 |
| 四川一三县美道会 | 1 | 2 | 17 | 26 | -- | -- | 2 | 2 | 2 | 1 |
| 河南卫辉中华基督教会 | 6 | 6 | 155 | 100 | 90 | 60 | 2 | 1 | -- | -- |
| 安徽宛县中华基督教会 | 15 | -- | 100 | 80 | 70 | 50 | 9 | 1 | 6 | 4 |
| 湖南岳州复初会 | 164 | 12 | 384 | 60 | 179 | 25 | 68 | 6 | 59 | 15 |
| 福州中华基督教闽中协会（最近三年来） | 32 | 20 | 960 | 300 | 500 | 60 | 40 | 9 | -- | -- |
| 四川美道会涪州区会 | 4 | 1 | 152 | 33 | -- | -- | 5 | -- | 2 | 3 |

### （三）识字运动的效果

　　教会开展识字运动的主要目的，除了教授识字外，还在于发展民众入教。如保定公理会胡本德等识字运动规划，"不但使教友能全体识字，且使他们有一种宗教的训练和知识，使他们成为真正的基督徒。"[434]故在平民学校开办过程中，注重传播基督教，加强对学员的宗教教育，设有查经班及主日学，任学员自由参加。在平民学校教师训练班中，也有祈祷查经，非信徒参加者颇多。平教学校的开办也成了布道的出发点，加入教会的信徒多由平民学校而来，大多数的平民学校，都规定了宗教教育的时间。起初平民学校基督徒教师，常在授千字课，同时教授圣经故事或唱诗；以礼拜堂为校址的学校，常在正式授课

---

434 中华基督教宗教教育促进会编刊：《成人宗教教育的研究》，上海，1938年，第9页。

时间之后，教授圣经故事和唱诗。如 1934 年，"保定公理会宗教部有华教士 3 人，西教士 2 位，布道员 16 位，以设平民学校为布道前驱。每布道员分区负责扩充平民学校 15 处，总计 4 乡有 200 校以上。中西教士作游行布道，培养灵德教育。"[435]在识字班使用的课本上，除了广学会、平民教育促进总会等印行的各类平民千字课本外，教会还专门编发了《教友识字读本》，将真道、圣经和祈祷的要义灌输给那识字的信徒们，不仅可以帮助他们识认 166 个生字，而且会背主祷文[436]，达到了识字与布道双重目的。

经过识字运动的开展，各教会信徒识字率普遍增加。如华北公理会"1933 年识字教徒 8247 人，占全体教徒的 59%，到 1934 年识字教徒 9114 人，占全体教徒的 63%。"[437]从浙沪浸礼议会各堂识字人数看，也是渐次增加。该会 1929 年识字人数男 76%，女 61%；1930 年识字人数男为 80%，女为 75%；1934 年识字人数则是男为 85%，女 90%。从其他堂会报告情况看，报告会内识字人数增加者占 84%，无增加者尤 12%，报告建少者 4%。可见铲除文盲提倡平教事上大有进步。[438]再如 1933 年，中华基督教会调查各地基督徒识字情况，有些地方识字的男基督徒占该地全部男基督徒的 95%，女基督徒数目则占当地全部女基督教数目的 70%。但有些地方识字的男基督徒占该地全部男基督徒的 25%，女基督徒数目则占当地全部女基督教数目的 2%。[439]

五年运动时期的识字运动重要目的仍是推动民众入教。如 1933 年第二次全国识字运动研究会即曾建议："全国乡村教会应利用平民教育最好的方法和教材于会友及非会友，施行识字教育并以此为宗教教育的基础，不必以宗教教材为识字的工具；识字教育的目的乃是使受过教育者同时并重基督徒的品格与公民的品格。换句话说，就是要使受过教育者做个基督化的公民。"[440]从各地识字运动实践看，已经证明为介绍基督教的良好工具，亦为向教堂附近住

---

435 戴仰钦：《保定公理会平民工作》，《兴华周刊》1934 年第 31 卷第 42 期，第 32 页。

436 *The Christian Literature Society Catalogue of Publications*, Shanghai: Christian Literature Society, 1936, p.33.

437 《华北基督教公理会促进董事部第二十一次年会》，北平，1935 年，《中国教会》表格，上海市档案馆藏，档案号：U115-0-11。

438 《五年运动报告书》，《中华全国基督教协进会第十届大会报告》，上海，1935 年，第 48 页。

439 中华基督教会全国总会：《中华基督教会全国总会第三届常会议录》，厦门，1933 年，第 156 页。

440 记者：《识字运动调查与建议》，《中华基督教会年鉴》第 12 期，1934 年，第 214 页。

民众进行宣传的最好媒介，故此项运动引多人入教。[441]部分民众为求知识而走进识字班，也会布道提供了绝佳机会，对于平民教育对布道的促进作用，美以美会干事李美博（Mabel R.Nowlin）也称："华北各教会，凡认真努力倡办平民教育的，教友莫不大增，教会也莫不跟着兴旺起来"。[442]各教会也因平教工作，"得与整千整万的学生与几百教员和其他领袖发生接触，使他们对于宗教发生兴趣"，教会信徒因而增加。[443]故当时由平教而加入教会者亦甚多，无形之中，教会用平教开了传教事业之新门路。如据保定公理会 1933 年报告，近8 年来受洗之信徒，大半为平民学校学生[444]。虽有许多平民学校学生未公开加入教会，然而他们的态度和一切生活却受了宗教极大的影响，导致民众对基督教的态度也有所改观，以前对教会不注意者，自平民教育受民众欢迎后，大都愿意和教会亲近。又据 1933 年山东循道会报告，"该校开办的 15 处平民学校有 325 名学生，其中有 4 人学习圣经，13 人受洗入教。"[445]

但当时平民学校的宗教工作也遇到不少问题，除了缺乏专门的人才外，也却缺少宗教刊物，如保定公理会最大需要，即是平民学校毕业生所能读的宗教读物，"尤其需要的是一种简单定期的宗教刊物，可以供乡村主日礼拜，冬季举行的学道班，慕道友及基督徒家庭之用。"[446]当然部分学校在与地方官绅和教外小学合作时，也被迫授课只教千字课，不施宗教教育。就妇女识字运动效果看，昌黎平民教育使许多妇女因受识字教育加入了教会，因教会提倡妇女识字，地方民众对于妇女的人格、习尚及教育，渐渐改变态度。进普通学校的妇女日见其多，赌博、咒骂的恶习日见其少，做丈夫和做父亲的也渐能把他们的妻子和女儿当人看待。[447]

因基督教带有强烈的普世属性，故教会识字运动对象不仅限于信徒，而是

441 《五年运动报告书》，《中华全国基督教协进会第十届大会报告》，上海，1935 年，第 48 页。

442 余牧人：《我所参观的几个华北乡村教会》，《金陵神学志》1932 年第 14 卷第 7-8 期合刊，第 75 页。

443 中华全国基督教协进会编：《基督教与平民教育运动》，第 19 页。

444 胡本德：《公理会保定区的平民教育工作》，《金陵神学志》1934 年第 16 卷第 3-4 期合刊，第 30 页。

445 English Methodist Mission, Shantung Sub-District Anti-illiteracy Report, 1933, p.2, *Wesleyan Methodist Missionary Society Archive*, Synod Minute, Box, No.507, 1934-35, No.218, Inter Documentation Co., 1981.

446 中华全国基督教协进会编：《基督教与平民教育运动》，第 21 页。

447 中华全国基督教协进会编：《基督教与平民教育运动》，第 28 页。

扩展到整个民众，从而使教会与社会有所接触。特别是当时华北地区的识字运动，因成效出色，成为全国教会中的典型。1930 年 11 月起，协进会干事张福良游历华北，视察各平民学校情况，据当时报告，"昌黎教会有 1000 多平民学校学生，保定教会有 5000 多平校学生；山东有三四千学生，河北平校学生则在 10000 以上。"[448]教会的识字运动，虽然没有达到信徒全部识字，但却减少了信徒中的文盲。如据 1935 年调查，定县公理会共有受餐信徒 426 名，望道者 302 名，内中识字者占 57%强。[449]山西汾州教会识字运动效果也较佳，据 1931 年报告称：对于学生方面，初级毕业者男生平均可认 75%的生字；女生均可认 85%以上的生字，并得了不少常识卫生规则。对教会方面，学生对于教会有更亲善的认识，教会如有特会和常会，有十分之八九，很乐意的参加，且能服务多少的设备事工，在学生中有 40 余人记名，其他信徒借此而引来者，为数不少。[450]特别是平民学校开办对参加的妇女影响巨大，促进了她们思想的解放。"从前死守闺门的她们，今竟放足入学，而且参加各种民众运动，竟敢在大众面前，表演新剧，这是原先想不到的，并且承认耶稣为主，诚恳的去服务他人。"[451]教会的平教工作因效果显著，受到政府的肯定，有些地方政府，因此与教会合作，以推广乡村平教工作，如通州及滦东之安各庄等处。[452]

五年运动时期，以识字为目的的平民教育虽由基督教差会发起，但仍需地方领袖的配合。美国传教士费尔顿（R.A.Felton）在调查中国平民教育后曾言："此种平民教育之实施，仍须仰仗本地领袖，如牧师和教师等之领导，辅导员只能从旁指导。"[453]在此需要提及的是晏阳初与教会平民教育的关系，晏阳初虽然是基督徒出身，但其创办的平民教育促进会却不是教会组织，反而该组织刺激了教会平民教育的开展。而晏氏因是基督徒而与各地传教士、教徒多有接触，向他们传授了平民教育的经验，如保定公理会胡本德开展的平民教育即深受其影响。因当时定县实验区是全国平民教育实验区的典型，各教会也常在此

---

448 张福良：《民国十九年的识字运动》，《中华基督教会年鉴》第 11 期，1931 年，（肆）第 90 页。

449 李彦林：《定县公理会来年工作的设计》，《兴华周刊》1935 年第 32 卷第 36 期，第 27 页。

450 成均菴：《五年运动建议案》，《中华归主》1931 年第 112 期，第 14 页。

451 中华全国基督教协进会：《全国基督教识字运动研究会报告书》，第 21 页。

452 余牧人：《基督教与中国乡村建设运动》，上海广学会，1948 年，第 52 页。

453 费尔顿著，杨昌栋，杨振泰合译：《基督教与远东乡村建设》，上海广学会，1940 年，第 343 页。

举行全国性的乡村建设研讨会及识字运动研究会，燕京大学等教会学校还派学生来定县实习，借以参观定县的实验教育，而晏阳初也常出席发表演讲。

当然此时期基督教平民学校开办过程中也存在诸多困难。如普通民众的误会和反对基督教，以平民学校为帝国主义文化侵略的工具，"因为风气锢蔽，妇女不易就学，而且女传道与女教师太少之故，而学生不能始终如一，开学人数很多，未几即无形解散。"[454]同时，平民学校缺乏适合高级班和训练班的读物，且平民学校课本种类繁多，"有的字数不够用，有的专为平民，没有注意到宣传福音的要字。"[455]而在教会平民学校开办过程中，真正了解且甘心从事的人员很少，缺乏有热心教师，"中途辍学的人太多，有时因为教学方法不好，引不起学生的兴趣，有时因为办的校数太多，视察不能周到。"[456]特别因乡村民众杂事繁多，参加平民学校中途放弃者也大有人在，如1930年邢台平民学校参加者达400名，然最后读完课程，考试及格取得证书者，不过数十人。[457]而且有些平校教师也存在各种问题，如保定公理会的平民教育缺乏有恒心，始终如一的教师，有些教师学问很好，但热心不够，成绩反而低劣；还有就是中途辍学的人太多，有时是因为教学方法不好，引不起学生的兴趣，有时是因为办的校数太多，视察不能周到。所以教会常劝告各传道人斟酌自己的时间能力，能办几校就办几校，不要一味求多，反致广而荒。而且因风气凋蔽，妇女不易识字，女传道与女教师太少，该区妇女平民教育几乎完全没有创办。[458]昌黎美以美会的妇女平民教育也存在各种困难，如有：毕业生与入学的总人数比较起来，所占的例数太少；妇女的家庭与亲属，多半以为妇女并无学习识字的能力，亦无识字读书的必须；识字班的教授缺乏热忱宣教的精神；学生毕业（即读完千字课）之后，没有文词浅显内容适合乡村妇女生活的读物，供给她们的需求。[459]这些情况在其他教会也或多或少存在。

值得注意的是，在民国动荡的社会环境下，民众生计需要迫切性远高于识字的需要。正如晏阳初所言农民是最讲实际的，他们会想："现在我已经能够

454 成均蒐：《五年运动建议案》，《中华归主》1931年第112期，第15页。

455 陈金镛：《五年奋进运动与文字宣传》，《基督教出版界》1929年第12卷第3-4合期，第1页。

456 中华全国基督教协进会编：《基督教与平民教育运动》，第20页。

457 董徒生：《河北邢台教区开办平校》，《总会公报》1932年第4卷第3期，第1089页。

458 中华全国基督教协进会编：《基督教与平民教育运动》，第20页。

459 中华全国基督教协进会编：《基督教与平民教育运动》，第28页。

读书了，但是读书对我自己的生活来说带来些什么?王大哥目不识丁，而我识字，我仍然和他一样贫困。"[460]对于识字运动效果，对信徒群体而言相对较佳，但对普通民众则成效不大。如有教会人士1934年时称："二十年来教会各种会议纪录关于推广此种工作的决议案亦知有几十百起，而实际工作收获甚微，截至今日教会不识字的教友几仍占全数之半，而各教会所在地一般民众文盲当然更多。推原其故实因办理方法无确切之把握，故提倡之声浪虽高，而一般人之怀疑依然如故。"[461]从实际效果看，教会推行的平民教育并不能从根本上改变一般民众的文盲率较高现状，只是在局部地区提高了少数信徒的识字水平。

## 三、结语

在五年运动时期，许多在华教会及教会学校为贯彻社会福音思潮，强调对国家与社会的救赎，从而积极参与到乡村建设及识字运动中，因规划得当，局部性地看成就不少，而且使教会更加利于推进本色化进程，体现了教会活动重心从城市向农村的转移，从知识分子向下层民众的转移。但当时基督教乡村建设多为教会内部的社会福音派所倡导，未获教会内部的全面支持，部分保守派教士仍然立足于布道为教会根本事业，不赞成教会从事社会改良活动。双方之争除了传教理念原因之外，还有经济因素，"就像许多其它宣教事业一样，这些农村实验遭到批评，还在于维持众多乡村服务的经费，超过了用于发展农村信徒的开支。"[462]此外，各教会在此过程中也互相支持，加强合作，并注重与地方政府、民间团体的联系与配合，都体现出了在华教会逐步融入中国社会的努力。

但总的来说，此时期基督教乡村建设的活动区域有限，未能从根本上改变乡村面貌，除了教会在人力、资源不足及时间缺乏外，还因在农业社会传统影响下的农民保守顽固，对于新生事物更是难以接受。美国传教士艾德敷在参观燕大清河实验区会后也提到："燕大社会工作者在清河实验遇到的阻碍是千百年来形成的传统生活方式，以及生活水平一贫如洗而无力冒险尝试实

---

460 晏阳初：《平民教育与中国的抗战及民族建设》，《晏阳初全集》第2卷，湖南教育出版社，1992年，第186页。

461 记者：《识字运动调查与建议》，《中华基督教会年鉴》第12期，1934年，第215页。

462 Paul A.Varg, *Missionaries, Chinese and Diplomats, American Missionary Movement in China*, 1890-1952, Princeton University Press, 1958, p.240.

验……工作人员若给农民解释，他便礼貌性地点头，可到做的时候他就不见了。"[463]而且在当时中国的混乱的社会环境下，单纯的改良工作无力改变社会的整体现状，"中国急需的东西是革命性的土地改革，以及经济中的现代因素向有效实施国家目标和行为的坚定转向。而基督教协进会或中西新教权势团体的其他成员的基督徒改革家们无法走得更远。"[464]从时人对于乡村建设运动的态度的看，也有一些知识分子认为不能作为救国之路。如燕大清河实验区执行干事王贺宸曾对乡村建设的价值有中肯评估称："在新中国的建设上，撇开了乡建不闻不问，是很不应当的。但过分估计了乡建的价值，甚至认为唯一救国大道，也是严重的错误。不过乡建之为整个国家建设上的一块主要基石，却是无可置疑的。"[465]特别基督教乡村建设的宗教目的被世俗改良活动所压倒，远未达到其初衷，正如杨念群教授所言："乡建运动伴随着教会自立自养的命运节奏而兴起，当它把扩展的力量真正达于更广泛的社会范围内时，其宣道工作与福音传播却受到了专门化机构与政治威权的消融与阻滞，使其无法维系属灵的纯粹性，从而造成整体性的乡村建设运动完全以世俗化的结果与面目而终结，社会的基督化最终以基督的社会化形式变相完成。"[466]

---

463 *Letter from Dwight W.Edwards to Members of the International Committee, Princeton-Yenching Foundation, April 6, 1936*, Library of Princeton University.

464 裴士丹著，尹文涓译：《新编基督教在华传教史》，基督教文艺出版社，2019 年，第 167 页。

465 王贺宸：《燕大在清河的乡建实验工作》，《社会学界》1936 年第 9 卷，第 363 页。

466 杨念群：《杨念群自选集》，广西师范大学出版社，2000 年，第 358 页。

# 总　论

## 一、基督教五年运动的成效

五年运动是中国基督教内部的改革"自救"运动，在非基督教运动时期中国教会本色化讨论的基础上，又通过开展具体的八大事工以推动在华基督教的自治、自养、自传，希望真正实现基督教的中国化。五年运动也成为中国教会史上一个重要的里程碑，使中国基督教走出低潮，重新有复苏之象。

从五年运动的模式看，它是以基督教协进会为主导，通过制定详细的组织计划，将事工由上而下达于堂会，比较着重整体文化和社会的需要，属于持续式更新的运动。五年运动的成效如何，乃是一个见仁见智的问题，教会内部对此看法也不统一。从具体指标看，五年运动虽然没有达到教徒人数翻倍的既定目标，但教徒人数确实有所增加，教徒的修养也得到提高。到 1934 年底，基督教协进会根据 19 省 30 公会 365 处教会的调查结果称，调查表中 85% 的报告中会友精神有较大进步，"之前教徒不甚活动，对教会事业甚形冷淡之基督徒，今则对于教会之工作已成兴趣且亦甚肯负责。若干地方之基督徒由读经、祈祷而对于基督有更深切之认识，因之灵性生活与人生观念亦受改善。过去数年，基督徒生活品质大有进步，因地方特殊情形无进步者仅有 8%。"[1]

当时协进会干事张福良曾总结五年运动的贡献称："挂名信徒被清除——此乃中国教会发展必经之途；征服挫败感——标志着克服反基督教运动引

---

1　《五年运动报告书》，《中华全国基督教协进会第十届大会报告》，上海，1935 年，第 48 页。

起的恐惧；获得新的异象——基督徒自觉对社会国家的责任；教会有了较积极的态度和计划；传福音热诚在滋长。"[2]教会整体面貌也有所改观，基督教协进会干事鲍引登总结了12个方面的成果：消除教会在之前反教潮中引起的畏缩心理；勉励教会更具积极态度而采取推进步骤；使教会觉悟教会会友中有肃清会籍之必要；教会布道之热诚，得以继续增长；供应教会所需之大量刊物，以资应用；培养教会会友大公精神，使其觉得对教会、社会及国家所负之责任；提示教会明白家庭实行基督教教育之重要；增进教会合一之思想；协助教会利用识字班，得向读经教会之途程上猛力前进；加深教会对于农村建设事业之兴趣；加强教会对于受托主义及奉献之认识；团结宗教教育人士，一致计划新事工。[3]由上观之，五年运动对振兴低沉教会有不可忽视的作用，使得教会回归其布道的本质工作，修改了以前教会过于重视教育、医疗及慈善等辅助事工倾向。随着五年运动各项活动的开展，教会活动重心从城市向农村的转移，活动对象也从知识分子向下层民众的转移，在管理上也由外国差会大权独揽向中国教会放权，这都体现出教会适应中国形势做出的积极转变。

纵观五年运动整体效果，各教会在协进会的领导下，成立专门的五运委员会，规划切实的进行程序，各地演讲，竭力宣传，唤起同人的注意，使空泛的发展希望能得具体的对象。各地教会团体中有特别委派五年运动干事者，也有选定特别委员以进行布道工作、宗教教育与青年工作者。在各地教会会议和分区会议中，常有人提议要讨论与五年运动有关系的各项题材，并特别请对于此项讨论富有贡献的人参加他们的讨论，俾收集思广益之效。[4]而且全国各地参加五年运动者不但有与协进会合作之会，即未与该会合作之教会，对于五年运动亦极热忱，推行各项工作，以促进五年运动各项事业。[5]具体来看，五年运动不仅通过多样的布道方式，增加了各教会的信徒人数，还使许多信众之灵性生活因培养而丰富，增强了信徒主动布道与捐献的意识，更使许多教会益加巩固，转变了之前不振的状况；而提倡的基督化家庭运动，特别是每年十月间举行的家庭运动周，促进了家庭归主；信徒识字读经及乡村建设的推进，局部改

---

2　Fu Liang Chang, "Progress of the Five Year Movement", *The Chinese Recorder*, July 1933, p.430.

3　鲍引登：《两年来之中华全国基督教协进会》，《中华基督教会年鉴》第 13 期，1936 年，第 151 页。

4　鲍引登：《五年运动》，《中华基督教会年鉴》第 12 期，1934 年，第 21 页。

5　《执行委员会报告》，中华全国基督教协进会：《中华全国基督教协进会第九届大会报告》，上海，1933 年，第 33-34 页。

善了当地农民的生产生活及文化水平，也带动了农村教会的兴旺；教会还通过神学教育培养了大批本土布道员，在学校中加强了宗教教育，"产生关于宗教教育的联合新计划，这新计划不但能应付教会的各项布道工作，且能发展一种宗教教育的团契，以便联络各地从事特种宗教教育工作的工作人员。"[6]尤其是，五年运动时期也是中国基督教文字工作空前发展阶段，此时期编印与分发了关于布道工作、宗教教育、基督化家庭、农村改进、卫生教育、基督化经济关系与受托主义等小册子及海报，不仅种类繁多，印行的各类册数达到百万，总页数更是有 2900 万之多。[7]

当时教会在量的方面虽无显著的进步，但质的方面取得很多有价值的成绩。从当时教会情况看，经过五年运动的开展，各地主日学、圣经班及参与主日礼拜人数有增加，基督教刊物读者有增加，识字工作、平信徒领袖训练工作及教会自养工作有增加；基督徒家庭数量与努力参与社会事业基督徒人数亦有增加，这也说明了五年运动的成绩。五年运动中倡导的各项事工，也在此运动后得以延续开展，如 1943 年教会刊物《广闻录》即提到五年运动，所推助的六项事工至今尚进行不已。[8]

五年运动作为有浓厚社会福音特点的基督教协进会所开展，基督教的福音，原本就是社会福音，而以个人福音为出发点，在五年运动前教会似乎更着重个人福音，而忽略了社会福音。[9]如诚静怡便谈及个中弊病称："趋重个人得救，不计社会休戚，其走极端者，且以为服务社会为违反耶稣主张。"[10]为此，在五年运动中，各教会不是单纯讲道来宣传片面的福音，也认识到："五年运动如果想对出于振兴的中国民众作出最大贡献，其活动就不能仅限于布道"[11]，故着重宣传整全福音，强调教徒参与社会的责任，先把个人拯救，然后及于国家与教会，用基督教精神影响世人，达成社会的福音，无疑拓展了教会活动的范畴。当时有教会人士也提出："如果基督教的工作人员，肯与社会

6　鲍引登：《五年运动》，第 22 页。
7　Some Impressions of the Tenth Meeting of the National Christian Council of China, Shanghai, April 25-May 2, 1935, p.5, *Church Missionary Society Archive*, Section I, East Asia Missions, Part 18, Adam Matthew Publications, 2001, Reel 387.
8　《五年运动》，《广闻录》1943 年第 9 卷第 1 期，第 2 页。
9　郑庭椿：《基督教对于中国社会建设之贡献》，燕大基督教团契，1939 年，第 1 页。
10　诚静怡：《中国基督教现状》，《兴华周刊》1934 年第 31 卷第 21 期，第 9 页。
11　Chester S.Miao, "Christian Education and the Five Year Movement", *The Chinese Recorder*, January 1930, p.38.

人士共同担起生活中的任务，那末基督教的力量，自然能藉着实行彰显出来，而一般人自然也能受基督教的感动。"[12]正是在社会福音思潮影响之下，五年运动注重培养会友的普遍精神、传扬普世价值，以造成新的基督化国民观，培养了基督徒对于社会及国家改造的责任。职是之故，当时基督徒多积极参与到乡村改良、家庭改进热潮中，以之为社会福音的践行，并且更加注重到底层民众中去服务。如燕大校长吴雷川曾呼吁："因为基督教不是教人远离社会的宗教，也不是少数人用作装饰品的宗教，更不是供私人求福利的宗教，基督教的对象就是民众，故应当用语言文字宣传，使民众明晓是非的标准，发起各项事业，使民众在实际上得着利害的比较。"[13]

由于基督教为西方宗教，五年运动虽然倡导中国化，且运动都是由本土教会领袖谋划，但仍得到外国教会的大力支持。"五运在宣告成立的时候，已有人向美方友人捐得相当款项，以作提倡本运动的经常。其时美国经济状况未于衰落的极巅，故捐募较有把握，加以当时金价高昂，汇兑华银对于吾人极为有利。"[14]五年运动开展时期，国外基督徒领袖也纷纷来华，他们对于五年运动的积极合作对该运动有极大帮助。如有宗教教育促进团的柯力，为五年运动规划农村事业程序的包德斐，注意青年与宗教运动的艾迪和布道家龚斯德。"此外更有若干国外宣教会赞助五运工作起见，借特别干事襄助协进会实施五运计划。其中如雷阿梅女士、林满德女士、方约翰夫人、戴乐仁教授、胡本德牧师与李劳士牧师等经验丰富的领袖且能尽力助五运工作，使能引起整个教会之注意。还有若干西教士对五运部分事工尽过相当服务的责任。"[15]五年运动的发动，也在于差会改变政策，向中国教会放权，为运动开展提供了便利条件，虽然这也是西方差会面对非基督教运动及1929年世界经济危机冲击的无奈之举。五年运动时期，也是在华教会管理体制转变的关键时期，"国民革命之后，欧美各差会，因鉴于中国潮流的急转而下，同时因世界经济恐慌，来源减少，乃大倡主权移交之说。"[16]在华教会逐渐由前此的西方传教士主理，改为向中

---

12 美国平信徒调查团编，范定九等译：《宣教事业平议》，商务印书馆，1934年，第56页。

13 吴雷川：《基督教应注意唤起民众》，《真理与生命》1932年第6卷第8期，第4-6页。

14 鲍引登：《五年运动》，《中华基督教会年鉴》第12期，1934年，第19页。

15 鲍引登：《五年运动》，第21页。

16 徐宝谦：《基督教史上的往事与新工——五四以来中国基督教运动之回顾》，《真理与生命》1935年第9卷第3期，第120页。

方人员放权，形成中西共治的局面。

五年运动作为基督教协进会开展的全国性运动，其活动几乎遍及除边疆地区外的全国各地，从五年运动各项事工的具体实践看，在不同地区也有其特殊之处。在华英美差会教派众多，而各自差会参与五年运动的活动也各有特色。如通县公理会的乡村建设，英国浸礼会的识字运动，保定公理会的平民教育、美国美以美会的基督化家庭运动、美国南浸信会的布道工作，都是当时教会五年运动事工开展的典型代表。再从地区比较看，当时华北基督教的乡村建设、识字运动、工业改良、基督徒学生运动等事工方面，无论在开展的深度与广度上都成为全国基督教会的典范。华南教会在扩大布道，华东教会在基督化家庭运动及青年事业，华西教会在文字事工等方面的成效则较为突出，这也是各教区事工重心不同而导致。因来华教会宗派林立，合作甚少，"信徒内部不能实现合而为一的精神，各行其是，毫无联络，势如散沙。"[17]故教会更是通过五年运动事业，各教派逐渐走向联合，不同教派间开始合作共同推进五年运动事工，为教会合一事业添加了助力。

五年运动各项事工的进行，又因地制宜组织，灵活安排，如布道、宗教教育及基督化家庭运动下放到基层堂会进行，但受托主义、农村建设、基督化经济关系因需花费颇多人力、物力，则放在较高层次的全国性计划内进行，而识字运动、青年事业的开展则按具体情况作有限度地下放。[18]从活动区域看，五年运动在农村及小城市产生的影响也远高于大城市，前者对五年运动的参与也更积极，这也较好地体现了此时期教会重心下移的趋势。五年运动时期通过教会的努力，"乡村教会的数目和乡村信徒的人数，都有很大的增加。优秀的基督徒献身为乡村教会工作者，也是一年比一年加多。"[19]"到民间去""到乡村去"的口号也在教会内部得到了深入的贯彻，进一步拉近了与农民的距离，取得中国最广大群体的认同，也为教会走出低谷提供了保证，教会也实现了从单纯布道向同时进行各种乡村建设工作的转移。

在非基督教运动的冲击下，多被国人当作"洋教"的基督教为了淡化外

---

17 崔君镐：《合而为一为五运工作之要素》，《真光杂志》1932年第31卷第3-4合期，第67页。

18 萧楚辉：《奋兴主教会：中国教会奋兴与布道运动初探》，福音证主协会证道出版社，1989年，第36页。

19 余牧人：《中国乡村教会事工的回顾与前瞻》，《金陵神学志》1948年第23卷第4期，第50页。

国色彩，寻谋独立自主之途，实现所谓的本色化亦成中国信徒的追求目标。早在 1922 年基督教全国大会时择定的本色化目标即为："一方面仍与世界各宗基督教会，在历史上有连续不绝的关系；一方面是要实在适合中华民族本有的文化和精神上的经验。"[20]五年运动也正是对该目标的实践，各教会在面临教会财政紧张，教士人数减少的形势下，各教会加强平信徒训练，提倡教会自传、自养、自治，改造带有西方背景的教会成为适应中华民族特性的教会，也利于教会本色化趋势的加强，切实推动了 1930 年代基督教的中国化进程。当时教会管理组织内，国人的比例增多，教会行政和运作中，本土人员的权限增加，经济方面也在谋求自立，教会更是置身于中国国家与社会的现实问题之内，积极融入中国社会，尽力去除教会的西洋色彩，这都是教会本色化的积极尝试。后随着抗战、国共内战的爆发，中国教会本色化的探索大受影响，而五年运动时期则是 1949 年前基督教本色化的最高峰。

五年运动不但要求布道人员扩大布道，也非常强调教会与国家、社会的结合，认为教会应负起应有的社会责任，参与国家建设。当时基督徒领袖吴雷川曾为此称："从现在看来，中国新的事业而又为基督教可参加的，没有比民众教育和乡村自治两样更为重要的了，照此方向去进行，方是基督教中国化，也是使中国基督教化。像以前那样教会自恃过高，不与各界人联合，以致养成一般基督徒远离社会国家和现象，决不能适宜于新中国，这是可断言的。"[21]故当时中国基督徒在五年运动期间积极配合政府的新生活运动、乡村建设运动，用教会特有的资源服务地方社会。

为了适应教会自治与自传的需要，五年运动在培养一般布道人才的同时，也特别强调教会领袖在布道中的作用。五年运动虽然接受了外国人的协助，也在早期接受较多的外国捐款，并受 1928 年耶路撒冷大会的启发，但整个运动的筹划，都是由诚静怡、张福良等中国领袖负责。教会人士此时期也曾言："五运不是他人为教会提倡的一种运动，乃是教会凭着自己的领袖人才，自行提倡的一种运动。"[22]五年运动开展诸多事工对于中国教会的贡献颇多，其中的一种贡献，即为本土新领袖人才之发现，这也是教会实现自治的根本。五运期间，中国本土基督徒领袖等不但投身研究与五运有关系的各项问题，

---

20 王治心：《中国本色教会的讨论》，《青年进步》1925 年第 79 期，第 12 页。
21 吴雷川：《对于提倡中国基督教五年运动的我见》，《真理与生命》1930 年第 9 卷第 4 期，第 15 页。
22 鲍引登：《五年运动》，《中华基督教会年鉴》第 12 期，1934 年，第 17 页。

并利用著作、演讲、劝导与广交，使这些问题能为全国教会人士所注意。这些领袖为使各地教会人士解释五运起见，曾遍访十余行省。其中除甘肃、广西、贵州、云南等省未经访问外。其余虽远如东三省、广东及四川亦均有这些领袖的足迹。[23]

中国的基督徒领袖对五年运动贡献甚大，都利用其所长为五年运动的具体事工开展进行指导。如张福良为协进会农村事业干事，他利用五年运动时机，使多数人注意于国内未经各教会适当服务之广大的农村区域，并且召集国内注意农村事业之教会领袖，用新的方法解决旧的农村问题；管萃真具有深远的识见和同情，研究基督教在家庭中的地位并大力提家庭运动，各地教会团体中按时举行家庭者颇众，此五年运动程序中最受人们欢迎之一种新事工；孙恩三具有丰富农村经验，故对丁识字运动之提倡，极感兴趣，对于五年运动工作不但能作文字的宣传，且能凭其辩才现身说法于广庭之前，以冀五运尽宣传之责；崔宪详具有高深的智识，对于布道事工提倡最力，曾参加各项教会会议与训练，会中贡献亦多；韩玉珊对于青年与教会问题之研究，及其出席各项地方会、分区会及全国会等，确能使协进会对于五年运动中原有之青年与教会一项加以注重；缪秋笙虽非协进会或五运之特别干事，然彼以宗教教育，促进代表之资格，实地研究宗教教育之情势，颇有心得，及宗教教育促进会成立，其任该会干事，经营擘画，贡献颇多。[24]这些干事也经过五年运动的锻炼，增强了自身业务能力，对中国基督教领袖群体培养而言也是收获。

不可忽视的是，当时中国内地会、安息日会等部分基督教差会及本土教派，虽未正式与协进会合作，却时常采用协进会的印刷品，并采用五年运动的标语和方法，其实际活动也践行了五年运动。而且 1930 年代也出现了真耶稣教会、耶稣家庭等比较活跃的本土教派，他们真正实现了自立、自养等所谓的彻底中国化，这也为建国后三自教会的成立奠定了基础。正如当时传教士所指出那样："这些新的教派和运动，正如它们的产生是在民族主义高涨的年头，它们也正诉诸于民族主义的精神，因为它们一般来讲都是独立的运动，是由中国人发起，几乎全部依靠中国人的资源来支持。"[25]

---

23 鲍引登：《五年运动》，第 21 页。

24 参见鲍引登：《五年运动》，第 20-21 页。

25 C.Stanley Smith, "Modem Religious Movements", *The China Christian Year Book*, Shanghai: Christian Literature Society, 1935, p.110.

## 二、基督教五年运动的局限

五年运动作为中国基督教运动的新尝试，在推行过程中也存在诸多弊病。首先五年运动仅是基督教内的运动，除了乡村建设、识字建设等事业在教外产生广泛影响外，其余事工在世俗社会层面上产生的影响有限，这也体现出基督教在华的社会福音事业与传教事业很难达到统一融合。从具体事工看，五年运动虽然规定数项具体工作，但对儿童的工作有所忽视，且该运动未能在学校中大力推广。教会的这种以自我为中心的自救活动还遭到了普遍的质疑，质疑不仅来自教会外部，而且也激发自教会内部。如张福良曾批评称："五年奋进布道运动，在各教会大中学校学生并无多大兴趣。基督徒青年之优秀分子作将来参加布道工作之准备者，尤属寥寥。"[26]在福音的传播上，当时教会领袖只是盲目的教授传统的福音原则，并不能引伸应用到人生实际的生活上，徒然空作理论，不合社会的需要。而且在教会中还有不少人不按照五运计划去实行，也有许多人不充分利用五运的时机作联合的规划。[27]

在五年运动中，完成其要求的各项任务也存在困难。如整个教会对于信徒之人数最初未有正确之统计，也导致如何计算教友增加一倍造成难题。"在此情形之下欲得一良好根据以决定会友之数目，希望于五年终了时可为人数增加一倍之标准，当然不可能。"[28]当时教会过于注重教徒数量的增加，不仅目标太过肤浅，也造成许多弊病。如当时东北地区教会五年运动时期加入基督教者："目的不清，各有用意，欲得势力利益等，教会亦重量而不重质，收之洗礼入教，信心不坚，一时冲动，未植根于磐石上，一旦求之不果已意，立刻冷淡不堪。"[29]此外，五年运动强调推动教会质的进步，但如何确定教会各方面活动进步标准也是困难之一，"它的具体事工，常是其他运动的一部分，并不直接归于它本身"[30]，协进会也没有形成统一规定。

再从五年运动的实际效果看，其振兴教会低沉情绪的作用远高于其发展信徒的成绩，远未实现其教徒翻倍愿望。从该运动涉及的区域看，西北、西南

---

26 张福良：《农村教会》，《中华基督教年鉴》第 12 期，1934 年，第 63 页。

27 鲍引登：《五年运动》，第 23 页。

28 《五年运动报告书》，《中华全国基督教协进会第十届大会报告》，上海，1935 年，第 46 页。

29 于绍润：《五年运动之回顾》，《中华归主》1935 年第 161 期，第 12 页。

30 乐灵生：《1934 年中国基督教运动的鸟瞰》，《中华基督教青年会年鉴》，青年协会书局，1934 年，第 14 页。

边疆少数民族地区开展五年运动的教会较少，在基督教协进会会刊《中华归主》中对这些地区的活动也甚少提及。五年运动时期基督教会在社会福音思潮影响下，因过分重视社会服务及乡村建设，部分教会因而弱化了布道工作，也一直受到当时坚持"纯正福音"的基要派人士的批评。如曾有教会人士攻击青年会赞助社会福音，过问世俗的事，介绍现代的社会、经济、两性等等的伦理思想。[31]而且社会福音派与基要派在华传教都面临的问题，即是世俗与宗教的冲突，社会福音派更加关注世俗生活，但在布道上的成绩远不如基要派显著，但基要派却不如社会福音派那样受到社会人士的欢迎，这也是基督教在华传教始终面临的难题。更为重要的是，社会福音派单纯靠局部的改良与救国，实际并无力改善当时中国的乡村及国难困境，其代表的基督教也无法取得国人认同。

从教会人员参与的五年运动热情看，也存在运动初期时保持热度，之后却热情减退，不利于运动进行。当时亦有教会人士指出："每一次的运动开首时，大家都是兴高采烈的鼓吹宣传，努力工作，似乎非达到目的不止的样子。然而到事过境迁，情形缓和后，那些喊的起劲的人们，也就偃旗息鼓的平安度日了。……然而中国不是五年可以归主，神国更不是数年可以建成。我们必须要沉着气，耐着性，往前干。"[32]而且很多教会当初制定的五年运动计划颇为完善，但真正落实时却很多工作却未完成，加之部分教会领袖及信徒在运动后期的懈怠，也导致运动有虎头蛇尾意味，部分运动的初衷并未实现。尽管在五年运动时期，中国基督教在本色化进程上付出了诸多努力，但鉴于民族主义、教义内容、文化冲突等多种因素，加之"中国的民族性是讲实际，习世故，重伦常，而不讲宗教的"[33]，导致基督教始终未同佛教那般的中国化，更未被中国社会人士所广泛认可，基督教在各地宗教信仰体系中的比例仍为少数。如据1933年山东武定教会报告，在该区420处村庄的18.6万人中，信仰基督教的人数仅有分布在其中72处村庄的418人，占全体人数的0.22%。[34]而且部分入教的农村基督徒对宗教信仰并无深刻体会，甚至是盲从或出于功利心入教，

---

31 《编者附志》，《同工》1935年第147期，第20页。

32 耀卿：《五运的善后》，《兴华周刊》1934年第31卷第28期，第4页。

33 美国平信徒调查团编，范定九等译：《宣教事业平议》，商务印书馆，1934年，第33页。

34 Shantung Sub-District Annual Report, 1933, *Wesleyan Methodist Missionary Society Archive*, Synod Minute, Box, No.507, 1934-35, No.218, Inter Documentation Co., 1981.

如当时河北昌黎教会少数信徒："只知不拜假神，请牧师记名领洗，就算做了基督徒。"[35]更为重要的是，在中国官本位社会现实下，五年运动对上层的官绅及知识分子影响甚小，也无法改变上层人士对基督教的看法。即使作为国家元首的蒋介石加入基督教，但其仍从国家利益出发，限制管理基督教。

五年运动时期，中国的内战、自然灾害不断，加之西方经济危机发生，导致内忧外患中的中国教会开展各项工作时仍遇到很多困难。诚静怡1934年对中华基督教会工作的检讨中也说："最近二三年来，总会事工，遭际非常，其最感困难者有二端：一为因国难严重所受之影响，一为经济不景气所予之打击……乃裁人减员薪，事工搁浅，会所北迁之事相继发生，捉襟见肘，拮据万状。"[36]更因1937年抗日战争的全面爆发，彻底打乱了教会振兴的进程。而且当时教会内部派系林立，人员复杂，不利于工作的开展，如有人士曾指出："这其中尚有挂名与真正的基督徒之分，还有宗派之分以及种种风俗习惯环境之不同。这样一群人物还希望有多大的团结力？这样一群会员能希望有什么共同的趋向和冒标？"[37]特别是当时五年运动的领导机关为中华全国基督教协进会，但该组织机构对各地区教会并没有直接的管辖权，只是起到指导作用，也导致五年运动缺乏真正强力的领导力量，而各教会在此运动投入的力量也显不足。正如有教会人士所言："综观吾国教会十余年来之历史，其注重之点或为教会合一，或为教会国化，或为教会自立，或为教会奋进，然皆缺乏真正力量，以致昙花一现，曾几何时即归消灭。"[38]

进而言之，此时期的多数基督教会，除了本土教会外，其余教会的实际管理与财政大权仍被来华传教士所掌握，中国基督徒的领导权多是徒有虚名，并未在教会中占据主导地位。中国教会真正实现本色化，摆脱西方差会的控制，则是通过建国后的基督教"三自"运动达到。对五年运动时期基督教本色化的尝试，正如1935年赵紫宸的感受云："所谓'本色'云者，简直是空空洞洞，沓沓泄泄，不知所为，不知所云。一旦洋钱绝，洋人归，洋式揭穿，内幕

---

35 李少玲：《到昌黎后的观感》，《真理与生命》1935年第9卷第2期，第87页。

36 诚静怡：《中华基督教会的检讨》，《中华基督教会年鉴》第13期，1936年，第13-14页。

37 叶楚生：《"学运"进展中的几块暗礁》，《真理与生命》1934年第8卷第4期，第169-170页。

38 吉：《牛津团契运动所给我们的教训》，《圣公会报》1935年第28卷第14期，第1页。

所储存的宝贝，究不有何物，我恐其风流而云散，瓦解而冰消耳！"[39]故此时期基督教所谓的追求本色化运动虽然兴盛，但真正实现者却在少数。

### 三、社会各方对五年运动与基督教的评论

五年运动时期，虽然社会对基督教的暴力攻击大大减少，但知识分子对基督教批评仍未停止。但是此时期对基督教的批评，已摆脱了晚清时期的那种盲目、非理性的批评，而是采取重科学，重实际的理性态度，态度比较温和，这样也更加利于教会人士的接纳与反省。当时的反教思潮则是根据西方新学说，全面反思宗教信仰，但因基督教依靠西方武力保护来中国传教，故又成为批评的众矢之的。

#### （一）对五年运动的评论

五年运动发动后，也受到了基督教内刊物的热情关注，当时《中华归主》《真理与生命》《兴华》《通问报》《真光杂志》《华北公理会月刊》及《教务杂志》等基督教刊物，都刊发了大量介绍五年运动的文章。如协进会总干事诚静怡的《向未来走过的路》《五年运动的浅近说明》提纲挈领地将五年运动的产生及目标等作了阐述，对五年运动的开展作了较为详细全面的解释。不少文章侧重在理论或感想方面对五年运动作阐述，如祖起舞的《基督徒五年倍进运动》、陈晋贤的《今日我国基督徒对于五年运动应有的觉悟》、徐宝谦的《五年运动目标的讨论》、吴雷川的《对于提倡中国基督教五年运动的我见》、万福林的《教会与五运》及吴耀宗的《对于五年运动的感想与希望》等文章。还有不少文章是结合五年运动进行的实际工作，从对内、对外两方面提出诸多实行的看法与建议，如赖逸休的《五年运动如何促进》、成均菴的《五年运动建议案》、董徒生的《我对于五运一打的希望》、王守望的《五年运动已往的现象和今后应有的努力》、张哲的《我对于五年运动的一点贡献》、魏振玉的《五年运动的我见》、周端甫的《五年运动中基督徒应有的实际工作》及耀卿的《五运的善后》等。如有教徒提出了五运的"五要"，希望要慎选相当的灵才，要用极安静的修养，要有圣灵化的热心，要郑重的施人洗礼，要行善后的办法[40]，以此来推动五年运动的开展。还有不少文章密切结合中国当时的社会现实，提出了

---

39 赵紫宸：《中国民族与基督教》，《真理与生命》1935 年第 9 卷第 5-6 合期，第 273页。
40 谭光辉：《五运的五要》，《通问报》1930 年第 31 号，第 13-14 页。

中国教会如何与中国社会相结合的问题，如赵紫宸的《五年运动中应有的觉悟》即阐述了中国教会在五年运动中的变革问题，并强调了五年运动目标在信徒"倍增"同时，更要"倍深"，注意信徒质量的提高。[41]

对于五年运动的必要性，教会人士多给予肯定。基督徒张哲对五年运动的发动称："我们听见这个消息，不但觉着提神壮志，且予教会前途以极大之希望与乐观。进而言之，五年运动即是直接实行各个信徒的自传精神，而所谓自立自养中国化的本色教会，或许间接的依次实现，亦未可知。五年运动是建设中国教会的最新计划，是福音普及的良好机会，是奋兴全国信徒的最大转机。"[42]陈晋贤指出："基督徒觉得五年运动是弥补我们已往未曾努力领人归主之缺憾的最好机会。五年运动大前提就是广开布道大会，作领人归主的工夫。这种布道的工作，是每个基督徒的天职。这是我们自作基督徒以来，就带着这种使命了。从此看来，五运并未给我们什么特殊的或新的使命，不过五运为我们造成一个新的机会，拿一个伟大的目标，刺激我们，使我们振作起来，复兴起来，去尽我们固有的天职就是了。"[43]吴耀宗则称："我国基督教运动，数年以来，受环境的影响，不但不能作时代的前驱，且陷于退缩保守的病态。今教会先觉，既有五年运动之提倡，吾人正宜高举基督爱人救世之旗帜，使如饥如渴的国民，因我等的活动，对于基督教，对于人生有正确的认识，以入于自由的境界。"[44]而且他在该文中还建议五年运动应将重心放在中国社会事业的改造上。还有教会人士对五年运动的准备指出："五运之六项运动，诚为教会重要事工，只是我国教会中弊病殊多，程度又浅，行之恐生许多障碍。为此在五运之际，中国教会第一步先谋教会之自养，自传，自立，可以将此三者努力建设成功，可以解除现教会之各种困难；第二步，灵性上之建设，因为我国教会虽经济不能自给，要仰总布道会之资助而觉得缺少，但在今日我国教会中尤其穷乏的，无论中西教士信徒等，就是灵性上建设。有了上面二步事工，六项运动才可实行。"[45]在华传教士对五年运动开展也是乐见其成，如美国北浸

41 赵紫宸：《五年运动中应有的觉悟》，《真理与生命》1930 年第 4 卷第 14 期，第 5 页。

42 张哲：《我对于五年运动的一点贡献》，《兴华》1929 年第 26 卷第 42 期，第 22 页。

43 陈晋贤：《今日我国基督徒对于五年运动应有的觉悟》，《真光杂志》1930 年第 29 卷第 4 期，第 17 页。

44 吴耀宗：《对于五年运动感想与希望》，《真理与生命》1930 年第 4 卷第 14 期，第 18 页。

45 吟槎：《五运的步骤》，《福音光》1930 年第 23 期，第 1 页。

礼会传教士贝克（B.L.Baker）指出虽然该运动面临许多困难，但："五年运动对整个领域都有吸引力，这是可以接受的。我们希望通过它获得一种新的体验，即关注精神的事物，以及为基督赢得男女信徒。"[46]

对于五年运动在报章上普遍宣传，也有教会人士关注。如有基督徒指出："五年运动声浪，已满布全国教会之中，大家起来组织委员会，散发印刷品，张贴标语，并且每一个教会之聚集，必定另外有五运的特别讨论会，研究会，牧师之讲经，亦常提及五运，祈祷之语中，更是不停为五运祈求。"[47]还有教徒称："教会所出版的报章杂志，没有不登载这五运的论文，牧师传道没有不在礼拜堂讲道这五年运动的题目，我更想到全国的教友恐怕没有不知道这五年运动事情。这样的光景实在是由言语及文字的宣传，才有这样普遍的现象。"[48]还有教会领袖称赞五年运动计划的周详称："我们在教会出版的报章杂志上及各教会所出的五运专号看来，就可知各处的教会对于五运的事工，莫不有周详的计划。无论那一个公会都有五运进行的计划大纲，如时间的分配，事工的规定，人才的训练，经济的预算，步骤的施工，工作的标准和成效的测验，应有尽有，详无遗。"[49]但也有基督徒看到，五运的计划关键在于落实完成，不能保持五分钟的热情，他分析道："有些教会在这五运呼声高唱入云之际，不但内容上没有什么进展，便是形式上也不热烈，至多就是所谓领袖人物在赚钱之余，无精打采地开几阵会议讨论，认真说来是闲谈而已，说些不关紧要而自以为可以了事的问题。"[50]有信徒认为五运的各种宣传仅为起点，而重点则是贵在实行："如仅能口笔宣传，不能实际工作，不但教会不能振兴，恐怕反有崩溃的趋势。"[51]罗运炎则对此指出："这样的宣传在初起时期，自然是一种必要的步骤，因为教会认识五运必要的少，深知五运意义的更少，实行五运工作的尤少，为普及期间，使五运根本大计实现非利用宣传不可。而且五年运动尚没有一个中心任务，出来领导全国的教会一致进行。大家都是有口无心的，随便呐喊，不把他当做教牧的生命。徒呼'倍

---

46 "The Five Year Evangelistic Program in China", *The Annual Report of the American Baptist Foreign Mission Society*, Vol.116, New York, 1930, p.28.

47 吟槎：《五运的步骤》，《福音光》1930年第23期，第1页。

48 王守望：《五年运动已往的现象和今后应有的努力》，《真光杂志》1931年第30卷第2期，第22页。

49 王守望：《五年运动已往的现象和今后应有的努力》，第22页。

50 王守望：《五年运动已往的现象和今后应有的努力》，第23页。

51 炎：《五运贵乎实行》，《兴华》1930年第27卷第31期，第3页。

增'的口号，而不脚踏实地的力行，恐怕岁月屡增，工作没有起色，渐渐的'五运'二字也要沉寂了。"[52]这类评论实际真正看到了五运各项工作需要注意的问题。

当时在社会及教会内部，对五年运动也有不少看法，尤其对该运动的目标及事工，也产生了争论。如针对有人认为五年运动是教会独树一帜的新事业的说法，有基督徒指出该说法为认识错误，"五运乃是关于教会全局旧事工的一个新计划。无论是学校，医院，或工厂等事业不用更改，目标也不用更改。只要把已往引人归主的计划中，使其质与量作五年倍增的策划，那就是五运的意义。"[53]还有传教士认为基督教的福音运动不应有时间限制，而五运太过事工化、组织化，与基督精神相违背，并且过于依赖新成立的组织来解决教会困难。[54]对于五年运动的性质，华北公理会基督徒魏文举认为："五运是基督教事工中一种新的计划；五运是今日教会对内一个新的号召；五运是一引起今日中国不同宗的教会，具有同情，使教会的思想上，趋于一致。"[55]五年运动的几项灵性目标，也曾受过人们的批评和攻击。按照诚静怡的说法，五运就是"两个目标，极其明显：一是对内谋灵性的奋兴，一是对外作布道的进展，这两件事是互相表里，相辅相行，不能说孰轻孰重，孰缓孰急，要求教会发展必须兼施并顾。"[56]然也有教徒认为："教会的工作应当是长期的、细致的、潜移默化的，而不应当是运动式、跃进式的。他们以为用五运的第一年去加深现有教友的灵性生活，那是和五旬节的精神不合的。他们觉得，每一个获得新生者的急切任务，就在于为上帝在他身上所成就的事作见证。"[57]

对于五年运动希望信徒人数翻倍的目标，有人指责过于空泛，并说："教会的人数是够多了，我们对于这般教友，远未曾尽我们应尽的责任。我们若要使教友的人数再行增加，我们就无暇顾及了。"[58]还有一部分基督教领袖根本

---

52 炎：《五运贵乎实行》，第 3 页。

53 魏文举：《什么叫五运》，《中华归主》1931 年第 113 期，第 20 页。

54 "Five Year Movement", *The Bulletin of National Christian Council of China*, No.34, November 1929. p.8, *Conference of British Missionary Societies Archives*, Asia Committee, China, Inter Documentation Co. 1984, H6027.

55 魏文举：《什么是五运》，《华北公理会月刊》1930 年第 4 卷第 8 期，第 6 页。

56 诚静怡：《向未走过的路》，《中华归主》1930 年第 102-103 合期，第 3 页。

57 鲍引登：《五年运动》，第 18 页。

58 鲍引登：《五年运动》，第 18 页。

反对此目标，"彼等声称对现有之会友，彼等未能尽其所应尽之职，故多收会友有何价值。"[59]还有人以为五年运动，信徒的数目并未加倍，乃是失败。如鲍于庠对五年运动评价称："这五年内教徒人数并没有达到增加一倍的目标，素质的提高也难以言说，就此而言，五年运动并没有达到所预计的目标，可说是失败了，而原因则在于教会领袖及信徒的不负责任。"[60]但也有辩护者提出："最要的是教会在精神上的进步，其实人数的多寡，并不能代表教会的进步或退步。"[61]传教士华河力（H.F.Wallace）则针对五年运动的目标提出："我们不是开办新事业，只是要把以往未做的事做成而已。我们不当想以五年为例外的努力工作，五年过后即束手经坐。在这五年当中即能成甚么事，也只是激起我们的志气，做较多较大的工作。严格的说，这个名字只是求教友、数目的增加，普通的说，又似乎鼓励人说天国的工作用一时奋激去做，比以忍耐有恒的做法好些。"[62]而且他强调五年运动第一目标应该是提升基督徒的素质，完不成第一目标，则实行教徒翻倍的第二目标则没有价值，但他的观点也引起教会人士的批评。[63]

　　还有教会人士将五年运动与1930年代的国内外大事进行联系讨论，从中阐发五年运动的重要性。因五年运动时期，也是国民政府推行新生活运动时期，且两运动的部分目标类似，故有教会人士对两运动关系进行分析指出："虽教会中人以为新生活运动之涵义，不若基督化生活之深邃，然新生活运动至少亦在基督化生活轮廓之内。是基督徒对于新生活运动当认为不可或缺之程序，而在推行继续五运工作时，尤当顾及此项程序。"[64]当时教会人士也提出教会如何参与新生活运动，如："凡信仰基督的人士，应对布道运动加倍努力，并须觉悟教会的责任，即在给与新生活运动所需的灵力；每天为中国祈祷，使爱精神和爱国精神二种精神打成一片；基督徒具有他人所不及的服务态度，故能与新生活运动合作，并能在教会程序中，实现新生活运动，以便对社会国

59 《五年运动报告书》，《中华全国基督教协进会第十届大会报告》，上海，1935年，第46页。

60 鲍于庠：《从"五年运动"联想到中国教会的发展》，《中华归主》1935年第154期，第17-18页。

61 崔宪详：《五年运动与布道》，《希望月刊》1934年第11卷第2期，第4页。

62 《华河力教士的"五运"观》，《总会公报》1930年第2卷第3期，第396页。

63 黄其德：《批评华河方博士的"五年运动之第一目标"》，《石生杂志》1930年第1卷第2期，第1页。

64 朱立德：《五年运动与新生活运动》，《中华归主》1936年第165期，第1页。

家有所服务。"[65]此时期也是日本侵华加剧，中华民族面临危亡之际，故五年运动中在华基督教的活动也与抗日救亡密切结合。有教徒认为五年运动就是救国运动，指出："五运的种种工作，恰是今日中国所最需要的，所以我们当这国难方殷的时候，我们做爱国的种种运动，切不要忘记了五运这种根本救国的运动。"[66]因五年运动名目与此时期开展的苏联五年计划名目相同，有教会人士认为五运的工作方法模仿了苏联模式，他们说：五运所摹仿的东西，正是他们所怀疑[67]，认为以这种计划方式来发展教会，显然是行不通。为此，有基督徒专门将两者进行比较，如林步基指出："五年运动是个人的，不能勉强别人参加，五年计划是政府势力来强迫百姓参加；五年运动是精神的工作，五年计划是物质的计划；五年计划是靠着国家力量来促进，五运则是靠着个人的自由意志。"[68]

因当时来华教会内部存在着社会福音派与基要派两大派别，当时神学倾向保守的基要派人士并不赞成通过有计划组织的运动来发展教徒，也对五年运动的主张进行了批评。该派人士认为基督徒以为："在未曾实验本人对于他人是否具有能力以前，就急于要在自己的身心上作灵性的操练，那就未免太以自我为中心了"，因此他们就主张用旧式的方法，去继续传道，教书劝人，"并尽每天或每星期应尽的职务，无须借助于任何展览，标语，或口号，也无须用不自然的刺激去作"灵性上的注射。"[69]还有反对五年运动开展的教会人士以各种理由表示不认可的态度，如说五运是空泛不切实际的，五年计划是条目举张的。[70]对于五年运动名称，有传教士质疑似乎是开办一种以前未办过的事业，好像五年期过，运动即告停止。但亦有人反驳说："举行一种空前的最大布道事业——自然布道不是新事业，五年期过，还望一个同样或更大的运动不断地接二连三。"[71]

当然还有非基督教人士，对五年运动持全然否定的态度。如清华大学教师

---

65 《对于新生活运动的意见和批评》，《兴华》1937年第34卷第19期，第9页。

66 曹新铭：《五年运动就是救国运动》，《中华归主》1932年第124期，第14页。

67 鲍引登：《五年运动》，第19页。

68 林步基：《五年运动与苏俄五年计划的比较》，《中华归主》1932年第130期，第16页。

69 鲍引登：《五年运动》，第19页。

70 鲍引登：《五年运动》，第19页。

71 黄其德：《批评华河方博士的"五年运动之第一目标"》，《石生杂志》1930年第1卷第2期，第6页。

攻击五年运动说：“有严密的，无孔不入的大规模计划，又有灵性奋发的忠实同胞，抱‘救人之志愿，为主努力’，想五年后，中原神州将无地不见驱之不去，纵之愈肆之尤物族类，黄帝神胄尽成血性丧尽，奴性十足之基督徒。”[72] 还有教会人士也不支持此运动，进行武断的批评称：“硬说是协进会无事干，专门高唱些运动，加增些教会的麻烦，并说教会各有自己的事工，已经是忙个不休，那里还找空工夫去办他们协进会的这些运动呢？”[73] 总的来看，五年运动受到了大多数教派的支持与参与，只有少数基要派差会对该运动进行了批评，这也是教义分歧所在。

### （二）对在华基督教的评论

随着南京国民政府的成立，平息了之前非基督教运动催生下的反教思潮，基督教获得了相对较好发展的社会环境，但民教最本质的冲突并未解决。基督教作为一神性宗教，带有强烈的排他性，必然与当时民国社会盛行的迷信、民间宗教、佛道教等信仰发生冲突。基督教不能深入中国，也是因为基督教本身与中国传统文化相龃龉，其所宣扬的不能祭祀祖先、平民主义、一夫一妻等，亦常被国人误解，且与儒家思想诸多理念并不相容，如此自然招来极大的抗拒与冲突。由于近代东西方之间的差距，带有文明优越感的传教士来华后，对中国民众的传统信仰往往加以排斥，妄图让他们改信基督教，这也多会引发民教纠纷。而且当时民众虽然逐步接受教会开办的学校，医院，但仍然对基督教抱有敌视态度。乡村民众虽然听见说：“基督教是最完全最高尚的，却因看到教会是外国人主办的，总是心裏怀疑，裹足不前。”[74] 故当时入教民众仍属少数。

五年运动时期，民教关系虽有所缓和，但社会上仍存在一些反对基督教的声音，他们或以宗教信仰为迷信，或认为基督教不适合中国国情，为麻醉压迫的工具。当时教外之人对于教会抱两种态度，“一为冷视：表明教会在社会中为一种可有可无的组织，于他们痛痒无关。若是教会能舍己服务，此种冷视态度自然可以消除；二为批评：他们批评是某某牧师和其子女的生活，不是真基督徒，若是牧师与社会接近，尽力襄助解决社会的种种问题，外人的批评也就

---

72 达：《五年运动》，《清华周刊》1930 年第 33 卷第 10 期，第 111 页。

73 李琼阶：《为推行基督化家庭运动周者进一解》，《圣公会报》1937 年第 30 卷第 16 期，第 10 页。

74 赖逸休：《五运与乡村教会》，《真光杂志》1930 年第 29 卷第 8 号，第 35 页。

无从生起。"[75]当时社会舆论与反教人士多攻击基督教为帝国主义的文化侵略，麻醉青年的工具及其依靠炮舰政策才得以来华传教。如有人士攻击基督教为文化侵略，"我们已经知道宗教是阻止人类社会进化，麻醉人民，愚蒙人民，使我们自趋灭亡的毒品，帝国主义更利用这宗教的法宝来侵略中国，使中国加速殖民地化。我们要反帝，我们要争取民族的生存，必须反对的最大武器之一的宗教。"[76]亦有人士攻击传教士："在本国生活艰难，在华即高楼大厦，雇佣人役，冷时围炉取暖，热时上山乘凉，及过种种贵族式的生活，这就是他们本身来华的原因。所在国家令其到华藉传教之名，而行文化侵略之实，并可作帝国主义一个在弱国的侦探。"[77]

当时中国知识分子对基督教的攻击，实际更多带有政治色彩。如 1930 年时，有华北公理会信徒对在华基督教被视为帝国主义侵华工具论述道："现有的新思潮无神论者，唱着打倒基督教的高调，把帝国主义的工具，麻醉青年的毒刺，抑制民族精神发展的一切罪名，都拿来扣在基督教的头上。"[78]外国教会人士亦对于当时国人对传教士的批评而反驳道："以别人说他们是帝国主义的走狗，是昧起良心在谈话，是未有认清他们为基督的道理，而苦口婆心，劝人为善的事实，来判断他们。"[79]亦有中国基督徒为此进行辩解称："'帝国主义的先锋''列强经济侵略的工具''资本主义的前趋'，这是西国布道同志们，没有完全基督化了的铁证。'帝国主义的走狗''洋奴''二毛子'，这是我们中国布道同志们，没有完全基督化了的铁证。可详查反对基督教的，除了少数蛮横和无理取闹的外，都是反对基督教会，并吃教和盲从的，没有一个是反对基督教。"[80]还有基督徒承认有少数不良份子充当了帝国主义侵略先锋，但这只是少数人，并非基督教全体的问题，其提出："基督教与帝

75 张南伯：《教会在本地社会的地位和功用》，《兴华》1937 年第 34 卷第 16 期，第 3 页。

76 田川均：《帝国主义的宗教政策》，《新东方半月刊》1936 年第 1 卷第 5 期，第 200 页。

77 因心：《现代基督教黑幕之面面观（续）》，《改进》1931 年第 2 期，第 5 页。

78 葛月清：《我对于五年运动的感想》，《华北公理会月刊》1930 年第 4 卷第 2 期，43 页。

79 郁：《西差会不是帝国主义侵略各殖民地的开路先锋》，《改进》1931 年第 3 期，第 5 页。

80 冯健苍：《五运过程如何使家庭基督化》，《华北公理会月刊》1931 年第 5 卷第 7 期，第 28-29 页。

国主义始终是不相妥协的，不但不为其先锋走狗，且无时不与之作殊死战。"[81]亦有部分人士认为基督教主张与孙中山所提救国方针类似，以此来为基督教宣传，其云："基督以救世自任，舍身救人，与先总理所言救国之道在于救民，救民之要，莫先自救，其具革命大无畏之精神，亦俨有同符。"[82]

实际当时的一些反教人士，并不真正了解基督教，更多是从民族利益感情出发，攻击基督教，其言论也就带有片面性。如曾有教会人士对此现象中肯地分析称："那些仇教的份了，既不知道我基督教教义的奥秘，又不明我基督教历史的背景，所以妄加批评，肆行攻击，冷嘲热讽，信口侮辱，以少数不良的牧师及不良的教徒，归咎于基督教之全体。"[83]还有学人对基督教在华的功与罪进行了深入分析后总结指出："基督教在我国传教前后达千数百年之久，传教区域，几即于全国；教士及信徒人数，日有增加；传教事业，日益扩大。至其对于我国之影响，自其在学术上、政治上、社会上之功绩言之，则可谓基督教之成功；自其为目的不择手段之结果，致其卷入政治漩涡，终于被各国帝国主义所利用为侵略我国的工具之一言之，则又可谓为基督教之失败。"[84]此种评论可谓比较公允。

非基督教运动时期，国内很多刊物曾刊行专号，集中批评基督教。到了五年运动时期，也有少量刊物继续公开攻击基督教，如清华大学主办的1930年第10期的《清华周刊》出版一期"铲除基督教专刊"，批判基督教是帝国主义侵略中国的工具，刊有《基督教祸华小史》《中国反基督教运动小史》《教会学校底宗教教育》《中国基督徒分析》《清华铲除基督教青年团宣言》《辩证法唯物论对于宗教的批判》等十余篇文章，全面攻击基督教。如清华大学学生在专门针对清华校内青年会发表的《清华铲除基督教青年团宣言》中指出："我们要铲除基督教的旗帜，我们不只要唤起被人麻醉的在校同学的迷梦，使青年会永远绝迹于我庄严璀璨之清华大学，我们更要进一步唤起全国觉悟的青年联合起来向基督教及其一切组织不懈的肉博。"[85]当时亦曾有名为《改进》的基督教刊物，旨在揭露借传教为名，行文化侵略之实的西方差会在华的一切黑

---

81　愚：《基督教与帝国主义》，《生命》1935年第1期，第7页。

82　丁世恭修：《馆陶县志》，1935年刊本，卷七：宗教志，第40页。

83　严玉潭：《奋兴今日中国教会的牧师》，《真光杂志》1931年第30卷第1号，第31页。

84　姚宝猷：《基督教在华传教的功罪》，《现代史学》1935年第2卷第4期，第6页。

85　《清华铲除基督教青年团宣言》，《清华周刊》1930年第33卷第10期，第2页。

幕，以唤醒教友驱逐西方差会。该刊倡导站在基督教真正博爱的立场上，宣传教义，建立被压迫者的宗教，发表诸多批评基督教的文章。

当时社会人士对基督教在华举办的布道及社会事业也多有批评。如教外人士对于教会社会组织方面的批评称："教会组织太呆板，一切计划不准任何人参加，又教会似是一个西人的机关，以教会一切的职员，似洋行的雇员，教会对于爱国运动在形式上少有表示，甚至有人看教会为帝国主义的先锋，以教会学校为文化侵略的机关。"[86]清华大学学生还攻击基督教向民众布道为："将所学的奴性心得，注入民众的脑筋里，使他们永远服服帖帖的做顺民，听凭帝国主义资本的宰割。"[87]对于基督教无视中国固有文化，有人士分析指出："一般迷信基督教或天主教者，一味认教会之仪式及其他设施，皆为至上完美者，而抹煞一切，即中国先圣先贤之遗训，亦遭此藐视，于是引起非基督徒之敌视，认教会能使人昏迷，忘却自己之根本。"[88]有人士还批评当时盛行的基督教团契实为利用人心的弱点为传教服务，并称："这社会的创痕，把他们的门面支撑起来，把他们的麻醉圣乐，大大地施散，结果'中华归主'，奉承洋大人，就变成了契友们的真正宗教与信条。"[89]

对基督教在各地设立的许多教会学校，社会人士多批评为文化侵略，如将其称为："藉教育的手段，来麻醉蒙骗有为的青年，祈祷、做礼拜，甚至拿圣经当课本，迫令背诵，这样便使学生无一点自由和空间。在思想和行动上尽量使之奴隶化，从教会出来的学生，多半是没有政治意识，崇拜帝国主义，或者替帝国主义大人做走狗，对于自己的同胞散布宗教的毒素。"[90]又如 1930 年时，齐鲁大学因与罢工的工友交涉未果，曾有停办大学，改为乡村师范之议，虽然此举未果，但国民党中央机关报《中央日报》却称齐鲁大学此举为变更文化侵略方法，"在养成惟外人是听之顺民，以便任其宰割，任其鱼肉。"[91]亦

---

86　方纯洁：《教会与青年宗教教育》，《金陵神学志》1933 年第 15 卷第 5 期，第 41 页。

87　《清华铲除基督教青年团宣言》，《清华周刊》1930 年第 33 卷第 10 期，第 1-2 页。

88　廖廉方：《教会是麻醉人民的？》，《希望月刊》1934 年第 11 卷第 6-7 合期，第 16 页。

89　失言：《介绍燕大的团契》，《燕大周刊》1931 年第 3 期，第 20 页。

90　田川均：《帝国主义的宗教政策》，《新东方半月刊》1936 年第 1 卷第 5 期，第 200 页。

91　《齐鲁大学改办乡村师范，变更文化侵略方法》，《中央日报》1930 年 2 月 15 日，第 3 张第 4 版。

有人称外人在华办学为奴化教育："它利用宗教的精神来麻醉我们的精神，使我们天性和平的中国人更进一步到无抵抗主义的道路上去；他们利用物质的形式来影响我们的思想，使我们农业国家的老百姓对他们工业国的西洋人发生一种莫名其妙的羡慕；它利用学校来作他们侦察中国的大本营，使我们对他们的行动不发生什么注意。"[92]还有人士攻击教会学校收取高学费，成为"贵族学校"，称："学费则比国家建设多至二三倍，因学费之贵，贫寒子弟，裹足不前。学生多系中等以上阶级，学生即系贵族化，衣食用度，自见阔绰。西装革履，旗袍高跟，比比皆是。"[93]还有人士则称："教会学校太专制，教会学校里的学生，思想行动是不能自由的。中学生不消说，圣经是项重要的功课，礼拜非作不可。如果发现了不信任宗教的言论时，马上要受开除或记过的处分。即就是大学生，如果思想与他们不一致时，也得要受同样的待遇。"[94]

教会在华医疗事业也受到教外人士的抨击。如有人士指出医学传教士受不平等条约保护，"或以宗教号召，树博爱之帜，麻醉社会"[95]。对于基督教在华设立的医院则批评称："基督教还假公济私，在中国设立许多医院，救济会等等，借慈善的名义，到处传教，以种种的小惠，蒙蔽民众的反抗意识，加增本身的威严，这样他们更容易把劳苦群众，控制得像牛马一般了。"[96]还有人士批判教会医院传教色彩太浓称："教会医院的目的，是在于传教为先，治病为后，救灵魂为先，救性命为后。虽然不能说他们有害于人群，但至少是与医院治疗疾病，研究学术的宗旨是相反的。"[97]

纵观当时社会人士对基督教的批评，多带有强烈的民族情绪与固有的偏见，将政治情绪糅合其中，而不是从宗教本身考察问题，未能真正深入教会内部去实地调查分析基督教的真实在华境况，这些批评也引起教会人士的回应。如基督徒张伯怀提出："社会上一般的民众对基督教根本没有认识，基督教民众的生活也没有影响。人们看教会与洋行无大分别，是外国人的机关，与中国人没有关系。教会的学校医院等固然有较比稳固的地位，然按新近趋势，这些

92 《与教会学生商榷书》，《改进》1931年第5-6合期，第22页。

93 李培廷：《今日教会学校之我见》，《圣公会报》1936年第29卷第23期，第20页。

94 易厚菴：《整顿学风与教会学校》，《大公报》1930年12月26日，第12版。

95 威仑：《造成外籍医师在华发展之素因》，《医事公论》1934年第23号，第17页。

96 田川均：《帝国主义的宗教政策》，《新东方半月刊》1936年第1卷第5期，第200页。

97 周克传：《教会医院之写真》，《医药评论》1934年第109期，第28页。

团体和机关，无论在经济上，组织上，和性质上，都逐渐的与教会远离。"[98]针对此种情况，中华基督教会全国总会为此也建议："基督教宜深入民间，推行积极的布道工作，造成伟大的信徒团体，并注意改造一般的生活，习惯，制度，使之基督化。如果基督教为中国民众所不可或缺，则自然地位稳固。同时宜充分的本色化，传教内容不必以西方神学成见为主体，当按照中国人之需要，将福音的大能介绍给同胞们，并将教会仪式，制度，组织等，尽量适应国人的习惯。"[99]实际在五年运动中，基督教在本色化方面的探索，特别是在乡村建设与识字运动中的努力，一定程度上改变民众对教会看法。

值得一提是，作为南京国民政府领导人的蒋介石1930年加入基督教后，随着其对基督教义的研修及与传教士的交往，蒋氏对基督教越加认同。1931年4月14日，蒋氏在日记中称："基督教乃世界性而不讲国界，故决不为任何一国帝国主义者所利用。"[100]同年4月18日，蒋氏又发表《主义与宗教之关系》一文，称基督教带有革命性，提出"研求基督教，以仁爱为本之精神与真理发扬而光大之，以挽救今日之世道与人心"[101]，也在当时国民政府官员中引起争议。1935年5月17日，蒋氏在日记中又称："英、法帝国主义者利用基督教会，引诱边民，此乃帝国主义者之不道，而非基督教本身之违反教理也。"[102]后在1936年2月的日记中，蒋氏还有了在中国将基督教代替佛教的想法，称："中国宗教应以耶教代佛教，方可与欧美各民族争平等，而民族精神之发扬与固有德性之恢复，亦能得事半功倍之效。"[103]1937年3月26日，蒋介石还在南京发布《耶稣受难予余之教训》的书面致词，系统阐述其对基督教看法，在基督徒中产生广泛影响，蒋氏则在日记中自称："身信对于青年思考与民族复兴，及建国之影响必大也。"[104]但蒋介石作为现代国家的领袖，奉行政教分离，虽然与传教士表示友善，并未对基督教放宽政策，仍是服从于国家利益，

---

98 中华基督教会全国总会:《中华基督教会全国总会第四届总议会议录》，青岛，1937年，第211页。

99 中华基督教会全国总会:《中华基督教会全国总会第四届总议会议录》，青岛，1937年，第212页。

100《蒋介石日记》，1931年4月14日，中国历史研究院档案馆藏。

101 高素兰编注:《蒋中正总统档案事略稿本》第10册，新店:国史馆，2004年，第457页。

102 黄自进、潘光哲编:《蒋中正总统五记:学记》，台北:国史馆，2011年，第86页。

103《蒋介石日记》，1936年2月15日，中国历史研究院档案馆藏。

104《蒋介石日记》，1937年3月26日，中国历史研究院档案馆藏。

制定宗教政策，故又继续限制基督教在华活动。

## 四、结语

非基督教运动后的五年运动时期，全国反对基督教声潮有所减弱，加之国家获得形式上的统一，基督教获得相对稳定的发展环境，但作为异质的基督教文化仍然未同佛教那般的中国化。中国民众的宗教信仰多带有较强的功利性，虽然大多不认可基督教，尤其知识分子对基督教仍是多有批评，但国人却逐渐接受了基督教开办的学校、医院，这也在于它们的教学与医疗水平足够高，并具示范作用。而且基督教在五年运动时期，也针对政教、民教关系的变化，进行不断调适，力图融入中国社会，着力培养本土教会领袖，推动教会在中国延续发展，这也是基督教本色化的重要探索。而且从本质上来看，无论反教人士还是教会人士对基督教的立场，都属于教会本色化运动的具体表现。反对基督教人士，力主回归中国，关心中国政治现况，从民族主义立场反对基督教；而教内人士面对反教运动，开始产生自觉，进行反省，则采取了一系列基督教中国化的尝试，这两种态度都影响了基督教在中国的发展。

虽然五年运动初衷是通过中国教会的本色化等途径来实现教会的振兴，以建设真正的中国教会来达到所谓的"中华归主"，但在当时的政治环境及基督教的浓厚西方背景影响下，真正的基督教中国化之路仍然任重道远。正如著名基督徒刘廷芳所言，"基督教在中国百余年来最大的困难，一方面是反中国社会制度中心的伦理观念，一方面是没有给信徒及社会一种明白了当的新伦理观念；基督教在中国缺乏的工作是研究社会的根本问题，现代人与人的关系，国与国的关系，种族与种族的关系。"[105]作为宗教意识淡薄且高度世俗化的国家，基督教的强烈排他性及浓厚的传播宗教功利动机，加之中国人的文化传统、思维模式和世界观不同于基督化文化下的欧美传教士，这些差异结合中国的社会组织和政治传统，必然使来华基督教会在有浓厚传统文化积淀的近代中国社会中阻力重重，宗教的神圣与世俗事业始终没有得到合适的协调。不可忽视的是，五年运动时期，日本局部侵华、频发的国内战争及各地的匪乱、各种自然灾害等动乱的社会环境，都对各地五年运动的开展造成了不同程度的干扰，影响了运动的最终效果。

---

105 刘廷芳：《基督教在中国到底是传什么》，《真理与生命》1931 年第 6 卷第 1 期，第 12-13 页。

# 附录：五年运动期间中国基督教大事记

1929 年 4 月，中华全国基督教协进会在北平召开的华北区退修会上，提出了五年运动的构想。

1929 年 5 月 18 日-25 日，中华全国基督教协进会第七届大会在杭州举行，决定发动五年运动。

1930 年 1 月 1 日，五年奋进布道运动正式发动。

1930 年 4 月，华北地区的伦敦会加入中华基督教会，改称华北大会。

1930 年 4 月 28 日-5 月 10 日，全国基督教识字运动研究会在定县举行。

1930 年 6 月，在华基督教十五公会呈请教育部，请求教会学校得设宗教选修科，但被驳回。

1930 年 7 月 26 日-8 月 4 日，中华基督教会全国干部夏令会在杭州举行。

1930 年 8 月 28 日-31 日，全国浸礼宗联合会议在上海沪江大学召开，英国浸礼会加入全国浸会联合会。

1930 年 9 月，华中区教会识字运动研究会在汉口举行。

1930 年 10 月 22 日-24 日，中国耶稣教自立会全国总会在上海举行开第二次全国代表大会。

1930 年 10 月 23 日，蒋介石在上海受洗，正式加入基督教。

1930 年 10 月 26 日-11 月 9 日，中华基督教会全国总会在广州召开第二届代表大会。

1930 年 10 月 26-11 月 1 日，全国教会举行第一届基督化家庭家庭运动周。

1930 年 12 月 6-16 日，华东区基督化家庭运动领袖研究会在湖州举行。

1930 年 12 月，美国平信徒调查团来华调查教会现状及需要。

1931 年 1 月 4 日-11 日，全国教会一致举行寰球周祷。

1931 年 1 月 27 日-2 月 5 日，中华基督教会河南大会在彰德举行。

1931 年 2 月 9 日-15 日，中华基督教青年会第三届全国总干事大会在苏州举行。

1931 年 2 月 21 日-3 月 1 日，中华全国基督教协进会发起的民生研究会在上海举行。

1931 年 3 月 18 日-19 日，中华基督教教育会在上海召开第十三届年会。

1931 年 4 月 10 日-18 日，中华全国基督教协进会第八届大会在上海召开。

1931 年 4 月 27 日-5 月 2 日，中华圣公会第七届总议会于杭州召开。

1931 年 5 月 2 日-7 日，华北长老会年会在北平召开。

1931 年 5 月 15 日-25 日，华北公理会第十七届年会在太谷举行。

1931 年 6 月 11 日-18 日，中华基督教信义会第四届议会在青岛举行。

1931 年 6 月，中华基督教会山东大会第二届年会在青州召开。

1931 年 7 月 7 日-13 日，中华基督教会关东大会在沈阳举行第十一届常会。

1931 年 7 月底，华北浸会神学院在黄县成立。

1931 年 7 月，中华基督教宗教教育促进会成立，并组织宗教教育同工团契。

1931 年 8 月 18 日-24 日，基督徒学生运动第二届筹备委员会扩大会议在北平举行，重点是讨论学运事工的谋划。

1931 年 8 月，全国大学基督徒女生联合会在北平成立。

1931 年 9 月 30 日，宋美龄在南京发起为国祈祷团。

1931 年 10 月 1 日-7 日，中华基督教会全国总会第二届干部会议在苏州举行。

1931 年 10 月 4 日-10 日，上海全埠各教堂举行联合大布道。

1931 年 10 月 8 日，中华国内布道会在上海举行年会。

1931 年 10 月 25 日-31 日，全国教会举行第二届基督化家庭运动周。

1931 年 10 月 30 日-31 日，华东区初级中学宗教教育会议在上海举行。

1931 年 11 月 15 日-22 日，江苏镇江各教会举行奋兴大布道会。

1931 年 12 月 2 日，蒋介石在南京接见中外基督徒代表。

1931 年 12 月 4 日，华北基督教教育会会议在北平举行。

1932 年 1 月 18 日-24 日，男女青年会学生干事会议在杭州举行。

1932 年 2 月，张之江在上海发起成立中华基督徒信行救国十人团。

1932 年 3 月 4-5 日，中华圣公会教会合一委员会议举行。

1932 年 4 月，华北基督教农村事业促进会在北平召开第一次会议，后河北、山东、山西相继成立分会。

1932 年 4 月 7 日-17 日，华北宗教教育幼童家庭讨论会在北平卧佛寺举行。

1932 年 6 月，中华基督教会山东大会第三届年会在济南召开。

1932 年 7 月 1 日-10 日，北戴河灵修会举行，各省到会信徒 210 人。

1932 年 7 月 3 日，真耶稣教会第七次全体大会在上海举行。

1932 年 7 月，英国圣书公会、美国圣经会、苏格兰圣经会等在华三大圣经会开会决定组成中华圣经公会，后陆续在各地相继成立圣经公会分会。

1932 年 8 月 16 日，中华基督教青年会第六届全国干事大会在北平燕京大学举行。

1932 年 8 月 23 日-9 月 6 日，鲁东信义总会在即墨召开第四届总议会。

1932 年 8 月 24 日，美以美会华北年议会在北平举行。

1932 年 9 月 14 日-18 日，中华基督教会华东大会第三届常会在杭州举行。

1932 年 9 月 7 日，美以美会山东年议会在泰安举行。

1932 年 9 月 19 日，鲁东信义会在青岛创办的信义女子神学院开学。

1932 年 9 月，由华北农村事业促进会及燕京、南开、齐鲁三大学代表组织成立华北工业改进社，专门从事工业改良事宜。

1932 年 10 月 13 日-15 日，湘北信义会第一届总议会在湖南湖洲举行。

1932 年 10 月 25 日，原属长老会的河北大会北平区会与属伦敦会的华北大会北平区会，经多次协商后组成中华基督教会北平区会。

1932 年 11 月 4 日-11 日，中华基督教会全国总会第三届干部会议在宁波举行。

1933 年 1 月 3 日-7 日，中华基督教会河南大会在彰德举行第十一届年议会。

1933 年 1 月 4 日-10 日，中华基督会闽南大会第十三届年会在泉州举行。

1933 年 1 月 15 日-18 日，华中区第一届基督教中学校长会议在武汉举行。

1933 年 1 月 26 日-2 月 5 日，武昌教会举行春季大布道。

1933 年 2 月 17 日-19 日，华北循道会、圣道公会、循道协会三会合并，改名为循道公会，同时在河北丰滦中学举行会议。

1933 年 4 月 7 日-20 日，基督教协进会在定县举行第二次识字运动研究会与乡村建设研讨会。

1933 年 4 月 28 日-5 月 3 日，中华基督教宗教教育促进会第二次年会在松江举行。

1933 年 5 月 3 日-11 日，中华全国基督教协进会第九届大会在松江召开。

1933 年 5 月 13 日-16 日，中华基督教会河北大会第二届大会在保定举行。

1933 年 5 月 19 日-21 日，华北长老会年会在北平举行。

1933 年 5 月 29 日，中华基督教会山西大会成立，分太原、忻县、代县三区，在太原东夹巷礼拜堂举行成立大会，参加者中西代表 200 余人。

1933 年 6 月 30 日-7 月 9 日，皖赣区宗教教育研究会在芜湖举行。

1933 年 7 月 13 日-8 月 5 日，基督教文字事业会议在庐山举行。

1933 年 7 月，中华笃信福音学生联合会在华北神学院开会筹备成立。

1933 年 8 月 11 日-17 日，全国基督徒学生团契大会在上海举行。

1933 年 8 月 19 日-20 日，第二次全国大学基督徒女生代表大会在上海召开。

1933 年 8 月 23 日，华北美以美会举行年会。

1933 年 8 月 30 日，山东美以美会举行年会。

1933 年 10 月 3 日-10 日，中华循道公会第一届全国大会在宁波举行。

1933 年 10 月 26 日-29 日，中国耶稣教自立会第三届全国代表大会在江湾举行。

1933 年 10 月 20 日-30 日，中华基督教会全国总会第三届常会在厦门鼓浪屿举行。

1933 年 10 月 26 日-29 日，中国耶稣教自立会第三届全国代表大会在上海召开。

1933 年 11 月 29 日，福建福州美以美会举行年会。

1933 年 12 月 6 日，福建兴化美以美会举行年会。

1934 年 1 月，青年会发动为期两年的青年与宗教运动。

1934 年 1 月 23 日-28 日，中华基督教青年会第十二届全国大会在上海召开。

1934 年 1 月 1 日，中华基督教儿童宗教教育会在杭州举行。

1934 年 1 月 11 日-21 日，中华圣公会湘桂教区在湖南永州举行第十届议会。

1934 年 1 月 15 日，中华全国基督教协进会成立受托主义赈委会。

1934 年 1 月 16 日，杭州五运联会举行年会。

1934 年 1 月 28 日，世界和平祈祷大会在北平协和教堂举行。

1934 年 2 月 4 日-6 日，中华圣公会华北教区议会在北平召开。

1934 年 2 月 18 日-25 日，全国教会举行新春布道周。

1934 年 3 月 6 日，中华全国基督教协进会受托主义委员会举行第一次会议。

1934 年 4 月 21 日-29 日，中华圣公会在芜湖举行第八届全国总会。

1934 年 4 月 25 日，中华基督教会华东大会在安徽怀远举行第四届年会。

1934 年 5 月 8 日-11 日，华东区青年会农村事业会议在江苏无锡举行。

1934 年 6 月底，中华基督教会全国总会由上海迁到北平。

1934 年 7 月 25 日-8 月 1 日，中华基督教会全国总会青年事工研究会于在江苏无锡举行，专门研究青年事业问题。

1934 年 7 月，华北基督教农村事业促进会在济南创办《田家半月报》。

1934 年 7 月，四川省暑期宗教教育研究会在成都举行。

1934 年 8 月，笃信福音学生联合会在山东滕县召开第一届大会。

1934 年 8 月 22 日，美以美会华北年议会在天津召开。

1934 年 9-10 月，美国布道家艾迪在华布道。

1934 年 10 月 9 日，美以美会华中年议会在南京举行。

1934 年 10 月，中华监理公会在湖州教堂举行第四届年会。

1934 年 10 月 28 日-11 月 4 日，全国教会举行基督化家庭运动周。

1934 年 11 月 2 日-4 日，中华基督教会河南大会在彰德召开五运促进会。

1934 年 11 月 10 日-13 日，中华基督教会闽中协会在福建长乐举行年议会。

1934 年 12 月 11 日，美以美会福州年议会在闽举行。

1935 年 1 月，中华圣公会在上海举行教会合一会议，美以美会、华北公理会等六大公会被邀请参加，商讨教会合一问题。

1935 年 1 月 27 日-29 日，华东基督教中学宗教教育会议在上海举行。

1935 年 2 月 8 日-17 日，南京各公会举行新春布道大会。

1935 年 3 月 16 日，上海青年会举行 35 周年纪念大会。

1935 年 4 月 5 日-5 月 2 日，中华全国基督教协进会第十届大会在上海召开，决定继续五年运动。

1935 年 5 月 3 日-6 日，信行救国十人团在上海举行第二次总团会议。

1935 年 5 月 9 日-15 日，全国基督教联合会在河南开封举行第三届大会。

1935 年 5 月 22 日-24 日，华北大会第五届常会在萧张举行。

1935 年 6 月 1 日-2 日，华北公理会在北平灯市口公理会举行 75 周年纪念大会。

1935 年 6 月 15-18 日，平定友爱会举行成立教会 25 周年纪念会。

1935 年 6 月 18 日，中华基督教会广东协会举行第九届区会年会。

1935 年 6 月 25 日，山东中华笃信福音学生联合会在泰安举行第二届灵修大会。

1935 年 7 月 18 日-27 日，中华基督教宗教教育促进会在牯岭举行会议，研究"培养教会工作人员问题"。

1935 年 8 月 5 日-12 日，由中华基督教青年会承办的第四届太平洋国际少年营在青岛举行。

1935 年 8 月 9 日-29 日，华北美以美会教牧夏令讲习会在北平举行。

1935 年 9 月-10 月，青年会组织的青运巡回工作团在各地青年会及各学校进行演讲及讨论。

1935 年 10 月 29 日-11 月 4 日，美国监理公会来华 50 周年纪念大会在上海举行。

1935 年 11 月，山西友爱会 25 周年纪念会举行。

1935 年 11 月 5 日，中华基督教监理公会在上海举行 50 周年纪念大会。

1935 年 12 月 10 日，美以美会福州年议会举行。

1936 年 1 月 3 日-4 日，上海圣经协会举行第一次全国代表大会。

1936 年 2 月 9 日-16 日，江苏泰州教会举行奋兴大会。

1936 年 3 月 3 日-9 日，西北布道团在河南举行举行培灵布道大会。

1936 年 3 月 7 日，华北基督教教育协会理事会在北平举行。

1936 年 3 月 16 日-21 日，华北基督教农村事业促进会家庭委员会年会在保定举行。

1936 年 4 月 22 日，中华基督教会华东大会在宁波召开第五届常会。

1936 年 4 月 26 日，河北基督教清洁会举行 25 周年纪念大会。

1936 年 4 月 30 日，华北公理会第二十二次年会在天津举行。

1936 年 5 月，上海基督徒工艺社成立。

1936 年 5 月 31 日，上海主日学推行会举行第十六届年会。

1936 年 6 月 30 日-7 月 13 日，中华全国基督教协进会在庐山举行中华基督教传道人员进修会。

1936 年 9 月 23 日-26 日，基督化家庭委员会第一届年会在上海召开。

1936 年 10 月 13 日-18 日，中华浸会百周年纪念大会在广州举行。

1936 年 10 月 23 日-28 日，中华基督教宗教教育促进会培养义工委员会会议在苏州举行。

1936 年 11 月 7 日，中华基督教会河北大会第三届常会在顺德举行。

1936 年 12 月，山东中华基督教中四区区联年会在周村举行。

1937 年 1 月，全国大学基督教学生团体职员事工研究会在苏州东吴大学举行。

1937 年 1 月 18 日-29 日，华东基督教乡村研究会在南京召开。

1937 年 1 月 22 日-24 日，中华圣公会邀请北浸礼会、美以美会、美国公理会等教派代表在上海召开会议，商讨不同宗派教会在组织上的合一问题。

1937 年 2 月 22 日-24 日，中华基督教会全国总会青年事工设计委员会在松江举行。

1937 年 4 月 1 日-13 日，华北基督教农村事业促进会在河南彰德召开乡村工作会议。

1937 年 4 月 17 日，华北公理会第二十三次年会在山西汾阳召开。

1937 年 4 月，全国基督教中等学校校长第一届讨论会在上海召开。

1937 年 5 月 5 日-11 日，中华全国基督教协进会第十一届大会在上海召开。

1937 年 6 月 26 日-7 月 5 日，笃信福音学生联合会在济南召开第三届代表大会。

1937 年 7 月 15 日，中华基督教会全国总会第四届总议会在青岛举行。

# 参考文献

## 一、原始档案

1. 美国公理会档案（Papers of the American Board of Commissioners for Foreign Missions）
2. 世界基督教协会档案（Council for World Mission Archives）
3. 英国教会档案（Conference of British Missionary Societies Archives）
4. 英国圣道公会档案（Wesleyan Methodist Missionary Society Archive）
5. 英国圣公会档案（Church Missionary Society Archive）
6. 卫理宗档案（Missionary Files: Methodist Church, 1912-1949）
7. 亚洲基督教高等教育联合董事会：中国教会大学档案（United Board for Christian Higher Education in Asia）
8. 海外中国近代史珍稀史料文献数据库（China: Trade, Politics and Culture, 1793-1980）
9. 美国明尼苏达大学图书馆藏：基督教男青年会档案
10. 美国耶鲁大学神学院图书馆藏：英美来华差会档案
11. 上海市档案馆藏：中国教会文献档案
12. 台北"国史馆"藏：蒋中正总统档案、国民政府档案

## 二、外文史料

### （一）图书

1. *The Bulletin of National Christian Council of China*, Shanghai, 1929-1937.

2. *Report North China Woman's Conference of the Methodist Episcopal Church*, Peiping, 1932-1935.

3. *Minutes of the Annual Meeting of the North China Mission of the Presbyterian Church in the U.S.A.*, Peiping, 1931-1933.

4. *The Annual Report of the American Board of Commissioners for Foreign Missions*, Boston, 1929-1937.

5. *The Annual Report of the American Baptist Foreign Mission Society*, New York, 1929-1937.

6. *The China Council of the Presbyterian Church in the U.S.A.*, Shanghai, 1929-1937.

7. *The Report of the General Synod of the Chung Hua Sheng Kung Hui*, Shanghai, 1931-1937.

8. *The Annual Report of the Baptist Missionary Society*, London, 1929-1937.

9. *The Christian Universities of China Bulletin*, London, 1932-1937.

10. *The China Christian Educational Association Bulletin*, Shanghai, 1929-1937.

11. *The China Christian Year Book*, Shanghai, 1930-1937.

12. Kenneth S.Latourette, *A History of Christian Missions in China*, New York, 1929.

13. *Religious Education in the Chinese Church: the Report of a Deputation*, Shanghai, 1931.

14. *Re-thinking Missions: A Laymen's Inquiry after one Hundred Years*, New York, 1932.

15. Arthur J.Brown, *One Hundred Years: a History of the Foreign Missionary Work of the Presbyterian Church in the U.S.A*, New York, 1936.

16. L.Boynton(ed), *The Handbook of Christian Movement in China under Protestant Auspices*, Shanghai, 1936.

17. E.H.Cressy, *Christian Colleges in China, Eleventh Annual Statistics*, 1935-1936, Shanghai, 1936.

18. Ronald Rees, *China Faces the Storm: the Christian Church in China Today*, London: The Carey Press, 1937.

19. Eddy L.Ford, *The History of the Educational Work of the Methodist Episcopal*

*Church in China: a Study of its Development and Present Trends*, Foochow, 1938.

20. Horace E.Dewey, *Seventy Years of Methodist Evangelism in North China, 1869 to 1939*, Changli, 1939.

21. John.J.Heeren, *On the Shantung Front, A History of the Shantung Mission of the Presbyterian Church in the U.S.A, 1861-1940, in its Historical, Economic, and Political Setting*, New York, 1940.

22. Earle H.Ballou, *Dangerous Opportunity: The Christian Mission in China Today*, New York, 1940.

23. C.S.Smith, *The Development of Protestant Theological Education in China*, Shanghai, 1941.

24. Harold S.Matthews, *Seventy-five Years of the North China Mission*, Peking, 1942.

25. Alice H.Gregg, *China and Educational Autonomy: The Changing Role of the Protestant Educational Missionary in China, 1807-1937*, New York, 1946.

26. W.N.Lacy, *A Hundred Years of China Methodism*, New York, 1948.

27. Norman Goodall, *A History of the London Missionary Society. 1895-1945*, Oxford, 1954.

28. H.R.Williamson, *British Baptists in China, 1845-1952*, London, 1957.

29. Paul A.Varg, *Missionaries, Chinese and Diplomats, American Missionary Movement in China, 1890-1952*, Princeton, 1958.

30. Dwight W.Edwards, *Yenching University*, New York, 1959.

31. Kwang-ching Liu(ed), *American Missionaries in China*, Cambridge, Mass, 1966.

32. James C.Thomson, *While China Faced West: American Reformers in Nationalist China, 1928-1937*, Cambridge, 1969.

33. Roger K.Ose, *A History of the Evangelical Lutheran Church of Americans Mission Policy in China 1890-1949*, New York, 1970.

34. J.K.Fairbank(ed), *The Missionary Enterprise in China and America*, Cambridge, 1974.

35. W.P.Fenn, *Christian Higher Education in Changing China, 1880-1950*,

Michigan, 1976.

36. Kimberly A.Risedorph, *Reformers, Athletes and Students, The YMCA in China, 1895-1935*, Washington, 1994.

37. Jun Xing, *Baptized in the Fire of Revolution: The American Social Gospel and the YMCA in China, 1919-1937*, London, 1996.

38. Daniel H.Bays(ed), *Christianity in China: From the Eighteenth Century to the Present*, Stanford, 1996.

39. G.T.Brown, *Earthen Vessels and Transcendent Power: American Presbyterians in China, 1837-1952*, New York, 1997.

40. Lian Xi, *The Conversion of Missionaries: Liberalism in American Protestant Missions in China, 1907-1932*, Philadelphia, 1997.

41. W.C.Merwin, *Adventure in Unity: the Church of Christ in China*, Eerdmans, 1999.

42. Yao, Kevin Xiyi, *The Fundamentalist Movement among Protestant Missionaries in China, 1920-1937*, Washington, 2000.

43. Yamamoto Sumiko, *History of Protestantism in China: the Indigenization of Christianity*, Tokyo, 2000.

44. Wu Xiaoxin(ed), *Christianity in China: A Scholars's Guide to Resources in the Libraries and Archives of the United States*, New York, 2009.

45. R.G.Tiedemann, *Reference Guide to Christian Missionary Societies in China*, London, 2009.

46. R.G.Tiedemann, *Handbook of Christianity in China*, Vol.II, London, 2010.

47. Lian Xi, *Redeemed by Fire: The Rise of Popular Christianity in Modern China*, 2010.

48. Daniel H.Bays, *A New History of Christianity in China*, Oxford, 2012.

49. 外务省文化事业部:《欧米人の支那に于ける文化事业》, 東京, 1938 年。

50. 東亜研究所:《諸外国の对支投資》, 東京, 1942 年。

51. 华北综合调查研究所:《华北公理会调查报告书》, 北京, 1944 年。

## (二) 期刊

1.《教务杂志》(The Chinese Recorder)

2.《华西教会新闻》(The West China Missionary News)

3.《传教士先驱》（The Missionary Herald）

4.《华北与山东差会》（North China and Shantung Mission）

5.《中国亿兆》（China's Millions）

6.《中国基督教振兴》（The China Christian Advocate）

7.《传教士先驱》（The Missionary Herald）

8.《博医会报》（China Medical Journal）

9.《教育评论》（Educational Review）

10.《国际传教评论》（International Review of Missions）

11.《世界传教评论》（Missionary Review of the World）

12.《宗教教育团契》（Religious Education Fellowship）

（三）论文

1. Ng Lee-ming, *Christianity and Social Change: The Case of China, 1920-1950*, Ph.D.Dissertation, Princeton Seminary, 1971.

2. B.S.Greenawalt, *Missionary Intelligence from China: American Protestant Reports, 1930-1950*, Ph.D.Dissertation, The University of North Carolina at Chapel Hill, 1974.

3. S.D.Ling, *The Other May Fourth Movement: the Chinese Christian Renaissance, 1919-1937*, Ph.D.Dissertation, Temple University, 1980.

4. J. E. Heininger, *The American Board in China: the Missionaries Experiences and Attitudes, 1911-1952*, Ph.D.dissertation, University of Wisconsin, 1981.

5. K.K.Reist, *A Church for China: A Problem in Self Identification, 1919-1937*, Ph.D.Dissertation, The Ohio State University, 1983.

6. Lee, Chun Kwan, *The Theology of Revival in the Chinese Christian Church, 1900-1949: Its Emergence and Impact*, Ph.D.Dissertation, Westminster Theological Seminary, 1988.

7. Xue Yonggang, *Presbyterianism and Social Change in Urban China*, Master Dissertation, Boston University, 2018.

# 三、民国中文图书

1. 中华全国基督教协进会:《基督化经济关系全国大会报告书》, 上海, 1927年。

2. 中华全国基督教协进会:《耶路撒冷大会的使命和建议》,上海,1928 年。

3. 中华全国基督教协进会:《中华全国基督教协进会第七届大会报告》,上海,1929 年。

4. 中华全国基督教协进会编:《中华基督教会年鉴》第 10-13 期,上海,1930-1936 年。

5. 中华基督教青年会编:《中华基督教青年会年鉴》,上海,1930-1937 年。

6. 中华全国基督教协进会:《全国基督教识字运动研究会报告书》,上海,1930 年。

7. 侯感恩:《青年会事业建设》,上海,1930 年。

8. 缪秋笙、毕范宇编:《基督教中学校宗教教育的研究》,上海,1930 年。

9. 中华基督教全国总会:《中华基督教全国总会第二届常会纪念册》,上海,1930 年。

10. 谭文纶:《个人布道》,上海,1930 年。

11. 中华基督教主日学推行会:《中华基督教主日学推行会十周年纪念册》,上海,1930 年。

12. 私立华西协和大学编:《私立华西协和大学一览》,成都,1930 年。

13. 中华全国基督教协进会编:《基督教与平民教育运动》,上海,1930 年。

14. 张福良:《基督教农村运动》,上海,1930 年。

15. 上海基督教青年会:《上海基督教青年会 1930 年度会务报告》,上海,1930 年。

16. 中华全国基督教协进会:《中华全国基督教协进会第八届大会报告》,上海,1931 年。

17. 中华基督教教育会:《中华基督教教育会第十三届年会记录》,上海,1931 年。

18. 中华基督教青年会全国协会:《中华基督教青年会全国协会工作报告》,上海,1931 年。

19. 中华基督教女青年会全国协会:《中华基督教女青年会全国会务研究会报告书》,上海,1931 年。

20. 中华基督教青年会全国协会:《中华基督教青年会第六届全国干事大会报告书》,上海,1931 年。

21. 华北基督教农村事业促进会:《华北基督教农村事业促进会组织会会议记

录》，北平，1931年。

22. 华东基督教教育会：《华东基督教教育会第十七届年会专刊》，上海，1931年。

23. 私立齐鲁大学编：《山东济南私立齐鲁大学文、理学院一览》，济南，1931年。

24. 圣约翰大学编：《圣约翰大学一览》，上海，1931年。

25. 私立武昌华中大学：《私立武昌华中大学一览》，武昌，1931年。

26. 私立岭南大学编：《私立岭南大学一览》，广州，1932年。

27. 私立华南文理学院：《私立华南文理学院一览》，广州，1932年。

28. 私立沪江大学编：《私立沪江大学一览》，上海，1932年。

29. 金陵大学秘书处编：《私立金陵大学一览》，南京，1933年。

30. 中华基督教全国总会：《第三届常会议录及第六届续行委员部年会记录》，厦门，1933年。

31. 烟台中华基督教青年会：《烟台中华基督教青年会三十周年纪念册》，烟台，1933年。

32. 上海学运筹委会编：《中国基督教学生运动现状》，上海，1933年。

33. 施中一编：《旧农村的新气象》，苏州，1933年。

34. 王学仁编：《教友须知大纲》，上海广学会，1933年。

35. 中华全国基督教协进会：《中华全国基督教协进会第九届大会报告》，上海，1933年。

36. 中华基督教全国总会：《中华基督会全国总会第三届总议会议录》，厦门，1933年。

37. 刘粤声编：《两广浸信会史略》，广州，1934年。

38. 中华基督教青年会：《中华基督教青年会第十二届全国大会报告》，上海，1934年。

39. 吴雷川：《基督教与社会改造》，上海，1934年。

40. 乡村工作讨论会编：《乡村建设实验》第1集，中华书局，1934年。

41. 孔雪雄编：《中国今日之农村运动》，中山文化教育馆出版物发行处，1934年。

42. 行政院农村复兴委员会秘书处编刊：《一年来复兴农村政策之实施状况》，南京，1934年。

43. 华北美以美会编:《华北美以美会第四十二届年会议记录》,天津,1934 年。

44. 金陵女子文理学院编:《私立金陵女子文理学院章程》,南京,1934 年。

45. 私立之江文理学院:《私立之江文理学院一览》,杭州,1934 年。

46. 美国平信徒调查团编:《宣教事业评议》,商务印书馆,1934 年。

47. 周之德编:《闽南伦敦会基督教史》,闽南大会,1934 年。

48. 梅贻宝:《基督教与农村改造》,上海,1935 年。

49. 党美瑞编:《基督教与农村生活》,上海广学会,1935 年。

50. 艾迪:《基督教与今日中国的问题》,青年协会书局,1935 年。

51. 林步基等编:《中华圣公会江苏教区九十年历史(1845-1935)》,上海,1935 年。

52. 中华全国基督教协进会:《中华全国基督教协进会第十届大会报告》,上海,1935 年。

53. 乡村工作讨论会编:《乡村建设实验》第 2 集,中华书局,1935 年。

54. 张雪岩:《受托真义与实践》,上海广学会,1935 年。

55. 许莹涟、段继李等编:《全国乡村建设运动概况》,邹平:山东乡村建设研究院出版股,1935 年。

56. 天津基督教青年会:《天津基督教青年会四十周年纪念册》,天津,1935 年。

57. 中华基督教青年会全国协会:《中华基督教青年会五十周年纪念册》,青年协会书局,1935 年。

58. 铭贤学校:《山西私立铭贤学校概况一览》,太谷,1935 年。

59. 上海中华基督教青年会:《上海中华基督教青年会三十五周年纪念册》,上海,1935 年。

60. 尚爱物编:《青年会的宗教事业》,青年协会书局,1935 年。

61. 山西公理会:《山西省太谷基督教会五十周纪念刊》,太谷,1935 年。

62. 吴椿:《黎川农村建设实验》,北平,1935 年。

63. 韦格尔及视察团编:《培养教会工作人员的研究》,上海广学会,1935 年。

64. 刘廷芳:《教会与学运》,北平,1935 年。

65. 林步基等编:《中华圣公会江苏教区九十年历史(1845-1935)》,1935 年。

66. 申鸿荣编:《基督教中等教育程序的基础》,上海,1935 年。

67. 上海中华基督教青年会:《力的创造:上海中华基督教青年会 35 周年纪

念册》，上海，1936年。

68. 华北农村建设协进会：《华北农村建设协进会工作大纲：1936-1937年度》，北平，1936年。

69. 吴立乐：《浸会在华布道百年略史》，中华浸会书局，1936年。

70. 中华基督教青年会全国协会：《中华基督教青年会全国协会委员会民国二十五年常会记录》，上海，1936年。

71. 乡村工作讨论会编：《乡村建设实验》第3集，中华书局，1936年。

72. 陈崇桂编：《基督化家庭》，圣教书会，1936年。

73. 冯绍荣等编：《中华浸会百周年纪念报告书》，广州，1936年。

74. 临清公理会：《临清基督教公理会五十周纪念小史》，临清，1936年。

75. 徐宝谦编：《农村工作经验谈》，上海：青年协会书局，1936年。

76. 厦门基督教青年会：《厦门基督教青年会25周年纪念册》，厦门，1936年。

77. 华北基督教教育协会编：《华北基督教教育协会理事会议录》，北平，1936年。

78. 私立东吴大学编：《私立东吴大学一览》，苏州，1936年。

79. 私立福建协和学院编：《私立福建协和学院一览》，福州，1936年。

80. 私立燕京大学编：《燕京大学一览》，北平，1936年。

81. 蒋杰：《乌江乡村建设研究》，南京，1936年。

82. 陈海量编：《福州美以美年会史》，福州，1936年。

83. 中华全国基督教协进会：《中华全国基督教协进会第十一届大会报告》，上海，1937年。

84. 中华基督教全国总会：《中华基督会全国总会第四届总议会议录》，青岛，1937年。

85. 连警斋编：《郭显德牧师行传全集》，上海广学会，1937年。

86. 海尔玛：《怎样建设基督化家庭》，上海广学会，1937年。

87. 上海基督教女青年会：《上海基督教女青年会三十周年纪念特刊》，上海，1938年。

88. 满洲基督教联合会编：《满洲基督教年鉴》，奉天，1938年。

89. 王治心：《中国基督教史纲》，青年协会书局，1940年。

90. 王治心：《中国基督教史课本》，上海广学会，1940年。

91. 朱敬一：《一个实验的乡村教会》，上海广学会，1940年。

92. 费尔顿：《基督教与远东乡村建设》，金陵神学院，1940 年。

93. 余牧人：《基督教与中国乡村建设运动》，金陵神学院，1940 年。

94. 刘粤声主编：《香港基督教会史》，香港，1941 年。

95. 恭思道：《基督教在中国之概况》，中华圣公会，1941 年。

96. 重庆市中华基督教青年会：《重庆市中华基督教青年会二十周年纪念册》，重庆，1941 年。

97. 北平基督教女青年会：《北平基督教女青年会三十周年纪念刊》，北平，1946 年。

98. 李廷魁：《东北教会的昨日和明日》，上海，1946 年。

99. 中华基督教卫理公会：《中华基督教卫理公会百周年纪念册》上海，1947 年。

100. 鲁东信义会：《鲁东信义会五十周年纪念刊》，青岛，1948 年。

101. 海珥玛：《基督教会的乡村工作》，上海广学会，1949 年。

## 四、民国中文报刊

《总会公报》《中华归主》《宗教教育团契》

《兴华》《真光杂志》《通问报》《宗教教育季刊》

《圣公会报》《信义报》《中华基督教教育季刊》

《角声报》《圣灵报》《救世报》《圣经公会报》

《福音光》《希望月刊》《广闻录》《道声》

《田家半月报》《中国学运》《会务鸟瞰》

《青年进步》《女青年月刊》《消息》《同工》

《华北公理会月刊》《金陵神学志》《奋进报》

《唯爱》《真理与生命》《教育期刊》

《暗中之光》《葡萄树》《微音》《谷声》

《中国基督徒学生运动特刊》《全国基督徒布道团团刊》

《申报》《大公报》《民国日报》

《中央日报》《华北日报》《益世报》

## 五、中文资料汇编

1. 邵玉铭编：《二十世纪中国基督教问题》，正中书局，1980 年。

2. 庾裕良等编:《天主教基督教在广西资料汇编》,广西民族出版社,1985 年。

3. 林荣洪编:《近代华人神学文献》,中国神学研究院,1986 年。

4. 李楚材编:《帝国主义侵华教育史资料:教会教育》,教育科学出版社,1987 年。

5. 南京大学高教研究所编:《金陵大学史料集》,南京大学出版社,1989 年。

6. 中国第二历史档案馆编:《中华民国史档案资料汇编》第 5 辑第 1 编:文化,江苏古籍出版社,1994 年。

7. 福建省政协文史资料委员会编:《文史资料选编》第 5 卷:基督教天主教编,福建人民出版社,2003 年。

8. 王美秀、任延黎主编:《东传福音》,黄山书社,2005 年。

9. 中华续行委办会调查特委会编:《1901-1920 年中国基督教调查资料》,中国社会科学出版社,2007 年。

10. 解成编:《基督教在华传播系年》河北卷,天津古籍出版社,2008 年。

11. 秦和平,申晓虎编:《四川基督教资料辑要》,巴蜀书社,2008 年。

12. 张先清编:《中国地方志中基督教史料辑要》,东方出版社,2010 年。

13. 王国平等编:《东吴大学史料选辑·历程》,苏州大学出版社,2010 年。

14. 本书编委会编:《中国基督教年鉴》,国家图书馆出版社,2012 年。

15. 唐晓峰主编:《民国时期非基督教运动重要文献汇编》,社会科学文献出版社,2015 年。

16. 广州基督教青年会编:《中国基督教青年会史料汇编》第 1 辑,宗教文化出版社,2019 年。

17. 唐晓峰、李韦主编:《抗日战争时期基督宗教重要文献汇编》,社会科学文献出版社,2020 年。

18. 许海燕、陶飞亚编:《近代基督教史料汇编》,国家图书馆出版社,2021 年。

19. 广州基督教青年会编:《中国基督教青年会史料汇编》第 2 辑,宗教文化出版社,2022 年。

## 六、当代中文图书

1. 徐松石编著:《华人浸信会史录》,浸信会出版部,1972 年。

2. 林荣洪:《风潮中奋起的中国教会》,天道书栈 1980 年。

3. 吴利明：《基督教与中国社会的变迁》，基督教文艺出版社，1981 年。

4. 魏外扬：《宣教事业与近代中国》，宇宙光出版社，1985 年。

5. 汤清：《中国基督教百年史》，道声出版社，1987 年。

6. 杰西·格·卢茨著，曾钜生译：《中国教会大学史（1850-1950 年）》，浙江教育出版社，1987 年。

7. 萧楚辉：《奋兴主教会：中国教会与奋兴布道运动初探》，福音证主协会证道出版社，1989 年。

8. 查时杰：《民国基督教史论文集》，宇宙光传播中心出版社，1994 年。

9. 顾卫民：《基督教与近代中国社会》，上海人民出版社，1994 年。

10. 姚民权：《上海基督教史（1843-1949）》，基督教三自爱国运动会，1994 年。

11. 高时良：《中国教会学校史》，湖南教育出版社，1994 年。

12. 陶飞亚、刘天路：《基督教会与近代山东社会》，山东大学出版社，1995 年。

13. 梁家麟：《福临中华：中国近代教会史十讲》，天道书楼，1995 年。

14. 何晓夏、史静寰：《教会学校与教育近代化》，广东教育出版社，1996 年。

15. 黄新宪：《基督教教育与中国社会变迁》，福建教育出版社，1996 年。

16. 邢福增：《基督教信仰与救国实践：二十世纪前期的个案研究》，建道神学院，1997 年。

17. 吴洪成：《中国教会教育史》，西南师范大学出版社，1998 年。

18. 林治平：《基督教在中国的本色化》，今日中国出版社，1998 年。

19. 李宽淑：《中国基督教史略》，社会科学文献出版社，1998 年。

20. 林荣洪：《中华神学五十年》，中国神学研究院，1998 年。

21. 李湘敏：《基督教教育与近代中国妇女》，福建教育出版社，1999 年。

22. 徐以骅：《教会大学与神学教育》，福建教育出版社，1999 年。

23. 张玮瑛、王百强等主编：《燕京大学史稿（1919-1952）》，人民中国出版社，1999 年。

24. 张西平、卓新平主编：《本色之探：20 世纪中国基督教文化学术论集》，中国广播电视出版社，1999 年。

25. 郭卫东：《中土基督》，云南人民出版社，2000 年。

26. 姚民权、罗伟虹：《中国基督教简史》，宗教文化出版社，2000 年。

27. 胡卫清：《普遍主义的挑战：近代中国基督教教育研究》，上海人民出版社，2000 年。

28. 鲁珍晞著，王成勉译：《所传为何？基督教在华宣教的检讨》，"国史馆"，2000 年。

29. 赵春晨等著：《基督教与近代岭南文化》，上海人民出版社，2002 年。

30. 张宪文主编：《金陵大学史》，南京大学出版社，2002 年。

31. 罗冠宗主编：《前事不忘、后事之师：帝国主义利用基督教侵略中国事实述评》，宗教文化出版社，2003 年。

32. 吴梓明：《基督宗教与中国大学教育》，中国社会科学出版社，2003 年。

33. 秦和平：《基督宗教在西南民族地区的传播史》，四川民族出版社，2003 年。

34. 段琦：《奋进的历程：中国基督教的本色化》，商务印书馆，2004 年。

35. 顾长声：《传教士与近代中国》，上海人民出版社，2004 年。

36. 段琦：《奋进的历程：中国基督教的本色化》，商务印书馆，2004 年。

37. 何凯立著，陈建明译：《基督教在华出版事业》，四川大学出版社，2004 年。

38. 东人达：《滇黔川边基督教传播研究（1840-1949）》，人民出版社，2004 年。

39. 顾长声：《从马礼逊到司徒雷登：来华新教传教士评传》，上海书店出版社，2005 年。

40. 陶飞亚：《边缘的历史：基督教与近代中国》，上海古籍出版社，2005 年。

41. 张连红主编：《金陵女子大学校史》，江苏人民出版社，2005 年。

42. 芳卫廉著，刘家峰译：《基督教高等教育在变革中的中国》，珠海出版社，2005 年。

43. 刘家峰主编：《离异与融会：中国基督徒与本色教会的兴起》，上海人民出版社 2005 年。

44. 杨天宏：《基督教与民国知识分子：1922-1927 年中国非基督教运动研究》，人民出版社，2005 年。

45. 陶飞亚编：《性别与历史：近代中国妇女与基督教》，上海人民出版社，2006 年。

46. 何小莲：《西医东渐与文化调适》，上海古籍出版社，2006 年。

47. 徐以骅：《中国基督教神学教育史论》，宇宙光出版社，2006 年。

48. 秦和平：《基督宗教在四川传播史稿》，四川人民出版社，2006 年。

49. 杨森富:《中华基督教本色论文集》, 宇宙光出版社, 2006 年。

50. 王成勉:《将根扎好: 基督教在华教育的检讨》, 黎明文化出版社, 2007 年。

51. 尹文涓主编:《基督教与中国近代中等教育》, 上海人民出版社, 2007 年。

52. 肖耀辉、刘鼎寅:《云南基督教史》, 云南大学出版社, 2007 年。

53. 金以枫编:《1949 年以来基督宗教研究索引》, 社会科学文献出版社, 2007 年。

54. 左芙蓉:《社会福音、社会服务与社会改造: 北京基督教青年会历史研究》, 宗教文化出版社, 2005 年。

55. 赵晓阳:《基督教青年会在中国: 本土和现代的探索》, 社会科学文献出版社, 2008 年。

56. 孙崇文:《学生生活图景: 世俗内外的教育冲突》, 教育科学出版社, 2008 年。

57. 刘家峰:《中国基督教乡村建设运动研究(1907-1950)》, 天津人民出版社, 2008 年。

58. 陶飞亚、杨卫华:《基督教与中国社会研究入门》, 复旦大学出版社, 2009 年。

59. 赖德烈著, 雷立柏等译:《基督教在华传教史》, 道风书社, 2009 年。

60. 蓝希峰:《民国时期基督教社会服务研究: 以江西基督教农村服务联合会黎川实验区为个案》, 宗教文化出版社, 2010 年。

61. 杨天宏:《救赎与自救: 中华基督教会边疆服务研究》, 三联书店, 2010 年。

62. 谢铭:《近代广西基督教研究》, 线装书局, 2010 年。

63. 徐以骅:《中国基督教教育史论》, 广西师范大学出版社, 2010 年。

64. 刘天路主编:《身体·灵魂·自然: 中国基督教与医疗、社会事业研究》, 上海人民出版社, 2010 年。

65. 马莉:《现代性视阈下的民国政府宗教政策研究》, 中国社会科学出版社, 2010 年。

66. 信德俭等编:《学以事人、真知力行: 山西铭贤学校办学评述》, 中国社会出版社, 2010 年。

67. 李传斌:《条约特权制度下的医疗事业: 基督教在华医疗事业研究》, 湖南人民出版社, 2010 年。

68. 李传斌：《基督教与近代中国不平等条约》，湖南人民出版社，2011年。

69. 赵晓兰、吴潮：《传教士中文报刊史》，复旦大学出版社，2011年。

70. 周东华：《民国浙江基督教教育研究》，中国社会科学出版社，2011年。

71. 陶飞亚：《中国的基督教乌托邦研究：以民国时期耶稣家庭为例》，人民出版社，2012年。

72. 卓新平、杨富学主编：《中国西北宗教文献·基督教与景教》，甘肃民族出版社，2012年。

73. 张永广：《近代中日基督教教育比较研究》，上海社会科学院出版社，2012年。

74. 陈智衡：《合一非一律：中华基督教会历史》，建道神学院，2013年。

75. 卓新平、雷立柏主编：《中国基督宗教史辞典》，宗教文化出版社，2013年。

76. 孙秀玲：《近代中国基督教大学社会服务研究》，山东人民出版社，2013年。

77. 陈建明：《近代基督教在华西地区文字事工研究》，巴蜀书社，2013年。

78. 陈俊伟主编：《基督教研究方法论》，宗教文化出版社，2014年。

79. 罗伟虹主编：《中国基督教（新教）史》，上海人民出版社，2014年。

80. 董延寿：《基督新教在河南的传播与发展研究(1883-1949)》，人民出版社，2014年。

81. 姚伟钧、胡俊修主编：《基督教与20世纪中国社会》，广西师范大学出版社，2014年。

82. 邱广军：《基督教与近代中国东北社会（1866-1931）》，中国社会科学出版社，2014年。

83. 吴小新编：《远方叙事：中国基督宗教研究的视角方法与趋势》，广西师范大学出版社，2014年。

84. 徐保安：《教会大学与民族主义：以齐鲁大学学生群体为中心》，南京大学出版社，2015年。

85. 张龙平：《国家、教育与宗教：基督教教育会与近代中国》，中国社会科学出版社，2015年。

86. 王晓蕾：《全球地域化视域下的天津青年会研究(1895-1949)》，中国社会科学出版社，2016年。

87. 王德硕：《北美的中国基督教史研究述论》，上海人民出版社，2016 年。

88. 赵晓阳：《当代中国基督宗教史研究》，中国社会科学出版社，2016 年。

89. 陶飞亚、杨卫华编：《汉语文献与中国基督教研究》，上海大学出版社，2016 年。

90. 刘海涛：《河北基督教史》，宗教文化出版社，2016 年。

91. 谭厚锋等著：《贵州基督教史》，中央民族大学出版社，2017 年。

92. 左芙蓉：《华北地区的圣公会》，宗教文化出版社，2017 年。

93. 黄光域：《基督教传行中国纪年(1807-1949)》，广西师范大学出版社，2017 年。

94. 章开沅、马敏主编，贝德士著：《贝德士中国基督教史著述选译》，上海社会科学院出版社，2017 年。

95. 李灵、肖清和主编：《基督教与近代中国教育》，上海译文出版社，2018 年。

96. 侯杰主编：《基督教与中国社会文化》，宗教文化出版社，2018 年。

97. 姚兴富：《江苏基督教史》，社会科学文献出版社，2018 年。

98. 徐炳三：《扭曲的十字架：伪满洲国基督教研究》，科学出版社，2018 年。

99. 张德明：《基督教与华北社会研究（1927-1937）》，花木兰文化事业有限公司，2018 年。

100. 司佳、徐亦猛编：《近代东亚国际视阈下的基督教教育与文化认同》，复旦大学出版社，2019 年。

101. 赵天恩：《中国教会本色化运动（1919-1927）：基督教会对现代中国反基督教运动的回应》，橄榄出版社，2019 年。

102. 裴士丹著，尹文涓译：《新编基督教在华传教史》，台湾基督教文艺出版社，2019 年。

103. 徐炳三：《近代中国东北基督新教研究（1867-1931）》，宗教文化出版社，2019 年。

104. 裴宜理主编：《异同之间：中国近代教会大学个案研究》，浙江人民出版社，2019 年。

105. 苏德华：《加拿大差会在四川的传教活动(1892-1952)》，宗教文化出版社，2021 年。

106. 赵建玲：《基督教"山东复兴"运动研究》，花木兰文化事业有限公司，

2021 年。

107. 陈静:《改变与认同：瑞华浸信会与山东地方社会》，花木兰文化事业有限公司，2022 年。

108. 章开沅等主编:《回顾与展望：中国教会大学史研究三十年》，宗教文化出版社，2022 年。

# 七、中文论文

## （一）期刊论文

1. 洪君保:《五年运动》，《中国与教会》1981 年第 18 期。

2. 王美秀:《中华全国基督教协进会与穆德》，《世界宗教研究》1993 年第 4 期。

3. 杨念群:《社会福音派与乡村建设运动的理论与组织基础》，《道风汉语神学学刊》1998 年春季号。

4. 钟鸣旦:《基督教在华传播史研究的新趋势》，《基督教文化学刊》1999 年第 2 辑。

5. 姚西伊:《本世纪二三十年代基要派—自由派之争与新教在华传教事业》，《道风：汉语神学学刊》1999 年第 10 期。

6. 刘家峰:《基督教与近代农业科技传播：以金陵大学农林科为中心的研究》，《近代史研究》2000 年第 2 期。

7. 伍玉西:《试论广东基督教的本色化运动》，《广州大学学报》2002 年第 3 期。

8. 吴义雄:《中华基督教会广东协会与本色教会运动》，《世界宗教研究》2002 年第 2 期。

9. 王立新:《后殖民理论与基督教在华传教史研究》，《史学理论研究》2003 年第 1 期。

10. 刘家峰:《徘徊于政治与宗教：江西基督教黎川实验区研究》，《浙江学刊》2005 年第 4 期。

11. 徐炳三:《福建圣公会与五年布道奋进运动》，《宗教学研究》2005 年第 3 期。

12. 邢福增:《近代中国基督教史的研究趋向：以美国及台湾地区为例》，《国际汉学》2005 年第 12 辑。

13. 金保华等：《"巴敦调查团"与教会大学的宗教教育改革》，《华东师范大学学报》2006 年第 1 期。

14. 刘家峰：《从差会到教会：诚静怡基督教本色化思想解析》，《世界宗教研究》2006 年第 2 期。

15. 刘家峰：《近代中国基督教运动中的差会与教会关系概论》，《宗教学研究》2006 年第 4 期。

16. 姚西伊：《20 世纪二三十年代基要派》，《信仰与社会》，广西师范大学出版社，2006 年。

17. 吴义雄：《华南循道会的本色化之路：以二十世纪前期为中心的考察》，《宗教学研究》2006 年第 3 期。

18. 吴梓明：《全球地域化:中国教会大学史研究的新视角》，《历史研究》2007 年第 4 期。

19. 尚海丽：《中华基督教会河南大会本色化运动评析》，《殷都学刊》2007 年第 1 期。

20. 任淑艳：《民国时期教会学校的宗教教育之悖论》，《史学月刊》2009 年第 5 期。

21. 程翠英：《疏离与忠诚：20 世纪中国基督教本色化历程研究》，《华中师范大学学报》2009 年第 4 期。

22. 张永广：《二十世纪上半叶中国基督教会合一运动述评》，《宗教学研究》2010 年第 4 期。

23. 葛壮：《评析民国前期基督新教的大发展》，《社会科学》2010 年第 4 期。

24. 陶飞亚、杨卫华：《改革开放以来的中国基督教史研究》，《史学月刊》2010 年第 10 期。

25. 杨思信：《民国政府教会学校管理政策演变述论》，《世界宗教研究》2010 年第 5 期。

26. 郑利群：《抗战前中国基督教青年会的宗教活动》，《天风》2010 年第 1 期。

27. 金兵：《基督教青年会与民国时期的职业指导》，《世界宗教研究》2010 年第 4 期。

28. 刘家峰：《基督教与民国时期的乡村识字运动》，《民国研究》2009 年第 15 辑。

29. 郑利群：《民国时期广州基督教青年会的公共卫生服务》，《前沿》2011 年第 2 期。

30. 张德明：《挫折与复兴：民国基督教五年运动布道事业初探》，《民国档案》
2012 年第 3 期。

31. 毕晓莹：《美国公理会与民国通县乡村建设探析》，《中国社会经济史研究》
2012 年第 2 期

32. 毕晓莹：《美国公理会与保定乡村建设述论》，《古今农业》2012 年第 1 期。

33. 张德明：《教会大学与民国乡村建设：以燕京大学清河实验区为中心考
察》，《北京社会科学》2013 年第 2 期。

34. 吴义雄：《中国基督教史研究与区域社会史研究》，《史学月刊》2013 年第
10 期。

35. 刘家峰：《"中外新教合作建制"与近代基督教中国化研究》，《史学月刊》
2013 年第 10 期。

36. 杨卫华：《民国自由派基督徒乡村改造思想中的几个问题》，《中国农史》
2013 年第 6 期。

37. 杨卫华：《港台中国基督教史研究 60 年》，《安徽史学》2014 年第 1 期。

38. 张德明：《美国美以美会与民国华北乡村建设》，《近代中国》2014 年第 23
辑。

39. 陶飞亚：《中国基督教史研究的新趋向》，《基督宗教研究》2014 年第 17
辑。

40. 赵晓阳、郭荣刚：《60 年来中国基督新教史研究评析》，《世界宗教研究》
2015 年第 3 期。

41. 张德明：《新世纪以来国内近代中国基督教史研究》，《基督教学术》2015
年第 13 辑。

42. 张德明：《自养与本色之深入：1929 年世界经济危机冲击下的华北基督
教》，《安徽史学》2015 年第 5 期。

43. 陈岭：《基督教大学"中国化"意涵与实践的歧异：1930 年代燕京大学"百
万基金运动"研究》，《近代史学刊》2015 年第 14 辑。

44. 张德明：《齐鲁大学龙山乡村实验区乡村建设活动及特点述论》，《齐鲁学
刊》2016 年第 6 期。

45. 鲍静静：《立案前后广东教会中学宗教教育策略的改变》，《基督宗教研究》
2016 年第 20 辑。

46. 侯杰、马晓驰：《天津中华基督教青年会与平民教育运动》，《澳门理工学报》2017 年第 3 期。

47. 张德明：《教育与改良：20 世纪 30 年代华北基督教教会学校乡村建设述论》，《北京社会科学》2018 年第 8 期。

48. 张德明：《华北教会基督化家庭运动论析（1930-1937）》，《宗教学研究》2018 年第 3 期。

49. 谌畅：《取舍之间：中华基督教会财政运作中的西方教会影响》，《基督宗教研究》2018 年第 23 辑。

50. 张丽霞：《20 世纪 20-30 年代中国基督教学生运动的兴起》，《澳门理工学院学报》2018 年第 2 期。

51. 陶飞亚：《中国近现代史与基督教》，《济南大学学报》2018 年第 5 期。

52. 赵盼：《民国时期基督教神学中国化的两条进路：本色神学与民间神学》，《基督教学术》2019 年第 22 辑。

53. 吕飞跃：《民国时期基督徒学生团契组织结构探析：以燕大基督教团契为对象的考察》，《基督宗教研究》2019 年第 26 辑。

54. 王志希：《基督教本色化的正当性论述及其批判：以 1920 年代以来的中国基督徒知识分子为例》，《基督教学术》2020 年第 23 辑。

55. 段琦：《从<中华基督教会年鉴>（1914-1936）看基督教青年会中国化历史进程中的特点，《基督宗教研究》2020 年第 28 辑。

56. 谌畅：《近代中国基督教会的本色化运动：以中华基督教会为中心的考察》，《近代史学刊》2020 年第 22 辑。

57. 张德明：《华北教会基督化经济关系活动述论（1930-1937）》，《基督教学术》2020 年第 23 辑。

58. 杨卫华：《新生活运动与民国基督徒的新国家想象》，《四川大学学报》2020 年第 3 期。

59. 狄德满：《西方中国基督教研究的新方法》，《济南大学学报》2021 年第 3 期。

60. 杨卫华：《南京国民政府基督教团体立案政策与实践》，《宗教学研究》2021 年第 3 期。

61. 张德明：《在地教育与福音传播：华北基督教中学立案后的宗教教育调适（1930-1937）》，《广东社会科学》2021 年第 3 期。

62. 金璐洁：《国内外中华基督教女青年会研究概述》，《宗教学研究》2022 年第 1 期。

63. 张德明：《民国大学与农村改良：乌江农业推广实验区述论》，《农业考古》2022 年第 4 期。

64. 张德明：《教会与青年：1930 年代华北基督教青年事业述论》，《基督宗教研究》2022 年第 30 辑。

## （二）硕博论文

1. 卢孝齐：《中国基督教乡村建设运动——以华北地区为例（1922-1937）》，台湾中国文化大学硕士论文，1985 年。

2. 刘家峰：《诚静怡与中国教会本色化运动》，中山大学博士后出站报告，2004 年。

3. 鲁彦：《金陵大学农学院对中国近代农业的影响》，南京农业大学硕士论文，2005 年。

4. 徐燕：《中国基督教学生运动初探》，华中师范大学硕士论文，2008 年。

5. 颜芳：《燕京大学乡村建设实验研究（1919-1941 年）》，北京师范大学硕士论文，2008 年。

6. 党洁：《二十世纪三十年代中国基督教夏令儿童会初探》，福建师范大学硕士论文，2009 年。

7. 秦武杰：《基督教与近代工业改良》，华中师范大学硕士论文，2009 年。

8. 曲宁宁：《性别视角下的中华基督教女青年会研究(1890-1937)》，香港中文大学博士论文，2010 年。

9. 张德明：《英国浸礼会在华活动历史考察（1845-1952）》，山东师范大学硕士论文，2010 年。

10. 王杰：《民国时期的基督化家庭运动研究》，山东大学硕士论文，2010 年。

11. 赵祥斌：《神圣与世俗之间：齐鲁大学乡村建设研究》，山东大学硕士论文，2011 年。

12. 马光霞：《监理会在华事业研究（1848-1939）》，山东大学博士论文，2012 年。

13. 张荣良：《近代东北基督教本色化研究（1866-1945）》，辽宁大学硕士论文，2012 年。

14. 毕晓莹：《华北基督教公理会研究》，北京大学博士论文，2013 年。

15. 张德明：《处变中的振兴与本色：华北基督教五年奋进布道运动研究》，北京大学博士论文，2014 年。

16. 高宁：《民国河北基督教会乡村建设运动研究》，河北师范大学硕士论文，2015 年。

17. 赵飞飞：《金陵大学宗教教育研究（1888-1952）》，南京大学博士论文，2016 年。

18. 牛桂晓：《近代中国基督教会公共卫生运动研究（1919-1937）》，湖南师范大学博士论文，2019 年。

19. 金永鹏：《中华基督教青年会与劳工问题研究（1919-1937）》，杭州师范大学硕士论文，2020 年。

# 《基督教文化研究丛书》

主编：何光沪、高师宁

## （1-9 编书目）

## 初 编 （2015 年 3 月出版）

ISBN：978-986-404-209-8      定价（台币）$28,000 元

| 册 次 | 作 者 | 书 名 | 学科别（／表示跨学科） |
|---|---|---|---|
| 第 1 册 | 刘 平 | 灵殇：基督教与中国现代性危机 | 社会学／神学 |
| 第 2 册 | 刘 平 | 道在瓦器：裸露的公共广场上的呼告——书评自选集 | 综合 |
| 第 3 册 | 吕绍勋 | 查尔斯·泰勒与世俗化理论 | 历史／宗教学 |
| 第 4 册 | 陈 果 | 黑格尔"辩证法"的真正起点和秘密——青年时期黑格尔哲学思想的发展（1785 年至 1800 年） | 哲学 |
| 第 5 册 | 冷 欣 | 启示与历史——潘能伯格系统神学的哲理根基 | 哲学／神学 |
| 第 6 册 | 徐 凯 | 信仰下的生活与认知——伊洛地区农村基督教信徒的文化社会心理研究（上） | 社会学 |
| 第 7 册 | 徐 凯 | 信仰下的生活与认知——伊洛地区农村基督教信徒的文化社会心理研究（下） | 社会学 |
| 第 8 册 | 孙晨荟 | 谷中百合——傈僳族与大花苗基督教音乐文化研究（上） | 基督教音乐 |
| 第 9 册 | 孙晨荟 | 谷中百合——傈僳族与大花苗基督教音乐文化研究（下） | 基督教音乐 |

| 册次 | 作者 | 书名 | 学科别 |
|------|------|------|--------|
| 第 10 册 | 王媛 | 附魔、驱魔与皈信——乡村天主教与民间信仰关系研究 | 社会学 |
| | 蔡圣晗 | 神谕的再造，一个城市天主教群体中的个体信仰和实践 | 社会学 |
| | 孙晓舒 王修晓 | 基督徒的内群分化：分类主客体的互动 | 社会学 |
| 第 11 册 | 秦和平 | 20 世纪 50－90 年代川滇黔民族地区基督教调适与发展研究（上） | 历史 |
| 第 12 册 | 秦和平 | 20 世纪 50－90 年代川滇黔民族地区基督教调适与发展研究（下） | |
| 第 13 册 | 侯朝阳 | 论陀思妥耶夫斯基小说的罪与救赎思想 | 基督教文学 |
| 第 14 册 | 余亮 | 《传道书》的时间观研究 | 圣经研究 |
| 第 15 册 | 汪正飞 | 圣约传统与美国宪政的宗教起源 | 历史／法学 |

# 二 编 （2016 年 3 月出版）

ISBN：978-986-404-521-1　　　　　　定价（台币）$20,000 元

| 册次 | 作者 | 书名 | 学科别（／表示跨学科） |
|------|------|------|------------------------|
| 第 1 册 | 方耀 | 灵魂与自然——汤玛斯·阿奎那自然法思想新探 | 神学／法学 |
| 第 2 册 | 劉光順 | 趋向至善——汤玛斯·阿奎那的伦理思想初探 | 神学／伦理学 |
| 第 3 册 | 潘明德 | 索洛维约夫宗教哲学思想研究 | 宗教哲学 |
| 第 4 册 | 孙毅 | 转向：走在成圣的路上——加尔文《基督教要义》解读 | 神学 |
| 第 5 册 | 柏斯丁 | 追随论证：有神信念的知识辩护 | 宗教哲学 |
| 第 6 册 | 李向平 | 宗教交往与公共秩序——中国当代耶佛交往关系的社会学研究 | 社会学 |
| 第 7 册 | 张文舉 | 基督教文化论略 | 综合 |
| 第 8 册 | 赵文娟 | 侯活士品格伦理与赵紫宸人格伦理的批判性比较 | 神学伦理学 |
| 第 9 册 | 孙晨薈 | 雪域圣咏——滇藏川交界地区天主教仪式与音乐研究（增订版）（上） | 基督教音乐 |
| 第 10 册 | 孙晨薈 | 雪域圣咏——滇藏川交界地区天主教仪式与音乐研究（增订版）（下） | |
| 第 11 册 | 张欣 | 天地之间一出戏——20 世纪英国天主教小说 | 基督教文学 |

# 三　编　（2017 年 9 月出版）

ISBN：978-986-485-132-4　　　　　　　　定价（台币）$11,000 元

| 册　次 | 作　者 | 书　名 | 学科别（／表示跨学科） |
|---|---|---|---|
| 第 1 册 | 赵　琦 | 回归本真的交往方式——托马斯·阿奎那论友谊 | 神学／哲学 |
| 第 2 册 | 周兰兰 | 论维护人性尊严——教宗若望保禄二世的神学人类学研究 | 神学人类学 |
| 第 3 册 | 熊径知 | 黑格尔神学思想研究 | 神学／哲学 |
| 第 4 册 | 邢　梅 | 《圣经》官话和合本句法研究 | 圣经研究 |
| 第 5 册 | 肖　超 | 早期基督教史学探析（西元 1~4 世纪初期） | 史学史 |
| 第 6 册 | 段知壮 | 宗教自由的界定性研究 | 宗教学／法学 |

# 四　编　（2018 年 9 月出版）

ISBN：978-986-485-490-5　　　　　　　　定价（台币）$18,000 元

| 册　次 | 作　者 | 书　名 | 学科别（／表示跨学科） |
|---|---|---|---|
| 第 1 册 | 陈卫真　高　山 | 基督、圣灵、人——加尔文神学中的思辨与修辞 | 神学 |
| 第 2 册 | 林庆华 | 当代西方天主教相称主义伦理学研究 | 神学／伦理学 |
| 第 3 册 | 田燕妮 | 同为异国传教人：近代在华新教传教士与天主教传教士关系研究（1807～1941） | 历史 |
| 第 4 册 | 张德明 | 基督教与华北社会研究（1927～1937）（上） | 社会学 |
| 第 5 册 | 张德明 | 基督教与华北社会研究（1927～1937）（下） | |
| 第 6 册 | 孙晨荟 | 天音北韵——华北地区天主教音乐研究（上） | 基督教音乐 |
| 第 7 册 | 孙晨荟 | 天音北韵——华北地区天主教音乐研究（下） | |
| 第 8 册 | 董丽慧 | 西洋图像的中式转译：十六十七世纪中国基督教图像研究 | 基督教艺术 |
| 第 9 册 | 张　欣 | 耶稣作为明镜——20 世纪欧美耶稣小说 | 基督教文学 |

# 五 编 （2019 年 9 月出版）

ISBN：978-986-485-809-5　　　　　　　　定价（台币）$20,000 元

| 册 次 | 作 者 | 书 名 | 学科别（／表示跨学科） |
|---|---|---|---|
| 第 1 册 | 王玉鹏 | 纽曼的启示理解（上） | 神学 |
| 第 2 册 | 王玉鹏 | 纽曼的启示理解（下） | |
| 第 3 册 | 原海成 | 历史、理性与信仰——克尔凯郭尔的绝对悖论思想研究 | 哲学 |
| 第 4 册 | 郭世聪 | 儒耶价值教育比较研究——以香港为语境 | 宗教比较 |
| 第 5 册 | 刘念业 | 近代在华新教传教士早期的圣经汉译活动研究（1807～1862） | 历史 |
| 第 6 册 | 鲁静如 王宜强 编著 | 溺女、育婴与晚清教案研究资料汇编（上） | 资料汇编 |
| 第 7 册 | 鲁静如 王宜强 编著 | 溺女、育婴与晚清教案研究资料汇编（下） | |
| 第 8 册 | 翟风俭 | 中国基督宗教音乐史（1949 年前）（上） | 基督教音乐 |
| 第 9 册 | 翟风俭 | 中国基督宗教音乐史（1949 年前）（下） | |

# 六 编 （2020 年 3 月出版）

ISBN：978-986-518-085-0　　　　　　　　定价（台币）$20,000 元

| 册 次 | 作 者 | 书 名 | 学科别（／表示跨学科） |
|---|---|---|---|
| 第 1 册 | 陈倩 | 《大乘起信论》与佛耶对话 | 哲学 |
| 第 2 册 | 陈丰盛 | 近代温州基督教史（上） | 历史 |
| 第 3 册 | 陈丰盛 | 近代温州基督教史（下） | |
| 第 4 册 | 赵罗英 | 创造共同的善：中国城市宗教团体的社会资本研究——以 B 市 J 教会为例 | 人类学 |
| 第 5 册 | 梁振华 | 灵验与拯救：乡村基督徒的信仰与生活（上） | 人类学 |
| 第 6 册 | 梁振华 | 灵验与拯救：乡村基督徒的信仰与生活（下） | |
| 第 7 册 | 唐代虎 | 四川基督教社会服务研究（1877～1949） | 人类学 |
| 第 8 册 | 薛媛元 | 上帝与缪斯的共舞——中国新诗中的基督性（1917～1949） | 基督教文学 |

# 七 编 （2021 年 3 月出版）

ISBN：978-986-518-381-3　　　　　　　　定价（台币）$22,000 元

| 册　次 | 作　者 | 书　名 | 学科别（／表示跨学科） |
|---|---|---|---|
| 第 1 册 | 刘锦玲 | 爱德华兹的基督教德性观研究 | 基督教伦理学 |
| 第 2 册 | 黄冠乔 | 保尔．克洛岱尔天主教戏剧中的佛教影响研究 | 宗教比较 |
| 第 3 册 | 宾静 | 清代禁教时期华籍天主教徒的传教活动（1721～1846）（上） | 基督教历史 |
| 第 4 册 | 宾静 | 清代禁教时期华籍天主教徒的传教活动（1721～1846）（下） | |
| 第 5 册 | 赵建玲 | 基督教"山东复兴"运动研究（1927～1937）（上） | 基督教历史 |
| 第 6 册 | 赵建玲 | 基督教"山东复兴"运动研究（1927～1937）（下） | |
| 第 7 册 | 周浪 | 由俗入圣：教会权力实践视角下乡村基督徒的宗教虔诚及成长 | 基督教社会学 |
| 第 8 册 | 查常平 | 人文学的文化逻辑——形上、艺术．宗教、美学之比较（修订本）（上） | 基督教艺术 |
| 第 9 册 | 查常平 | 人文学的文化逻辑——形上、艺术、宗教、美学之比较（修订本）（下） | |

# 八 编 （2022 年 3 月出版）

ISBN：978-986-404-209-8　　　　　　　　定价（台币）$45,000 元

| 册　次 | 作　者 | 书　名 | 学科别（／表示跨学科） |
|---|---|---|---|
| 第 1 册 | 查常平 | 历史与逻辑：逻辑历史学引论（修订本）（上） | 历史学 |
| 第 2 册 | 查常平 | 历史与逻辑：逻辑历史学引论（修订本）（下） | |
| 第 3 册 | 王澤偉 | 17～18 世紀初在華耶穌會士的漢字收編：以馬若瑟《六書實義》為例（上） | 语言学 |
| 第 4 册 | 王澤偉 | 17～18 世紀初在華耶穌會士的漢字收編：以馬若瑟《六書實義》為例（下） | |
| 第 5 册 | 刘海玲 | 沙勿略：天主教东传与东西方文化交流 | 历史 |
| 第 6 册 | 郑媛元 | 冠西东来——咸同之际丁韪良在华活动研究 | 历史 |

| 第 7 册 | 刘影 | 基督教慈善与资源动员——以一个城市教会为中心的考察 | 社会学 |
|---|---|---|---|
| 第 8 册 | 陈静 | 改变与认同：瑞华浸信会与山东地方社会 | 社会学 |
| 第 9 册 | 孙晨荟 | 众灵的雅歌——基督宗教音乐研究文集 | 基督教音乐 |
| 第 10 册 | 曲艺 | 默默存想，与神同游——基督教艺术研究论文集（上） | 基督教艺术 |
| 第 11 册 | 曲艺 | 默默存想，与神同游——基督教艺术研究论文集（下） | |
| 第 12 册 | 利瑪竇著、梅謙立漢注 孫旭義、奧覓德、格萊博基譯 | 《天主實義》漢意英三語對觀（上） | |
| 第 13 册 | 利瑪竇著、梅謙立漢注 孫旭義、奧覓德、格萊博基譯 | 《天主實義》漢意英三語對觀（中） | 经典译注 |
| 第 14 册 | 利瑪竇著、梅謙立漢注 孫旭義、奧覓德、格萊博基譯 | 《天主實義》漢意英三語對觀（下） | |
| 第 15 册 | 刘平 | 明清民初基督教高等教育空间叙事研究——中国教会大学遗存考（第一卷）（上） | 资料汇编 |
| 第 16 册 | 刘平 | 明清民初基督教高等教育空间叙事研究——中国教会大学遗存考（第一卷）（下） | |

# 九 编 （2023 年 3 月出版）

ISBN：000-000-000-000-0　　　　　　　　定价（台币）$56,000 元

| 册　次 | 作　者 | 书　名 | 学科别（／表示跨学科） |
|---|---|---|---|
| 第 1 册 | 郑松 | 麦格拉思福音派神学思想研究 | 神学 |
| 第 2 册 | 任一超 | 心灵改变如何可能？——从康德到齐克果 | 基督教哲学 |
| 第 3 册 | 劉沐比 | 論趙雅博基本倫理學和特殊倫理學之串連 | 基督教伦理学 |
| 第 4 册 | 王务梅 | 论马丁·布伯的上帝观 | 基督教与犹太教 |

| 第 5 册 | 肖音 | 明末吕宋之中西文化交流（上） | 教会史 |
|---|---|---|---|
| 第 6 册 | 肖音 | 明末吕宋之中西文化交流（下） | |
| 第 7 册 | 张德明 | 基督教五年运动与民国社会（上） | 教会史 |
| 第 8 册 | 张德明 | 基督教五年运动与民国社会（下） | |
| 第 9 册 | 陈铃 | 落幕：美国新教在华传教事业的终结（1945～1952） | 教会史 |
| 第 10 册 | 黄畅 | 全球史视角下基督教在英国殖民统治中的作用——以 1841～1914 年的香港和约鲁巴兰为例 | 教会史 |
| 第 11 册 | 杨道圣 | 言像之辩：基督教的图像与图像中的基督教 | 基督教艺术 |
| 第 12 册 | 张雅斐 | 晚清聖經人物漢語傳記研究——以聖經在華接受史的视角 | 基督教艺术 |
| 第 13 册 | 包兆会 | 缪斯与上帝的相遇——基督宗教文艺研究论文集 | 基督教文学 |
| 第 14 册 | 张欣 | 浪漫的神学：英国基督教浪漫主义略论 | 基督教文学 |
| 第 15 册 | 刘平 | 明清民初基督教高等教育空间叙事研究——中国教会大学遗存考（第二卷：福建协和神学院） | 资料汇编 |
| 第 16 册 | 刘平、赵曰北主编 | 传真道于中国——赫士及华北神学院百年纪念文集（第一册） | 论文集 |
| 第 17 册 | 刘平、赵曰北主编 | 传真道于中国——赫士及华北神学院百年纪念文集（第二册） | |
| 第 18 册 | 刘平、赵曰北主编 | 传真道于中国——赫士及华北神学院百年纪念文集（第三册） | |
| 第 19 册 | 刘平、赵曰北主编 | 传真道于中国——赫士及华北神学院百年纪念文集（第四册） | |
| 第 20 册 | 刘平、赵曰北主编 | 传真道于中国——赫士及华北神学院百年纪念文集（第五册） | |